LA VIE,

Les avantures, & le

VOYAGE

DE

GROENLAND

Du Révérend PERE CORDELIER
PIERRE DE MESANGE.

Avec une Relation bien circonstanciée de l'origine, de l'histoire, des mœurs, & du Paradis des Habitans du Pole Arctique.

TOME PREMIER.

A AMSTERDAM,

Aux Depens d'ETIENNE ROGER, Marchand Libraire, chez qui l'on trouve un assortiment général de Musique.

M. D. CCXX.

A MONSIEUR

WOLTER JOSEPH

BARON DE WYNBERGEN,
SEIGNEUR DE HORSEN,
DES DEUX POLS ET DE
ZEE-BURG.

Membre des Etats de la Noblesse de Gueldre, Receveur de Harmel, &c. &c.

MONSIEUR,

Il y a vingt cinq ans au moins que j'ai l'honneur de

* 3

vivre

vivre avec vous auffi familiai-
rement qu'avec mon propre
frere; que votre maifon, votre Table, votre Bourfe,
nous ont été, pour ainfi
dire, des biens communs, &
que le commerce, que nous
avons eu enfemble, n'a pas
encore difcontinué. Bien des
gens feroient ravis de pouvoir fe vanter d'un tel avantage; ils ne cefferoient de
fonger à vous en marquer
leur reconnoiffance & leur
joye.

Je fuis d'un fentiment tout
oppofé à celui-là; quoi que
je vous aye infiniment de
l'obligation, que je me fen-
te infolvable, & que j'aye
pouffé

pouffé ma dette auffi loin
qu'elle puiffe aller , il n'eft
point de jour que je ne me
donne la gêne pour la rendre plus confidérable , parce que , felon moi , il eft
peu de plaifirs femblables à
celui de s'engager toûjours
de plus en plus avec un cré-
ancier fi honnête & fi in-
dulgent. Le Ciel , qui femble concourir à mon deffein,
à eu foin , l'hiver paffé , de
me fournir le plus beau
moyen du monde de me fa-
tisfaire. Oui , Monfieur, on
m'a envoyé le Manufcrit
d'un célebre Voyageur , que
la mort a empêché de por-
ter au point où il l'auroit

de-

defiré, fous prétexte qu'il a-
voit befoin de mon fecours ,
& que j'y étois fi favorable-
ment defigné. J'ai , à la
follicitation des perfonnes intéreffées , fuppléé à fon défaut , autant que le temps
& mes petites lumieres me
l'ont pu permettre : mais a-
prés tous mes efforts , &
nonobftant l'excellence de ce
curieux Voyage , je trouve
qu'il y a encore du rifque
à lui faire voir le jour. Il
y a long-temps que j'ai remarqué qu'il en eft à peu
prés d'un livre comme d'u-
ne Armée ; le Chef en fait
ordinairement le prix. Quand
celle-ci feroit la plus nom-
breufe

breufe & la mieux difcipli-
née qui fut jamais , on ne
la redouteroit qu'à proportion de la renommée & de
la valeur de celui qui en eft
le Conducteur ; & quand celui-là auroit toutes les per-
fections qu'eft capable de lui
donner la plus favante & la
plus éloquente plume de la
République des lettres , il
n'eft eftimé que par raport
au crédit de celui fous la
protection duquel on l'expofe à la vue du Public. Suivant ce principe , & la permiffion que vous m'avez donnée de faire à votre égard ,
tout ce qui me vient dans
l'efprit , j'ai pris la liberté ,

* 5

Mon-

Monſieur , de mettre votre nom à la tête de celui-ci , dans la perſuaſion où je ſuis , que cela ſeul lui donnera plus de luſtre , que n'auroit fait un travail opiniatré de vingt-ans. En effet , le nom de Wynbergen imprime tant de reſpect , par le grand nombre de vos Ancêtres , qui depuis un temps immémorial ont été revêtus des plus hautes dignitez , & des plus honorables charges de l'Etat , juſqu'à Monſieur votre Pére , qui eſt decédé avec le glorieux caractere de Général , & de Gouverneur de Berg-op-Zoom , l'une des plus importantes for-

te-

tereſſes de nos Provinces, que
cela ſuffiroit pour donner cours
au Voyage dont il s'agit. Mais
que ne ſera-ce pas, ſi aux rares
qualitez de tant de Héros, nous
ajoutons vos mérites perſon-
nels ? la ſublimité de vos pen-
ſées, l'étendue de votre eſprit,
la ſolidité de vos jugemens, &
la connoiſſance univerſelle que
avous avez des Arts & des Sci-
ences. Aſſurément il eſt impoſſible que ſous de tels auſpices
il n'éclate aux yeux de tout le
monde, & n'ait un ſort tout à
fait heureux. Je vous le recom-
mande au lieu de l'Auteur, dont
je tiens preſentement la place ;
ayez en ſoin comme d'un bien
qui nous eſt commun ; gardez
le

le de la médifance , protégez-
le contre ceux qui auront
l'audace de l'attaquer. Comme
il eft rempli de mille faits rares
& furprenants , & qu'on peut
dire fans hiperbole , que c'eft un
tiffu d'avantures admirables &
divertiffantes , j'efpere que la
lecture que vous en ferez à vos
heures de loifir , récréera vos
efprits , & contribuera au réta-
bliffement de votre fanté chan-
celante. C'eft à quoi fe borne
uniquement le fruit & la récompenfe qu'en attend celui qui fait
des vœux ardents pour la prof-
perité de votre brillante famille,
& qui eft fort refpectueufement,

MONSIEUR,

Votre très humble & très obéiffant ferviteur,

S. TYSSOT DE PATOT.

AVERTISSEMENT.

DEux Meſſieurs de la Ville d'Alck-
maar, ſe promenant d'Enkhuyſen
à Horn par le plus beau tems du
monde, à deſſein d'examiner les beautez dont cet agréable Canton divertit
& enchante les paſſans, entrérent caſuellement, pour ſe rafraîchir, dans
un cabaret, où quatre Matelots, qui
avoient parcouru la mer & la terre,
paſſoient le temps à boire, & à s'entretenir des divers incidens, qui leur
étoient arrivez dans leurs Voyages. La
curioſité & le deſir de leur entendre
dire des choſes extraordinaires, leur fit
prendre place auprès d'eux. Ils les
écoutérent plus de deux heures avec
plaiſir. Enfin le temps ne leur per-
mettant pas de reſter là davantage, ils
ſe mirent à diſputer en François, à
qui payeroit l'écot; l'hôte s'en aper-
çut. J'ai remarqué, leur dit il, Mes-
ſieurs, que depuis que vous êtes entrez dans ma maiſon, vous avez écouté
avec beaucoup d'attention ce que ces
honnêtes gens-ci ſe ſont dit. Ils ont
eu des avantures curieuſes, & étran-
ges, je l'avoue; mais, ſi je l'oſe dire,

ce

ce n'eſt abſolument rien au prix de ce
que nous contoit autrefois un François , qui eſt decédé chez moi , il y
a quelques années. Sa vie étoit proprement un tiſſu d'événemens ſurprenans
& inouis. Il en avoit fait un abré-
gé , que j'ai encore dans mon armoi-
re , mais que je ne ſaurois lire , parce qu'il eſt écrit en une langue que
j'ignore , & que je vous entens parler facilement. Il m'avoit chargé de
le faire imprimer , cependant j'ai né-
gligé juſqu'à preſent de le communiquer à perſonne ; montrez-le nous un
peu , repliquérent ces Meſſieurs. Là-
deſſus ils ſe raſſirent , ils en lurent
pluſieurs pages , & trouvant que le
contenu en étoit également divertis-
ſant & digne d'être mis en lumiére ,
ils lui firent comprendre que s'il vouloit le leur confier , ils le donneroient à un Libraire de leur connoiſſance , qui l'imprimeroit à coup ſeur.
Tout cela eſt bien , Meſſieurs , leur
dit il , mais vous devez ſaveir que
ce célebre voyageur , tout honnête
homme qu'il étoit , m'a abuſé , en
ce qu'il m'avoit toûjours fait accroi-
re qu'il avoit ſuffiſamment dequoi
me

me payer , & ceux qu'il employoit à lui guérir la jambe qu'il s'étoit rompue devant ma porte , par un accident fatal , dont je me trompe si ses mémoires ne font mention. Cependant il s'est trouvé après sa mort, que tout ce qu'il avoit, ne suffisoit pas pour moi seul à beaucoup près. Je voudrois bien , si ce manuscrit se rend public , que ce fût à des conditions capables de m'indemniser , en tout , ou en partie , des peines & des depenses que j'ai faites pour son auteur : de cette maniére je m'en déferai sans difficulté ; autrement, il ne mange point de pain , je le garderai jusqu'à une occasion plus favorable. Nous ferons tout ce que nous pourrons en votre faveur , reprirent ces Messieurs. Ils lui donnérent leur adresse , se chargérent de l'écrit , dont ils restérent caution , & s'en allérent. En le parcourant ensemble ils y trouvérent plusieurs endroits défectueux, d'autres gras & tellement salis , qu'on n'en pouvoit souvent pas faire la lecture. Ces difficultez les obligérent à le remettre entre les mains d'un homme de lettres , qui , à ses

heu-

heures de loifir , l'a mis , nonobftant tous ces obftacles , en l'état où on le voit prefentement , & me la tranfporté , à de certaines conditions dont nous fommes fatisfaits. Je ne doute pas qu'à notre exemple , le Lecteur ne foit pareillement content de le trouver en auffi bon ordre que s'il étoit abfolument complet. Si ce qu'on a été forcé d'omettre , fe peut débrouiller avec le temps , pour peu qu'il foit de conféquence , on ne manquera pas de lui en faire part dans une feconde édicion.

VOYA-

VOYAGE ET DECOUVERTES

autour du

POLE BORÉAL,

du Révérend Pére Cordelier

PIERRE DE MESANGE.

PREMIÉRE PARTIE.

LA naiſſance & la mort ſont deux extrémitez par où les hommes ſont indiſpenſablement obligez de paſ-ſer : c'eſt l'entrée & la ſortie de toute chair, auſſi bien des grands que des petits, des riches que des pauvres. De quel-que qualité que l'on ſoit, du moment que l'on a un commencement, on doit conter que l'on tend infailliblement vers une fin : il faut qu'au mouvement ſuive le repos; & quoi que cela ſe faſſe dans un ſujet avec plus d'éclat, ou moins de travail & de peine que dans un autre, au fond c'eſt la même choſe, puis que ce ſont deux extrémitez entre leſquelles il ne ſauroit y avoir de milieu. Au contraire on peut dire

A

ſans

fans rien risquer, qu'il y a une différence infinie entre la courfe des uns, & la durée des
autres, foit par raport au temps, ou à l'égard
des incidens aufquels nous fommes fujets, tandis que nous exiftons. Nous voyons fouvent
qu'au lieu que d'un côté, il y en a qui expi-
rent dans le même inftant qu'ils commencent
à refpirer, il en eft de l'autre, qui fubfiftent pendant tout un fiécle. Les jours de celuy-cy font
heureux fans interruption, & les années de
celuy-là, ne font qu'un tiffu d'afflictions & de
traverfes. Mon fort a été de vivre affez long-
temps, & d'être malheureux à l'excès : la mi-
fére eft proprement mon partage. Je fuis né
dans la baffeffe, j'ay vêcu dans l'agitation, &
je cours rifque de mourir dans la pauvreté. Une
naiffance obfcure, & une vie abjecte & fervile, font rarement l'objet de la curiofité du Public : fon atention ne fe réveille guére qu'au
bruit éclatant que font ordinairement les Héros, aux actions belliqueufes des grands hommes, ou à ce qu'il croit pofitivement l'intéref-
fer. Cependant, comme il n'eft point de régles fans exceptions, tout méprifable que je fuis
en moy même, je me perfuade que fi l'on fe
donne le loifir de parcourir ce traité d'un bout
à l'autre, on y trouvera des avantures dignes
d'une finguliére admiration, & des découver-
tes, qui nonobftant qu'elles ne tiennent rien
que du hafard, ne laifferont pas de faire plaifir
à la plupart de ceux qui les liront, quoi qu'il
s'en faille bien que ce traité foit d'une auffi
grande étendüe, & autant bien circonftancié
qu'il l'auroit infailliblement été, s'il me fût
plu-

plutôt venu dans l'eſprit de le commencer, &
qu'en ſuite je n'euſſe pas perdu malheureuſe-
ment mes journaux, qui faiſoient un volume
conſiderable. On verra à la fin de l'ouvrage où
je l'ay compoſé, & la cauſe pour laquelle tous
les faits n'y ſont pas raportez avec autant d'é-
xactitude qu'un eſprit délicat le pourroit ſou-
haiter. Pour entrer en matiére, l'ordre veut,
ſi je ne me trompe, que je commence par le
lieu & le temps de ma naiſſance. Je ſuis François de nation, né à Viviers en Cévennes,
en 1639. fort, robuſte, de bonne complexion,
& très bien conſtruit. Les Phiſionomiſtes &
les Chiromanciens étoient tous les jours chez
nous occupez à prendre les dimenſions
des parties de mon corps ; ils proteſtoient
unanimement qu'ils n'en avoient jamais vû de
mieux proportionnées. J'avois, ſelon eux, le
viſage juſtement de la longueur de la main,
en meſurant de l'extrémité du doigt du milieu
juſqu'à la raſſette. Neuf fois cette longueur
faiſoit celle de mon corps, ſoit en hauteur,
depuis la plante des pieds juſqu'au ſommet de la
tête, ou en largeur lorſque j'avois les bras
étendus en croix. On trouvoit la hauteur de mon
front égale à la longueur du premier de mes
doigts, nommé index, & par tout d'une même largeur. J'avois l'œil bien fendu, & juſtement auſſi long que l'eſpace qui ſe trouve depuis le mont de Mercure juſqu'à la ſeconde
jointure du petit doigt : le nez & la bouche de
même grandeur ; les joües & les mains de largeur égale. Les lignes de mon front étoient
longues, droites & larges. Marques certaines

de bonheur, d'enjouement, d'efprit. Ce qui
confirmoit ce pronoftic, étoit la proportion
des parties de ma main, dont la largeur contenoit précifément quatre fois l'efpace qu'il y
a entre la Montagne du Soleil & celle de Mercure ; comme neuf fois cette même diftance en
faifoit juftement la longueur. Le pouce & le
petit doigt étoient égaux ; le doigt du foleil é-
galoit l'index. La ligne de vie étoit large, droite,
vive, acompagnée de branches heureufes, &
fe joignoit à celle du chef, au deffous du milieu de la Montagne de Jupiter. Cette même
ligne, qui eft celle du cœur, étoit fi bien jointe à celles des poumons, du foye, & de l'ef-
tomac, qu'elles fembloient toutes n'avoir qu'u-
ne feule & même origine. La poitrine, l'efto-
mac, le ventre, & en un mot, toutes les parties de mon corps étoient, à leur dire, fi parfaites à tous égards, que je paffois pour un véritable chef d'œuvre de la nature. Ceux qui
faifoient mon horofcope, prétendoient que je
devois vivre jufqu'à un âge décrepit, parvenir à de grands emplois, devenir extrêmement
riche, & être heureux au deffus de ce que l'on
peut imaginer. L'événement a montré que la
fcience de ces prétendus favans n'avoit pour
fondement que la vanité, & ne confiftoit qu'en
de fimples conjectures. Mon pére, qui m'aimoit à la folie, ne laiffoit pas d'écouter ces
Charlatanneries avec plaifir : il fe flatoit, en ma
faveur, de très grandes efpérances, & s'imaginant voir en moy plus de difpofition à cultiver les belles lettres, que d'inclination à exercer, comme luy, le penible métier de tondeur

de

de draps ou de me donner au négoce, on eut ſoin
de me faire paſſer ma jeuneſſe dans les écoles ,
où, je ne ſay pour quelle raiſon , mes maîtres me battiſérent du nom de Cordelier : j'é-
tois connu par cet endroit là de tous les habitans de notre Ville. Les péres de cet ordre prirent de là occaſion d'avoir de l'amitié pour moi
& me voyant d'ailleurs aſſez porté à embraſſer la
vie religieuſe , ils me perſuadérent , malgré tout
ce que mes parens me purent dire pour m'en dé-
tourner , de prendre l'habit, & de me renger parmi eux. J'avois alors vingt ſix ans , c'eſt à dire
que j'étois dans l'âge de la vie le plus beau , le
plus agréable , & où l'on a ordinairement le plus
de gayeté & de vigueur. Cependant je puis dire a-
vec vérité que nonobſtant que je fuſſe le ſeul enfant de notre maiſon , que j'euſſe été élevé pré-
cieuſement, délicatement , & avec toute la ten-
dreſſe poſſible, je m'apliquai incontinent ſi fort à
la dévotion , obſervant avec exactitude les ordres les plus rigides de notre ſociété, & menant
une vie fort auſtére, que mon pére & ma mére,
changeant tout à coup de ſentimens, ne ceſſoient
de loüer Dieu de ce qu'il m'avoit fait la grace de
quiter le monde pour travailler à mon ſalut & au
leur; & faiſant réflexion ſur le paſſé, ils ſe perſua-
doient que toutes les prédictions que l'on avoit
faites autrefois à mon ocaſion , trouvoient là
leur acompliſſement , en ce que j'entrois tout
d'un coup dans la poſſeſſion des honneurs , des
tréſors , & des biens les plus précieux , que le
Créateur puiſſe acorder à la créature. Je ſervois
en éfet d'exemple à ce qu'il y avoit de plus zélé
dans notre Convent : on me citoit dans les fa-

A 3

mil-

milles, comme l'on cite Saint Paul dans les
églifes.   Mais patience ; ne nous rendons pas
odieux la matiére que je traite ne me permet
pas de m'y arrêter davantage : il n'eft pas jufte
qu'à l'imitation de certains Prédicateurs, qui
afeétent de fe prêcher eux mêmes, & dont les
qualitez perfonnelles font fouvent feules la
partie la plus effentielle de leur fermon, je
m'amufe à faire icy mon panégirique, & écrire
un livre à ma loüange.

Je me contenteray de dire fimplement que
cela même qui m'atiroit l'eftime des uns, me
faifoit haïr des autres, & donnoit de la jaloufie à bien des gens. Un des fréres du Couvent
nommé Jaques Surcel, étoit de ce nombre ;
il me vouloit du mal fans que je l'euffe mérité,
& ne favoit de quel biais s'y prendre pour fe
fatisfaire; ayant enfin remarqué que dans mes
oraifons, j'avois ordinairement foin de m'adreffer particuliérement à la bien heureufe vierge,
il réfolut, pour me tourner en ridicule, &
m'éloigner pour quelque temps du Couvent,
de m'aparoître fous la figure de Saint François.
Il choifit un vendredi faint pour cela, qu'il entra dans ma cellule, entre douze & une heure
de nuit, envelopé d'un linceüil, qui le couvroit
jufqu'à terre. J'avois été tout le foir en priéres, il n'y avoit qu'un moment qu'étant abatu
du fommeil, je m'étois légérement endormi,
lors que m'éveillant en furfaut, je fus furpris
d'entendre une voix, qui me difoit. Pierre de
Méfange, tes vœux font exaucez ; je fuis ton
Patron, connu de tout ce qu'il y a de bons &
véritables Catoliques, fous le nom de Saint
                                          Fran-

François, qui aſſiſte devant Dieu, & qui ſuis
envoyé icy pour t'anoncer de la part de Jeſus
le Naſarien, que tu as été receu en grace : il
ne te manque qu'une ſeule choſe pour rendre ta
félicité parfaite, & élever ta gloire au deſſus de
ce qu'il y a de plus ſacré en Paradis ; c'eſt que
tu n'as jamais été en Pélerinage, & que même
cet acte de religion, ſi néceſſaire pour avancer
ſon ſalut, & ſi eſſentiel au Criſtianiſme ne t'eſt
peut être jamais venu dans la penſée. Léve
toy, ceinds tes reins, pars promtement pour
Lorette : C'eſt là où notre Dame, cette Vierge immaculée, que tu ne ceſſe de prier jour &
nuit, t'aparoîtra, & te donnera avec ſa bené-
diction, un des véritables cloux de la crucifi-
xion de ſon adorable fils : as tu bien compris
ce que je t'ay dit ? ouï Saint pére, répondis je
mais votre preſence m'étonne ; je ne ſaurois
vous regarder qu'avec peine, ny vous entendre parler qu'en tremblant. La deſſus il diſpa-
rut : il ne faut pas mentir ; cette viſion me cau-
ſa de prodigieuſes inquiétudes, & donna bien
la gène à mon eſprit : après y avoir pourtant
penſé ſérieuſement, je me perſuadai que ce devoit être un ſonge, qui avoit immédiatement
ſuccédé à mon grand aſſoupiſſement : & je le
crus d'autant plus qu'ayant eu l'imagination
remplie de Saint François, dont j'avois ardemment imploré le ſecours, & la vie duquel je
ne ceſſois de méditer jour & nuit, il me ſembloit qu'il étoit aſſez naturel que mon cerveau,
durant le ſommeil, en eût encore conſervé les
traces. Etant dans cette penſée, je ne fis ſemblant de rien, & n'en voulus parler à perſo n-
A 4
ne.

ne. Notre prétendu faint le remarqua ; Ainfi
huit jours après , & précifément à la même
heure , il ne manqua pas de me rendre une feconde vifite, & de me faire le même compliment. Etant alors bien éveillé , je m'avifai ,
à mon lever, de communiquer ce prodige à
un religieux , auquel j'avois beaucoup de confiance , & qui de fon naturel étoit moins cré-
dule qu'intrépide. Tenez vous dans le filence,
me dit il , ne faites mention de ce qui vous eft
arrivé à qui que ce foit ; affurément que c'eft
un tour que l'on vous joüe ; vous êtes fincére,
& l'on veut abufer de votre fimplicité. Croyez
moy, SaintFrançois eft très bien là où il eft, le repos dont il joüit ne luy permet guére de venir
troubler le votre, je doute qu'il fe mette fort en
peine de nous. Quoi qu'il en foit , je croy entrevoir la véritable caufe de cet injufte procédé:
Changeons de cellule tous les foirs , fans que
perfonne s'en aperçoive , & je verray moy même ce qui en eft. Le Saint s'impatientant indubitablement de me voir partir , n'atendit pas
fi long-temps à la troifiéme fois , il revint le
dimanche fuivant, & s'étant exprimé à peu près
comme auparavant, il protefta hautement qu'il
ne me verroit plus , & que fi je diférois à exécuter fon ordre je ne tarderois guére à fentir
des éfets de la vengeance divine. Mon Ami,
qui étoit couché, obfervoit ce meffager de près,
de forte qu'auffi-tôt qu'il le vit fur le point de
s'en retourner, il ne fit qu'un faut jufqu'à luy,
& le faifit au travers du corps , en criant. Qui
es-tu , Fourbe, qui viens icy fous les aparences d'un divin Mercure , nous aporter des ordres

dres poſitifs du Ciel? je te connois, ſi je ne
me trompe, tu as beau contrefaire ta voix, je
t'ay entendu chanter ailleurs. A ces mots l'autre
voulut ſe débaraſſer de ſes mains, mais il n'y a-
voit pas moyen, celuy qui le tenoit n'avoit garde
de lâcher priſe. Parle, luy dit-il ou je t'aſſomme-
ray de coups, & je feray un vacarme capable d'al-
larmer tout le Couvent. J'étois aux écoutes cependant, & mon apartement étoit joignant celuy où étoient les deux acteurs de cette comédie:
j'aprochay pour voir ce qui ſe paſſoit. Frére Jaques m'entendit, & craignant d'être découvert,
il fit de nouveaux éforts pour ſe tirer au plus vite
d'afaire, mais voyant qu'il n'en pouvoit venir à
bout, il ſe faiſit d'un canif, qui ſe trouva caſuellement ſous celle de ſes mains, dont il ſe tenoit à
une ſelle, & eſſaya d'en piquer ſimplement celuy
qui le tenoit, à deſſein de luy faire lâcher priſe.
Dans ces entrefaites le malheur voulut que l'autre le voulant jetter par terre, luy tira le bras avec
tant de roideur, que le canif luy entra juſqu'au
manche dans le bas ventre. Ce funeſte coup fit
incontinent ſon éfet. O Dieu, s'écria mon ami,
on m'aſſaſſine, au ſecours, je ſuis un homme
mort. A ces cris je m'avance tout épouvanté,
avec le reſte d'une chandelle qui m'avoit ſervi à lire pendant la meilleure partie de la nuit,
& j'aviſe deux hommes auſſi embaraſſez l'un
que l'autre. Ce deſaſtre penſa achever de me
démonter. Frére Jaques ne ſavoit quel parti
prendre dans cette fatale conjoncture; le ſang
ſortoit de la playe du bleſſé à gros boüillons,
luy & nous travaillions inutilement à la fermer, & c'étoit en vain qu'il imploroit de l'aſ-

 ſiſtance,

fiftance. Atendez, dit enfin celuy qui avoit fait
le coup, il me vient là une penfée; le remède
eft éfieacé; je vous aporteray bien-tôt du fou-
lagement. En prononcant ces paroles il nous
quite, court de toute fa force à l'apartement du
Portier, & luy dit qu'un des Péres venant d'être
pris d'une dangereufe émoragie, qui le mena-
çoit de perdre dans peu tout fon fang, il étoit
néceffaire qu'il le laiflât fortir pour aller confül-
ter luy même un habile homme de fes amis,
qui avoit pour ces fortes d'inconvéniens une
récette admirable. A peine avoit il difparu que
le patient tomba en foibleffe: ce nouvel accident redoubla ma peur; j'apréhendois que le
pauvre homme n'expirât entre mes mains, &
qu'ayant été mêlé dans cette afaire, je ne fuffe cenfé coupable; ainfi fans héfiter je gagnai
la porte du Couvent, que l'on avoit laiffée
fermée fimplement au loquet, jufques à ce que
l'autre revint. Auffi-tôt que je fus à la rüe, je me
tranfportay, avec toute la promptitude dont j'é-
tois capable, chez une de mes tantes, d'où j'en-
voyay querir mon pére, auquel je contay ce
qui venoit de m'arriver. On fut d'avis que je
refterois là renfermé jufques à ce que l'on fçût
à quoi les chofes aboutiroient. Mes Confréres
. cependant étant avertis de ce qui s'étoit paffé
dans notre communauté, envoyérent un domeftique chez nous, qui dit à celuy qui luy
ouvrit la porte qu'il n'étoit pas néceffaire que
je me chargeaffe de remèdes, & que je n'avois
feulement qu'à revenir, puis que l'on n'en a-
voit plus afaire. On me vint auffi-tôt raporter
ce meffage. Je gage que le pauvre homme eft
mort,

mort, dis-je alors ; le Criminel s'eft fauvé,
en fon abfence j'aurois peut-être bien de la
peine à rendre la juftice de ma caufe évidente,
& à éviter quelque rude châtiment. Que l'on
me trouve au plutôt un habit, j'aime mieux
me retirer de bonne heure ailleurs, que de courir rifque icy d'être puni d'un mal que je n'ay
point commis. Chacun aprouva ma réfolution, on m'acommoda d'argent & de tout ce
qui m'étoit néceffaire, & à la pointe du jour
je me fauvay à Orange, après avoir donné
ordre que l'on eût foin de m'inftruire par lettres, qu'on m'envoyeroit fous un nom fupofé, de tout ce que l'on croiroit me devoir être
communiqué. On ne manqua pas en éfet de
m'écrire précifément tous les ordinaires ; mais
c'étoit toûjours la même chofe : le tout confiftoit à me faire favoir que quelque peine que
l'on fe donnât, il étoit impoffible de rien aprendre de ce fait, qui étoit d'ailleurs fi extraordinaire ; les Moines du Couvent le tenoient fi bien
caché que l'on n'en entendoit non plus parler
que s'il n'en avoit été rien du tout, de peur
aparemment, que cela ne caufât du fcandale,
& ne donnât au public du dégoût pour des religieux mendians, & à fa charge, capables de
telles extravagances. Dans l'incertitude où j'é-
tois pourtant que ce ne fût un ftratagème, inventé à deffein pour me faire donner dans le
panneau, je pris le chemin de Bourdeaux, où
je trouvay à point nommé un Vaiffeau chargé
de vins, de prunes, de raifins, & d'autres femblables denrées, qui étoit tout prêt à partir
pour Middelbourg, Ville capitale de l'île de

A 6

Wal-

Walkeren en Zélande. Le Maître de ce bord,
qui fe nommoit David Leskes, me fit toutes
les honnêtetez imaginables : nous mangions,
buvions, & étions éternellement enfemble.
C'étoit un bon vivant, qui fe nourriffoit graf-
fement, mais auffi il m'en coûta bon ; quand
on veut être bien il eft jufte que la bourfe s'en
reffente ; la récompenfe doit être proportion-
née aux bons offices que l'on nous rend.
Notre voyage fut affez heureux, nous eûmes
un temps doux & tranquile jufqu'au deffus de
Fleffingue, où un tourbillon de vent faillit à
nous renverfer, le mât de mifaine rompit par
le milieu, une ancre, & un matelot, qui é-
toit apuyé deffus, tombérent dans la mer &
furent perdus, les plus expérimentez dans la
navigâtion croyoient le Vaiffeau confifqué,
ils en furent pourtant quites pour la peur. A-
près avoir franchi le Chien, & gagné avec toutes les peines du monde, le havre ou le Canal, qui va d'Armuyden jufqu'à Middelbourg,
nous fumes affez imprudens pour nous aller
encore affabler, au plus haut de la Marée:
le navire n'en foufrit neanmoins aucun dom-
mage, il n'en coûta que la peine de le décharger d'une partie de fes Marchandifes, dans des
barques que l'on avoit fait venir exprès pour
cela, ce qui nous ocupa toute une journée.
D'abord que nous fumes à terre on m'indiqua
le logis d'un tamifier Catolique, chez qui je
fus parfaitement bien receu. Cet homme ne
manquoit pas d'efprit, il connoiffoit tous les
habitans de la ville, & il ne s'y paffoit rien,
dont il ignorât les tenâns & les aboutiffans. Ses

lu-

lumiéres, aufli bien que fa croyance, qui, comme je l'ay déja fait comprendre, étoit la mienne, me donnérent occafion de le confulter fur ce que je pourrois entreprendre pour fubfifter dans ce pays étranger, où je n'avois aucun fecours à atendre de perfonne, non pas même de mes parens, aufquels je n'aurois pas voulu être à chargede la valeur d'un fou. Je luy dis naïvement ce que j'étois, ce que je favois, & le defir où je me fentois porté de refter dans cet agréable féjour, fi j'y pouvois doucement gagner ma vie. Si vous étiez réformé, Monfieur, me répondit-il, vous pourriez aifément lever une école Françoife, vous en feriez capable, à ce que j'entens, & à l'heure qu'il eft, il n'y en a pas une qui vaille; c'eft une profeffion qui eft icy affez eftimée, fur tout lors que l'on eft bien couvert, & que l'on fe donne des airs, on vous confidéreroit, & vous y trouveriez bien votre conte. Mais étant papifte, comme on nous apelle parmi les gens de cette nation, je ne penfe pas que l'on vous en donne la permiffion. Il faudroit effayer, repris-je, le pis qui m'en peut arriver c'eft de ne pas reüffir, & alors il fera encore temps de penfer à autre chofe. Il ne s'agit pas icy de lever un magafin, ou de commencer quelque gros négoce, où l'on a befoin de crédit & de contant: Un canif, une main de papier, & une botte de plumes, fufifent pour lever boutique. Là deffus nous allâmes trouver Monfieur Tibaut, pour luy demander la grace de vouloir bien me permettre de vivre fous fa protection, de former un petit établiffement, & d'enfeigner le François à

la jeuneffe. Ce Bourguemaître, ne faifant fans
doute aucune réflexion au culte divin, & pré-
fupofant peut-être que je fuffe de l'opinion
commune, confentit à ma demande; Mais
pour ne rien rifquer, me dit-il, fi vous m'en
voulez croire, vous commencerez par prendre une chambre chez quelque particulier, pour
montrer ce que vous favez faire, & voir fi vous
aurez de l'ocupation, avant que de loüer une
maifon, & vous mettre en frais de meubles &
de tout ce qui eft néceffaire dans un ménage.
Je le remerciay bien humblement de la faveur
qu'il me faifoit, & l'affuray que je m'aquite-
rois fi bien de mon devoir, qu'il n'auroit pas
lieu de me refufer la continuation de fa bienveillance. Mon hôte avoit un bel apartement,
qui donnoit fur une petite cour, d'où il tiroit beaucoup de clarté, il me l'ofrit généreu-
fement, & à un prix fort civil, dans la feule
vuë de me faire plaifir, jufques à ce que l'on
eût veu le train que les afaires prendroient. Je
profitay de fon honnêteté, & fans héfiter davantage, je mis un écriteau devant la maifon,
& levay école. Je n'avois pas fait ce métier là
douze ou quinze jours, que je croyois ma fortune faite: les enfans me venoient en foule de
toutes parts, & je loüiois Dieu de ce qu'il m'a-
voit deftiné un fi bon azile, lors que tout d'un
coup, & au moment où je penfois moins à
ce defaftre qu'à l'heure de ma mort, je vis entrer dans ma chambre l'oifeau du monde de la
plus mauvaife augure, un maudit boiteux, nommé le Long, Miniftre de l'Eglife Françoife,
acompagné d'un malheureux borgne, que j'a-
pris

pris être ſon Lecteur. On eût dit à voir ces
Tartufes, qu'ils me venoient anoncer une
meilleure nouvelle, que ne fût autrefois celle de
l'Ange Gabriel à la bien-heureuſe Vierge Marie,
au jour de l'Anonciation. Le Paſteur faiſoit la
meilleure mine, & joüoit le plus mauvais jeu:
il s'aprocha de moy en riant. Hé bien , Monſieur, me dit-il, vous avez des écoliers en aſſez grand nombre, à ce que je vois; j'en ay
aſſurément bien de la joye, j'eſpére que cela
ira toûjours en augmentant: il n'y a pourtant
guére que vous êtes en ce pays, que je ſache,
ou êtes vous de l'aſſemblée Flamande, car je
ne vous ay point encore vû dans mon égliſe?
vous êtes François neanmoins ſi je ne me trompe? Ouï, Monſieur, luy répondis-je, je ſuis
de Languedoc, & je n'entends point du tout
le Flamend, ainſi vous pouvez aiſément
vous perſuader que je ne ſaurois être que
des vôtres, & je le prétens bien auſſi ;
mais juſqu'à preſent j'ay été tellement ocupé à régler mes petites afaires , que je n'ay
encore vû ny temple, ny cabaret. Mon hôte me fera témoin que j'avois formé le deſ-
fein de vous aller rendre aujourd'huy mes
devoirs, à l'iſſue de mon école; je ſuis fâché
que vous m'ayez prévenu. Vous êtes donc de
la Religion réformée, me dit il, ſans doute
repliquai-je, Monſieur, que j'en ſuis, il n'y
a pas d'apa:ence que j'euſſe oſé entreprendre ce
que je fais, ſi j'en profeſſois une autre. Mon-
trez moy un peu votre ateſtation s'il vous plaît,
reprit-il. Je n'en ay point, Monſieur, luy répondis-je, il m'eſt arrivé une afaire, qui ne
                                         m'a

m'a pas donné le loifir d'en exiger une de notre Confiftoire, mais fi cela eft néceffaire, je
m'offre à vous en mettre une en main dans le
temps d'un mois ou de fix femaines pour le plus
tard. A vous parler ingenument, continua l'un
de ces Meffieurs, vous nous êtes un peu fufpect , car non feulement on affure en Ville
que vous êtes Papifte, mais vous avez tout à
fait l'encolure d'un Moine : ne feignez pas, dites nous ce qui en eft, auffi bien cela ne fauroit il refter caché. J'avois la confcience déja
chargée de ce que je venois de nier indirectement ma propre religion, il m'étoit impoffible de biaifer davantage, outre que je remarquois bien que j'avois à faire à des gens, qui
ne me donneroient point de quartier. Il n'eft
pas poffible, repliquai-je, que ceux qui me tiennent pour fufpect ne le faffent par une pure
conjecture, car je pofe en fait qu'il n'y a pas
une ame dans toute la Province qui fache d'où
je viens, ny d'où je fuis : mais quand tout ce
que vous vous figurez feroit vray, cela apor-
teroit il aucun obftacle à mon établiffement ?
ne fommes nous pas dans un Pays libre, où il
eft permis à un chacun de gagner fon pain,
moyennant qu'il le faffe d'une maniére honnête,
& fans que fon prochain en foit endommagé ?
Il ne s'agit pas icy de religion, je ne m'érige
point en Théologien, je ne veux, ny dogma-
tifer, ny enfeigner à vivre à perfonne ; je me
mêle de montrer à lire, à écrire, à chifrer, à
parler François ; & s'il fe trouve des amateurs
de la Géographie, & des Mathématiques, je
pourrois du moins leur donner une idée géné-
rale

rale de leurs principes , & en expliquer les é-
lémens. Au fond, vous avez raiſon, interrompit le Chantre, qui me paroiſſoit homme
de bon ſens , mais il n'eſt pas permis à un
particulier , comme vous ou moy, de donner des loix à tout un peuple, ſous la protection duquel nous nous mettons : il faut
au contraire, s'acommoder des-ſiennes, &
ſuivre ſes maximes à la rigueur, ſous peine
de châtiment , ou d'encourir ſa diſgrace.
Vous auriez beau plaider devant le tribunal
des réformez en faveur des Catoliques , &
vouloir faire entrer les membres de cette
communion là dans les corps de métier ,
ou dans aucune des confréries de notre ville, vous perdriez indubitablement votre procès. Les maîtres d'école font une ſociété à
part , ils ne vous y admettront jamais que
vous n'ayez prouvé que vous êtes de la religion dominante ; & afin que vous ne vous
trompiez point, je veux bien, comme Do-
yen , vous avertir qu'ils ne vous en parle-
ront pas les premiers, ſi vous atendez ſeulement ſix ſemaines à vous préſenter devant
eux , & à ſatisfaire à leurs réglemens, ils vous
mettront à une groſſe amende , que vous ſerez
obligé de payer ſans délay, à moins que vous
ne leviez le piquet. Je n'ay pas ſçû cela, Monſieur, luy dis-je, je vous remercie de votre bon
avertiſſement ; je tâcheray de les prévenir, il
eſt juſte que je m'acommode à leurs maniéres:
Et pour vous Meſſieurs , je travailleray auſſi
à vous contenter , comme cela eſt raiſonnable.
Vous ferez fort bien, continua le Miniſtre , &

il

il fera même bon que vous n'y emploiez pas
beaucoup de temps : là deſſus ils ſe retirérent.
Mon hôte qui avoit aſſiſté à ce dialogue, me
regardoit d'un œil de compaſſion. Vos afaires
vont mal, Monſieur, me dit il, il faut devenir huguenot, ou en faire le ſemblant, autrement vous n'avez qu'à fermer boutique: Monſieur le Long eſt violent, il eſt de ces Eclé-
ſiaſtiques, qui ne lâchent guére priſe : Monſieur
Pervilé eſt plus modéré, mais il y va de ſes intérêts, parce qu'il exerce la même profeſſion, je le
dis encore une fois, vous ne réuſſirez point que
vous ne tourniez caſaque. Moi tourner caſaque
répondis-je, c'eſt ce que je n'ay nulle envie de
faire ; je ne ſaurois non plus diſſimuler ; le plus
court & le meilleur ſera d'aller chercher du
pain ailleurs. En éfet, dès la fin de la ſemai-
ne je m'embarquai dans un Beurtman pour
Rotterdam, où nous étions bien ſoixante paſ-
ſagers. Nous eûmes le vent ſi favorable que
nonobſtant qu'il fût entre neuf & dix, quand
on démara, nous arrivâmes à bon port le même jour avant que ſept heures fuſſent ſonnées,
& encore avions-nous reſté entre Tergoes &
Willemſtad plus de deux heures à l'ancre pour a-
tendre la Marée. J'allay loger aux trois ciſeaux,
chez un certain du Prat, qui ſe mêloit de
courtage, & qui donnoit auſſi à manger.
De ſon conſentement je ne voulus point m'expoſer à un traitement ſemblable à celuy que
l'on m'avoit fait dans le lieu d'où je venois: je
m'érigeay en maître de Langue, & allois en-
ſeigner dans les maiſons. Deux Danois, qui
étoient logez avec moy, commencérent à
m'ocu-

m'ocuper une heure de la journée ; ceux-là
me recommandérent à d'autres , & je ne penfe
pas que le mois des premiers fût expiré ou
j'eus au moins une douzaine de diciples , qui
me donnoient chacun un ducat tous les vingthuit jours ; de forte que j'aurois eu grand tort
de me plaindre de ma fortune. Il y avoit environ dix huit mois que je demeurois dans cette fameufe ville , lors qu'une avanture affez extraordinaire , qui arriva à un François , me donna un nouveau fujet de déloger. Un jeune
Gentil-homme du pays de Gex , nommé Monfieur Chalet , ayant entendu dire que Monfieur
Tyffot , qui étoit de fes parens , avoit quité la France , fous prétexte que l'on commençoit à perfécuter les gens de la religion , & é-
toit allé demeurer à Delft , s'y tranfporta pour
le voir. Il en fut fort bien traité pendant plufieurs jours , fuivant le recit qu'il nous en fit à
fon retour ; cependant l'ingrat eut l'ame affez
baffe , en partant de chez luy , foit par un penchant naturel qu'il eût à dérober , comme j'en
ay connu d'autres , ou fimplement pour fe venger , de ce qu'étant court d'argent , parce qu'une
lettre de change , fur laquelle il faifoit fond ,
luy avoit manqué dans le voyage , fon ami luy
avoit refufé une centaine d'écus , qu'il luy demandoit à emprunter , jufques à ce qu'il eût
reçeu de chez luy une remife qu'on luy devoit
faire de cent cinquante piftoles ; ou bien enfin
parce qu'il fe voyoit fans un fou , & qu'il ne favoit où donner de la tête , il eut l'ame affez baffe , dis-je , pour fe faifir d'un gobelet d'argent
de huit ou dix ducatons , qu'il trouva à portée ;
&

& dont les enfans fe fervoient pour boire hors
des repas. Comme il n'étoit fufpect à perfonne du logis, on ne l'obfervoit pas à la rigueur,
cependant quand il fut parti, & que ce gobelet ne fe trouva plus, quelqu'un dit qu'il luy
avoit vû fourrer quelque chofe dans fes culotes,qu'il avoit pris fur la table,un moment avant
qu'un porte-faix vint prendre fa valife pour la
porter au bateau. Monfieur Tyffot ne voulut
s'en fier qu'à luy même, il envoya d'abord
querir le broüetier, afin de n'être point trompé, & ayant apris de luy qu'il l'avoit vû partir
pour Rotterdam, par la barque de huit heures, il fe fervit de celle de dix, pour luy courir après. Il fçut fi bien dépeindre le perfonnage à ceux aufquels il s'adreffa, en chemin
faifant, fur la route que le voleur avoit prife,
qu'il fut conduit dans la râme-ftraat, & directement chez nous. Notre hôte qui l'avoit été
recevoir à là porte, & auquel il aprit que
l'homme qu'il cherchoit étoit chez luy, l'a-
mêna dans notre chambre; nous venions de
nous affeoir pour dîner. Auffi-tôt qu'il avifa Monfieur Chalet. Comment, mon Coufin, luy dit il, vous êtes icy, ouy, Monfieur, répondit-il, en rougiffant, & à demi
interdit, que venez vous faire en cette ville,
continüa-t-il, & d'où vient que vous m'avez
caché que vous euffiez envie de vous y trans-
porter fi-tôt après moy, nous aurions pû faire le voyage de compagnie, ainfi j'aurois joüi
de l'honneur de votre préfence, & le temps
nous en auroit paru plus court. Je n'en favois
rien alors, reprit Monfieur Tyffot; il m'eft
                                                 ar-

arrivé depuis ce temps-là une afaire, qui m'a
fait prendre la réfolution de vous fuivre,
pour vous dire un mot en particulier. A moy
mon Coufin, repliqua-t-il, fi cela preffe je
fortiray avec vous, fi non, je vous prie de
prendre place, & de nous aider à faire la
diffection de ce poulet d'inde, qui me femble n'a pas fort mauvaife mine. Il ne s'agit
point icy d'invitations, dit fon Coufin, nous
fommes dans un lieu public, & devant une
table, où en payant fon écot, tous les honnêtes gens font admiffibles. Voila une fou-
pe aux poureaux qui a bon air, il faut que
j'y faffe un affaut avec vous. Après s'être
entretenus un moment des viandes, la con-
verfation tomba fur la guerre que l'on avoit
alors avec l'Angleterre, chacun en raifonnoit
à fa mode, & il fe dit des chofes fur ce chapitre là, qui pourroient faire plaifir au Lecteur, fi je m'en reffouvenois, & fi les circonftances des trois batailles navales qui fe donnérent entre ces Infullaires & les Hollandois,
n'avoient été parfaitement bien déduites, par
les auteurs qui en ont écrit. Je me contenteray de dire en paffant que les Bataves recou-
vrérent alors la gloire qu'ils avoient perdüe du
temps de Cromwel, non feulement en ce qu'ils
batirent furieufement leurs ennemis, au fecond
combat qu'ils leur livrérent, mais à caufe qu'ils
eurent affez de hardieffe pour entrer dans la
Tamife, & faire une defcente à Chatam, où
ils ruinérent tant de vaiffeaux, que les Anglois
furent contraints de faire la paix, par la mé-
diation du Roy de Suéde. Auffi-tôt que le re-

pas fut fini, ces Meſſieurs ſe levérent de table, & paſſérent dans un autre apartement. Je
n'ay point ſçû ce qu'ils ſe dirent, mais j'apris
dans la ſuite que le jeune homme avoit été bien
chapitré, quoi qu'il fit l'ignorant au commencement; & qu'un moment après, étant allé
viſiter ſes hardes, parmi leſquelles le gôbelet
ſe trouva, il proteſtât, que cela s'étoit fait par
mégarde: il pria la deſſus ſon ami de n'en jamais rien dire à perſonne, puis que le monde
étant naturellement enclin à la médiſance, on
ne pourroit pas s'empêcher d'en gloſer , &
d'intereſſer ſon honneur , nonobſtant ſon
innocence. A leur retour nous nous mimes à boire plus fort qu'auparavant : Monſieur Tyſſot ayant jetté pluſieurs fois les yeux
ſur moy, parut curieux de me connoître & de
ſavoir ce que je faiſois. Je luy apris, d'où j'é-
tois, & quelle étoit ma profeſſion: Comment,
vous êtes Maître de Langue, avez vous beaucoup d'écoliers, me dit-il ? Non, repliquai-
je, j'en ay eu autrefois en aſſez bon nombre,
mais ce qu'il y a de fâcheux, c'eſt qu'au lieu
d'augmenter il diminüe tous les jours. Parlez
vous flamand, reprit-il en latin, aparemment
pour me ſonder, & voir ſi je me mêlois d'un
métier que je n'entendois pas. Non, Monſieur,
luy répondis-je, en la même langue, j'aurois
pû en aprendre quelque choſe depuis que je
ſuis icy, mais les compagnies des perſonnes
de ma nation, que je fréquente tous les jours,
d'un côté , & de l'autre, le peu d'avantage
que je m'imagine en pouvoir tirer, m'ont fait
négliger juſqu'à cette heure de m'y apliquer.
Vous

Vous avez donc tort, me dit il, de refter dans
cette ville : puis que vous n'ignorez pas le
langage des favans, il faut abandonner les fils
de Marchands, pour lefquels vous n'êtes pas
propre, & aller joindre les gens d'étude : fi
vous m'en voulez croire vous irez vous pofter
à Leiden , je fuis perfuadé que vous y ferez
mieux vos afaires qu'icy. Je le remerciay de
fon bon confeil , & luy promis de l'éxécuter
le plutôt qu'il me feroit poffible. Efectivement
fix femaines après j'étois dans cette celèbre
Academie, où je me logeay chez un fort honnête homme, qui fe faifoit apeller Patri. La
multitude d'Etrangers, qu'il y avoit alors dans
ce lieu là , me donna ocafion de faire connoiffance avec bien du monde ; en fort peu de
jours je me vis plus de pratique que je n'avois
jamais eu à Rotterdam. Il y en avoit plufieurs
qui outre le François, auroient bien voulu que
je leur euffe fait des leçons en Mathématiques,
mais je n'ofay pas l'entreprendre, de peur de
me faire des ennemis ; Monfieur van Scho-
ten, qui etoit actuellement Profeffeur en cette fçience, me faifoit mille amitiez, la plupart de mes écoliers ne me venoient que par
fon canal, ainfi je n'avois garde de le defo-
bliger, au contraire, je l'allois fouvent confulter fur les dificultez que je rencontrois dans
des calculs Aftronomiques, & dans des équa-
tions d'algebre, qui alloient au deffus du quar-
ré ; & enfin je me determinay même à fré-
quenter fes colléges avec affiduité, pendant
deux ou trois femeftres. Il n'y eut qu'un feul
homme, qui étoit, fi je ne me trompe, du côté

té deGueldre , & qui s'apelloit Monſieur
Smeenk, auquel je donnay quelques leçons de
Geometrie & encore fut ce à condition que
pas une ame n'en ſauroit rien. La ſeule raiſon qui me porta à cela, fut que nonobſtant
la peine que le pauvre garçon ſe donnoit, il
ne pouvoit comprendre une propoſition un peu
dificile, ou qui renfermoit pluſieurs raports;
& que ſon Maître luy reprochoit ſouvent devant ſes camarades la dureté de ſa conception
lors qu'il avoüoit ingenument qu'il ne l'entendoit pas, ou qu'il le prioit plus d'une fois d'en
venir à une répétition. Il y avoit alors quantité d'habiles docteurs dans cette univerſité, &
une grande affluence de jeunes gens, de toutes
nations; mais je puis dire en ſincérité que jamais je n'avois vû un prodige d'homme ſemblable à celuy en la compagnie duquel je me
trouvai un jour caſuellement dans la maiſon
d'un de mes meilleurs amis. Nous faiſions une
petite debauche , on l'avoit invité ſans mon
ſçû, à être de la partie, & ils s'étoient donné
le mot pour me tromper agreablement. On
commença par une gazette, que ce grand genie avoit priſe de la ſervante, qui l'aportoit à
ces Meſſieurs, parce diſoit-il, qu'il voyoit volontiers les nouvelles, ſur tout lors qu'il n'avoit
point d'autre ocupation. Il en fit la lecture
tout haut, afin d'en faire part à ceux qui voudroient l'entendre. J'étois charmé de la grace
& de la prononciation de cet agreable lecteur,
& j admirois le Gazetier qui s'exprimoit par
les plus beaux termes de la langue Françoiſe.
Dès qu'il eut achevé je le remerciay en parti-
cu-

culier de la peine qu'il avoit prife, & le loüay
de ce qu'il s'en étoit fi bien aquité. Un moment après il fe leva; d'autres en firent autant,
infenfiblement, à leur exemple, il fe trouva
que j'avois auffi changé de place, & que je
m'étois aproché de la table. Voyant la gazette au même endroit où on l'avoit pofée,
il me prit envie de repaffer l'article de France, où il étoit fait mention de la mort d'un
grand, dont le nom m'étoit échapé, je la
pris, mais je fus frapé d'étonnement de trouver qu'elle étoit Flamande, parce qu'il me
fembloit que ce devoit être la même qu'on
avoit lüe un moment auparavant : il falut
pourtant conclure, malgré moy, que je m'é-
tois trompé, & ainfi, fans faire femblant de
rien, je la remis à fa place, & me faifis d'un
petit livre, qui étoit feul là auprès, & qui
contenoit l'Andrienne de Térence. Je le feuil-
letay & en lus deux ou trois pages, fans y
faire pourtant beaucoup d'atention. Environ
une demi-heure après ce qui étoit arrivé, &
qui arrive ordinairement dans des compagnies
de plaifir, où l'on ne fait que fauter, joüer &
boire, arriva encore, ou par cas fortuit, ou
de propos délibéré, que Bérenice, car c'eft ainfi
que ce docte s'apélloit, s'étant raproché de
la table, prit en badinant cette Comédie, que
je venois de voir, & commença à la lire en
Grec. Qu'eft cecy, penfai-je alors en moy
même, eft ce enchantement ou rêvé-je ; il
femble m'écriai-je, pour marquer mon étonnement, que les écrits fe Métamorphofent
au moment que Monfieur les touche. Tantôt

B

ij

il nous a leu une Gazette en excellent François que j'ay trouvée immédiatement après être
écrite en Flamand, & prefentement il lit en
Grec d'Homere ce que je viens de voir exprimé en Latin, aflurément cela me furpaffe. A
ces mots tout le Monde éclata de rire, & a-
près m'avoir encore laiffé quelque temps en
fufpens, je demeuray interdit quand on m'aprit
que ce perfonage étoit actuellement ramon-
neur de cheminées, n'ayant ny feu ny lieu au
Monde, & étant comme Melchicedec, fans
pére, & fans mére, & fans généalogie. Jamais il n'avoit voulu dire d'où il étoit, finon
que fa patrie étoit la terre habitable ; il n'ar-
rêtoit que peu de jours en un lieu, d'un pays
il paffoit à l'autre, & mangeoit fon argent à
mefure qu'il le gagnoit, fans vouloir être fujet à perfonne, ny vivre fous la dépendance
de qui que ce fût. Il n'y avoit point de langue qu'il n'entendît, & ne parlât en perfection, & ce qu'il y avoit de plus admirable, c'eft
que non feulement , comme nous venions
d'en voir l'experience, il lifoit un livre François, Italien, Latin &c. en Hollandois , en
Efpagnol, en Anglois, ou en tel Langage que
l'on vouloit, mais il le lifoit en vers auffi bien
qu'en profe, fi vous vouliez, & cela tout cou-
rant , fans jamais héfiter, & de la maniére du
Monde la plus éloquente; de forte que tous
ceux qui l'entendoient en étoient extafiez,
& que s'il avoit voulu être Profeffeur en Hiftoire à Leiden, il l'auroit été trois fois pour une:
on le luy avoit ofert là & en plufieurs autres endroits inutilement. C'étoit un Libertin , qui ne
vou-

vouloit s'affujettir à rien, & qui fe trouvoit dans
l'Etat où il étoit, & où il n'avoit aucunes mefures à garder avec perfonne, le plus heureux de
tous les vivans. Je reftai plus de quatre ans
dans cette agréable ville, où j'avois amaffé près
de 300. Ducats ; mais avec toute ma bonne phi-
fionomie, les lignes heureufes de mes mains, la
jufte proportion des parties de mon corps,
& la favorable planète, fous laquelle les diciples de Cardan vouloient que je fuffe né, je
fus contraint d'en fortir d'une maniére fort
précipitée. Un Gentil-homme d'Over-yffel,
qui, fi je l'ay bien retenu s'appelloit Monfieur
de Linteloo, nous avoit traitez fept ou huit
que nous étions de fes plus familiers amis ; i'
étoit deux heures après minuit quand nous
fortimes de fa chambre, & nous n'étions point
à jeun. Par malheur nous rencontrâmes
proche de la poiflonnerie un pauvre foldat, qui
ayant auffi bu le petit coup, eut l' imprudence de nous crier, VERDA. Celuy de notre
Troupe, qui étoit le plus gris de tous, na-
tif de Francfort, & d'ailleurs le meilleur enfant du monde, ayant pris feu la deffus.
Comment, Chelme, luy dit-il, ofe tu te fa-
miliarifer avec des gens comme nous? on t'a-
prendra à vivre, coquin. En même temps
il met l'épée à la main, le Soldat, qui étoit
brave, tire auffi la fienne, ils commencent à
ferrailler, & à fe porter des botes jufqu'à la
garde. L'aprehenfion me faifit qu'ils ne fe
tuaffent, je me jettay à corps perdu entre deux
pour les féparer, mais par une fatabilité inconcevable, au moment que l'Allemand alon-

 geoit,

geoit, & perçoit le foldat de part en part, je
luy donnay un coup au travers du bras. Voyant d'un côté tomber un homme, & ayant
très bien fenti de l'autre, que mon eftocade é-
toit entrée dans un corps, quel qu'il fût, qui
luy avoit réfifté confiderablement, je crus de
bonne foy avoir fait un meurtre. La deffus
je gagne promtement au pié, & fans confulter perfonne, de peur que l'on ne m'arrêtât, je
courus vers la porte de Harlem, où m'étant
jetté doucement à l'eau, je paffay le foffé de
la Ville, partie à gué, partie à la nage, &
pris le chemin d'Amfterdam, laiffant à mon
Hôte toutes mes dépouilles, qui valoient du
moins quatre cents Francs, outre cinquante
Ducatons en argent, que je luy avois prêtez
à diverfes fois. Je fus, quelques jours dans
cette Métropolitaine du Monde, ainfi nommée par raport à fes Richeffes, à fa Magnificence, à fon Trafic, & m'y embarquai pour
Hambourg, par la premiére commodité favorable, de peur que l'on ne courût après moi,
& qu'on ne m'atrapât, fi j'y reftois plus long
temps, ou que je m'en allaffe par terre. E-
tant arrivé dans cette populeufe Ville, j'allay
par tout chercher un Oncle, qui fuivant ce
que j'en avois ouy dire cent fois à ma Mére,
devoit y être affez bien établi : mes foins furent inutiles, je ne le trouvray point, ny perfonne qui me pût dire s'il y avoit été de fa
vie. Voyant cela je fortis du bras d'Or, où
je m'étois logé par provifion, & loüay une
chambre chez un tailleur Liégeois, qui avoit
nom Péquet : il avoit beaucoup d'ouvriers,

parce

parce qu'il étoit fort achalandé, & tenoit affez bonne table, ce qui fut caufe que je me
mis en penfion chez luy pour la fomme de
deux cents francs en tout par an. Je me remis encore là à mon ancien Métier, qui me
réuffit auffi bien qu'à Leiden, mais où je ne
l'exerçois pas avec tant d'agrément. Mes
afaires avoient beau aller comme je le defirois,
je regrétois toûjours la Holande, j'y avois
trouvé une franchife, & une droiture, que je
defefpérois de rencontrer jamais ailleurs. De
là il ne paroîtra par furprenant fi je fus touché au vif lors que la nouvelle nous vint quelque temps après, que l'Angleterre avoit déclaré la guerre aux Holandois, fous plufieurs
vains prétextes, qui faifoient affez voir le génie de cette fuperbe nation, comme par exemple au fujet de quelques Médailles inju-
rieufes, que le Roy foutenoit qu'ils avoient
fait battre à deffein de le choquer. L'Ancienne difpute du pavillon. L'afaire de Surina-
me, & autres femblables. J'en pris une fiévre
violente dont j'eu même en confcience bien
de la peine à me remettre, quand le bruit fe ré-
pandit que le Roy Très-Crétien venoit, à fon
imitation, d'en faire autant. Je favois de bonne part que bien des Villes frontiéres des Provinces Unies, étoient très mal fortifiées,
déniiées de toutes fortes de munitions, com-
mifes aux foins de Gouverneurs & Officiers
jeunes ou fans expérience, & qu'en général
leur Troupes étoient très mal diciplinées. Les
Etats Généraux n'ignoroient pas tout cela,
c'eft pourquoi auffi ils n'omirent rien de ce
qui étoit en leur pouvoir pour prévenir les fâ-

cheufes fuites d'un fi menaçant orage. Ils
prefférent inutilement l'Evêque de Munfter,
qui armoit comme ces autres Puiffances, de
leur diré ingénument fon deffein. Ils ofri-
rent à laFrance de fe foumettre à tout ce qu'elle voudroit leur impofer pour fa fatisfaction,
au cas qu'elle pût montrer qu'on luy eût donné aucun légitime fujet de fe plaindre. Ils
n'oubliérent rien non plus pour apaifer 1An-
gleterre, qui fembloit la plus animée : ny l'un
ny l'autre ne voulut prefque pas feulement les écouter.   J'apréhendois que de fi
puiffans ennemis ne fubjuguaffent ce florif-
fant pays, où toutes les richeffes du monde
fe raffemblent, & qu'ainfi il ne cefsât, pour
jamais d'être le véritable azile des pauvres E-
trangers, & le fiége de la liberté.   Se voyant dans un extrême embaras, ils crurent devoir commencer par s'affurer d'un Conducteur auquel leurs foldats puffent avoir de la
confiance, & n'en connoiffant point de plus
afectionné à la Nation que Guillaume de
Naffau, dont les Ancêtres avoient été les
premiers Fondateurs de la République, les
Etats de Holande & de Weft-Frife réfolu-
rent d'élire ce jeune Seigneur pour leur Capitaine Général; & peu de temps après il fut
creé Stadthouder des Sept Provinces Unies,
nonobftant l'édit perpétuel de l'année mille
fix cents foixante fept, par lequel il étoit bien
expreffément dit que cette charge ne feroit
jamais conférée à perfonne : & malgré la puiffance de Meffieurs de Wit, qui étoient ennemis déclarez de la Maifon de Naffau. Le

Peu-

Peuple, au contraire, qui afectionnoit cette
Famille, ne pouvoit foufrir quequ'vue ce
fût fe mêlât du Gouvernement que le Prince
d'Orange: Le nom furtout des de Wit fembloit leur être fi fort en abomination, qu'il
paroiffoit tous les jours de nouveaux libelles
contre tout ce qui étoit de la faction des Lou-
veftyns. Cette haine augmenta fenfiblement
au bruit qui courut immédiatement après que
Rüart van Putten, frére du Penfionnaire de
Wit, avoit voulu porter un Chirugien à affaf-
finer ce nouveau Stadt-Houder, de peur qu'il
ne le traversât dans fes deffeins, & ne fût un
obftacle à l'agrandiffement de fa Famille. On
trouva l'acufation affez bien fondée pour arrêter le perfonnage, qui fut confronté avec
fa partie. Quoi que cet homme foutint hautement que fa déclaration étoit à la lettre, &
qu'il le prouvât par des circonftances, qui
fembloient ne pouvoir être conteftées, le
Bourguemaître, que l'on apliqua à la queftion
ne voulant rien avoüer, la Cour fe contenta
de le dépouiller de tous fes emplois, & de le
banir à perpétuité de la Province de Holande. Cette Sentence choqua d'abord bien des
Gens. S'il eft innocent, difoit-on, on lui
fait tort, s'il eft coupable, il doit abfolûment
perdre la vie. Le Penfionnaire cependant,
qui n'étoit peut-être pas fâché que fon Frére
en fût quite à fi bon marché, fe tranfporta
en caroffe à la prifon pour le prendre, & l'a-
mener, avant qu'il luy arrivât quelque chofe
de pire. Le malheur voulut pour ces Meffieurs qu'un bourgeois mécontent de ce qui

fe paffoit à leur égard , s'étant casuellement
rencontré là, comme il entroit dans ce trifte
lieu, fe mit à crier à gorge déployée que puis
que les deux traîtres étoient enfemble il ne
faloit pas qu'ils leur échapaffent. A ces mots
plufieurs autres habitans de la Haye fe joignirent à luy, ils enfoncérent les portes, montérent jufqu'à l'endroit où ces deux Victi-
mes d'Etat étoient, & les obligérent de fortir. Auffi-tôt qu'ils furent dans la rüe, chacun fe jetta fur eux à corps perdu, on les af-
fomma de coups dans un inftant. D'abord
qu'ils eurent rendu l'efprit, on leur arracha
les habits du corps, par piéces & par morceaux,
enfuite ils furent traînés nuds comme la main
au gibet, où d'autres les pendirent par les pieds,
Comme chacun vouloit avoir part à ce facri-
fice, où les derniers rencheriffoient toûjours
fur les premiers, il en furvint incontinent
qui n'étant pas contents de ce traitement,
leur coupérent le nez, les oreilles, les doigts,
& les parties honteufes, qui fe vendirent après
au plus offrant, & furent tranfportées jufques
hors du pays. Enfin ils leur arrachérent les
entrailles, & en vinrent jufqu'à cet excès de
rage que de les mordre, & de manger des
morceaux de leur chair. Cependant Louis le
Grand, qui s'étoit mis en Campagne avec
une Armée compofée au moins de cent vingt
mille combatans, faifoit des progrès incroya-
bles. Il prit en fort peu de temps Orfoy,
Wefel, Burich, Réés, Emmerik, le fort de
Skenck, Rhinberg, Doesburg, Utrecht, Arn-
hem, Sutphen, &c. Les Evêques de Mun-

fter

fter & de Cologne, d'autre part, fe rendirent
Maîtres de Grol, de Brévoort, de Deven-
ter, de Zwol, de Kampen, de Haffelt, de
Steenwyk & de plufieurs autres places ; la con-
fternation étoit fi grande que les Magiftrats
des villes, bien loin d'atendre qu'on les af-
fiégeât en forme, & de fonger à faire la moindre réfiftance, envoyoient les clefs de leurs
portes à l'ennemi auffi-tôt qu'il les aprochoit
de douze ou quinfe lieües. Les Etats fe voyant à deux doigts de leur ruïne, envoyérent
des Ambaffadeurs au Roy de France, campé
alors proche d'Utrecht : Ils en dépêchérent
d'autres au Roy de la Grande-Bretagne ; mais
ces Princes firent des demandes, qui leur parurent fi exorbitantes, qu'ils n'y répondirent
feulement pas, & qu'ils ne pouvoient en éfet
accepter fans fe rendre efclaves de ces deux
Couronnes. Cela n'empêcha pourtant pas,
que les afaires allant toûjours en empirant,
on ne tint enfuite des Conférences, où l'on
faifoit de très-grandes offres aux vainqueurs.
D'autre part on avoit des Gens en Campagne, qui ne ceffoient de remontrer à l'Empereur, & aux autres Puiffances intéreffées,
que s'ils atendoient que Loüis fe fût rendu
Maître des Pays-bas, ils ne pouvoient manquer de tomber un jour fous fa domination,
& de le voir parvenir à la Monarchie Univerfelle, qui étoit l'unique objet de fon ambition. Leurs remontrances firent l'éfet qu'on
en atendoit : plufieurs Princes fe joignirent
au parti des Provinces Unies : les Troupes
qu'ils mirent fur pié firent d'abord quelque

B 5   diver-

diverſion, & permirent au Prince d'Orange
de reprendre haleine. Ce changement ſubit
ne plaiſoit point à la France, qui s'étoit épui-
ſée d'hommes & d'argent , de ſorte que ſe
voyant menacée d'être attaquée par une multitude infinie d'Ennemis , qui acouroient de
toutes parts , elle abandonna en moins de
rien , une grande partie de ſes Conquêtes.
Ce procédé , auquel on ne s'atendoit point,
enfla le courage des Aliez, qui ſe fortifióient
de jour en jour. Celuy qui les avoit excitez
avoit beau à ſon tour, faire des propoſitions
d'acommodement, ils ne vouloient plus entendre parler que de guerre, & ce ne fut qu'à-
près bien des inſtances , qu'ils conſentirent à
la Paix , qui fut enfin conclüe & ſignée à Ni-
mégue, en mille ſix cents ſeptante huit , au
grand contentement de bien des honnêtes
gens: du moins pour moy en mon particulier , j'en eus une joye inexprimable. C'à
toûjours été mon naturel de haïr mortellement le carnage & l'éfuſion du ſang humain,
ſur tout entre les Peuples qui croyent en un
même Dieu , & auſquels le Criſtianiſme re-
commande ſi étroitement l'amour & la concorde. Un autre ſujet que j'avois d'être content , c'eſt que mes afaires continuoient à aller le mieux du Monde : Ce qui paroît en ce
qu'en ce temps là je me voyois en poſſeſſion
de plus de deux mille cinq cents francs. Au
lieu que ce capital , qui étoit conſidérable
pour un homme comme moy eût dû naturellement me porter à faire un peu plus de dépenſe, & à vivre généreuſement, je devenois

de

de jour à autre plus économe ; de maniére
qu'au lieu que j'avois toûjours tenu mon argent
au cofre, il me vint dans l'eſprit, pour
le faire valoir, de le mettre à intérêt. J'en
parlay à mon Hôte, il me conſeilloit de mettre
deux mille francs à fond-perdu, dont
je tirerois douze pour cent, mais n'ayant pu
me determiner à cela, il me trouva un Marchand
entre les mains duquel il s'imaginoit
qu'il ſeroit auſſi ſeurement qu'entre les miennes.
Je contay à ce malheureux cinq cents
Ducats en belles eſpèces, mais je n'en ay jamais
revû un ſou, il fit banqueroute quelques
mois après, & s'enfuit ſi loin que je n'ay pas
ſçu ce qu'il étoit devenu. Ce coup fatal m'ôta
entiérement le courage ; j'entray dans une
eſpèce de deſeſpoir, & ſans conſulter mes amis,
j'allay prendre parti pour la pêche de la
balaine, quoi qu'au fond j'euſſe une grande
averſion pour le froid, & pour l'eau. Je me
pourvus ſufiſamment de tout ce qui m'étoit
néceſſaire pour le voyage, mais auſſi il ne me
reſta pas un ſou : au contraire, je devois encore
autour de cent francs à mon Hôte, pour
leſquels je luy laiſſay quelques nipes, qui ne
m'étoient pas néceſſaires, & qui pouvoient
pourtant le dédommager, en cas que je ne
le viſſe plus. Le Vaiſſeau où l'on me mit,
étoit commandé par un Capitaine qui s'apelloit
Hans Jurien Peppel. Nous démarâmes
au commencement du mois de May de l'année
mille ſix cents ſoixante dixneuf. Etant
ſortis de l'Elbe nous continuâmes notre navigation
par un temps auſſi favorable que nous

le pouvions fouhaiter. Cela dura ainfi jufques
à ce que nous euffions gagné le cercle Arctique, où nous eumes de rudes bourafques
à effuyer pendant trois ou quatre jours , qui
nous tinrent toûjours en haleine. A cette
grande agitation fucceda un calme, qui nous
fit perdre malheureufement bien du temps, on
eût dit que nous reftions toûjours fixez en un
même endroit. Enfin étant parvenus à la
hauteur de feptante degrez, une tempête épouvantable nous ataqua, & nous fépara de plufieurs bâtimens que jufqu'alors nous n'avions
point encore perdus de vûe. Ce mauvais
temps nous porta jufqu'entre Groen & Nieu-
Land, environ à douze degrez du Pole, & à
la vûe de certaines terres que nos Matelots
difoient avoir pour bornes Schuyl & Vo-
gels-hoek. Comme je n'avois pas beaucoup fréquenté la mer, & que ces quartiers
là m'étoient tout à fait nouveaux, chaque objet que j'y découvrois me donnoit de l'admiration, mais rien ne m'étonnoit plus que le
froid qu'il faifoit pour la faifon, & par raport
à celuy que j'avois fenti ailleurs. Les montagnes de glace que nous découvrions en divers endroits, nous faifoient frémir, & notre
Capitaine contoit comme un petit miracle que
nous fuffions parvenus jufques là fans avoir
été brifez mille fois. Il y a aparence que l'horrible vent qu'il faifoit pendant que nous avancions fi confidérablement vers le Pole Boréal
avoit jetté les glaçons d'un côté , & nous a-
voit ainfi ouvert le paffage de l'autre. Cela
paroît d'autant plus vraifemblable qu'au moment

ment que·le temps ſe fut radoucir nous fumes
tout étonnez de nous voir environnez de glace de toutes parts. Le retour nous fût d'abord
entiérement défendu ; nous tremblions égale-
lement de peur ; le Capitaine ne voyoit pas
luy même d'aparençe de ſauver jamais ſon
Vaiſſeau. Il envoya pluſieuis fois des hommes hardis & acoutumez à ce métier là, pour
découvrir s'il n'y avoit point d'endroit par
là autour, où le paſſage fût reſté libre. Le
quinſiéme jour que nous avions été là, il en
revint deux, qui déclarérent que ſuivant tou-
les les aparences, iis avoient été arrêtez, à
trois ou quatre lieües de là, par un eſpace de
mer, qui s'ètendoit au dela de la portée des yeux,
lequel pourroit bien leur faciliter les moyens
de gagner l'une des Iles les plus voiſines. La
deſſus les principaux du bord s'aſſemblérent;
& après bien des conteſtations, il fut réſolu
qu'on prendroit la plus grande chaloupe, &
qu'y ayant mis autant de vivres que l'on pourroit, ou la traîneroit par deſſus la glace, juſqu'au lieu où ils avoient découvert cette ſé-
paration, & qu'en tout cas s'ils trouvoient
d'autres dificultez qui leur paruſſent inſurmon-
tables, ils tâcheroient de revenir, ſinon ils
paſſeroient outre. Il y avoit bien de nos gens
auſquels cette entrepriſe paroiſſoit tout à fait téméraire, & d'un danger inévitable, mais voyant
le Maître prêt à l'exécuter, la confiance qu'ils
avoient en luy, les fit déterminer à le ſuivre.
Deux Holandois, l'un de Leiden, l'autre d'E-
dam, aimérent mieux reſter dans le bord, &
trois Walons & moy, à qui Meſſieurs les bas

Alemans, dans l'efprit defquels nous paffions tous pour François, n'avoient pas daigné faire la moindre ouverture de leur deffein. Nous ignorions tellement la raifon pour laquelle ils nous quitoient, que nous ne fongeâmes pas feulement à nous mettre de la partie. Nous étions alors aux plus longs jours de l'année. Le Soleil, qui étoit toûjours fur l'horifon, commençoit de plus en plus, à faire fentir l'agréable chaleur de fes pénétrans raïons : la glace fe fondoit à vûe d'oeil, ou couloit à fond, de forte qu'en peu de temps nous fumes ravis de voir qu'il s'étoit fait devant nous une ouverture qui s'étendoit à perte de vûe. Cependant nos gens ne revenoient point, & j'en ignorois encore la caufe ; il y avoit déja treize jours qu'ils nous avoient quitez avant que j'en fceuffe rien.

Quoi que je n'euffe aucun commandement dans le Vaiffeau, je ne pouvois pourtant pas m'empêcher de remontrer à mes camarades Hollandois qu'il fembloit que le Ciel nous avoit ouvert un paffage pour nous tirer de ce malheureux pas, & nous faire continuer notre chemin : Mais ils fe contentoient de me branler la tête, & de me dire que c'étoit de l'autre côté qu'il faloit que nous tiraffions. Voyant trois jours après que rien ne fe refermoit devant nous, ils nous dirent de leur aider à apareiller quelques voiles ; afin de profiter du temps, & voir fi après nous être un peu avancez, il ne fe prefenteroit point quelque iffüe à droit ou à gauche, par où nous puffions fingler vers le midi. J'étois charmé

mé

mé de voir que cela alloit le mieux du monde, ſans ſonger à la route que nous tenions,
quoi que je n'ignoraſſe pas que plus nous a-
vancions, moins il y avoit d'aparence de revoir un jour netre patrie : il me ſembloit qu'il
n'y avoit rien de plus mortifiant que de crou-
pir en un même lieu, & qu'il valoit mieux
agir que de reſter les bras croiſez, quand ce
n'auroit été que pour abréger le temps, qui
nous paroiſſoit d'une longueur épouventable.
Nous alions doucement, ſans ſentir la moindre agitation, mais ayant le vent en poupe,
nous ne laiſſions pas de faire bien du chemin :
cela dura juſques à ce qu'enfin nous découvrimes terre. Cette vüe nous fit plaiſir, &
quoi que les glaçons nous euſſent pour la plus
part abandonnez, nous ne ſongions abſolûment plus qu'à aller reſpirer l'air de la campagne, & voir s'il n'y auroit pas moyen de
ſéjourner quelque temps dans ce nouveau
Pays. Comme nous nous entretenions des
objets diférens que nous conjecturions
devoir rencontrer dans des lieux deſerts, in-
habitez, & ſujets à un hiver preſque conti-
nüel, le vent changea, & aporta en même
temps tant de changement dans nos afaires,
qu'en moins d'une heure nous nous vimes
aſſiégez de toutes parts de glaçons, qu'on auroit dit qui ſe forgeoient en notre préſence.
Ce nouvel accident nous épouvanta : par bonheur l'agitation de l'air n'étoit pas conſidérable, notre Bâtiment ne couroit encore aucun riſque. Ne ſachant que devenir nous ré-
ſolûmes de nous ſervir de ce planché de criſ-
tal

tal pour nous tranfporter au rivage, d'où nous n'étions éloignez que de trois miles au plus. Quand nous fûmes montez fur les dunes, le Pays nous parut aſſez plat & uni, nous ne découvrions aucunes Montagnes, mais tout étoit d'une ſtérilité à faire peur : nous ne voyions que de méchantes herbes mal nourries, ſortir comme du gravier, & encore n'y en avoit il qu'en très petite quantité : Au lieu que l'eau, en récompenſe, nous avoit paru extrémement poiſſonneuſe ; on eût dit qu'elle vivoit de toutes parts. Après nous être bien promenez nous retournâmes à notre gîte, où nous fîmes un fort bon repas, à la mode des gens de marine, qui content pour un régal lors qu'ils mangent des pois au lard, en ſuite de quoi nous allâmes nous repoſer. A notre réveil, nous retournâmes à terre, d'où il ſembloit que nous fuſſions aprochez d'un tiers, pourvus de bons fuſils, parce que nous nous étions aperceus qu'il y avoit là des animaux capables de ſe faire redouter. Nous n'y avions pas été long temps, que nous découvrimes en éfet un Ours de la groſſeur d'un petit Bœuf, qui venoit à nous branlant la tête, qu'il ſe frotoit ſouvent d'une de ſes pattes, & qui ſembloit couverte de ſang. Que veut dire cela, dis-je à mes camarades, cet animal ſeigne, comme s'il avoit été bleſſé de quelque Chaſſeur. Bagatelles, me répondirent ils ; il y a des habitans en Groen-land, depuis un temps immémorial, qui faute d'autres alimens, ne vivent que de poiſſon & d'eau ſalée, cela eſt vray : ce n'eſt pas icy la même

choſe,

chofe, il n'eft pas croyable que des hommes puiffent fubfifter fi loin de l'Equateur en hiver? mais il n'y a point de doute auffi qu'il y a des Monftres épouvantables, puis que celuy que voila en a trouvé de plus forts que luy. Comme il aprochoit, celuy de nos Hollandois, qui s'etoit chargé du commandement, nous ordonna de ne tirer que deux à la fois; les Walons, qui avoient paffé des années dans le fervice, difoient auffi la même chofe, pour des raifons que j'étois obligé d'aprouver; cela leur réuffit à merveille. Auffitôt, que ce formidable animal fut à portée, deux de nos gens luy lâchérent leur coup fi à propos, qu'ils luy cafférent deux jambes, l'une de devant, l'autre de derriére, ce qui lui fit faire la culbute. S'étant relevé avec affez de peine, il fe mit fur fon féant, & commença à grommeler, & en fuite à hurler comme un Démon. Pendant que les deux qui avoient tiré rechargeoient, deux autres s'aprochérent de ce gros coquin, & l'étendirent de fon long, de maniére qu'on ne le voyoit plus brauler. Comme nous l'avions environné, & que nous délibérions fur ce que nous en ferions, nous fûmes bien autrement furpris de voir fortir d'un fond, & paroître fur une petite éminence, qui n'étoit pas à quatre cénts pas de nous, cinq hommes, grands & bien faits, habillés legérement de peaux depuis les pieds jufqu'à la tête, ayant chacun un arc pendu au côté, & tenant à la main un bâton de la longueur d'une demi-pique, qui fembloit brulé

ou

ou ferré par les deux bouts. Aussi-tôt qu'ils
nous découvrirent ils s'arrêtérent tout court,
& parurent autant surpris que nous d'une
semblable entrevüe. Ils restérent au moins
un quart d'heure plantez là , comme s'ils
avoient été immobiles : nous avions rechar-
gé , & nous étions résolus au cas qu'ils se
fussent aprochez , de ne leur faire non plus
de quartier qu'à l'Ours. Il paroîtra dans la
suite qu'ils avoient des sentimens plus hu-
mains à notre égard ; les bonnes gens ne
nous vouloient point de mal , ils craignoient
seulement que nous ne leur en fissions ; mais
leur crainte augmenta sensiblement lorsqu'un
renard étant sorti entre eux & nous de sa
taniérè , ils virent qu'un de nos gens le jetta par terre du premier coup qu'il tira dessus. Ils crurent sans doute delà , que nous
portions la foudre à la main , & qu'il ne tenoit qu'à nous de les écraser du tonnerre :
Une exécution si promte leur donna tellement l'épouvante , que sans consulter davantage , ils prirent la fuite avec tant de rapidité , que nous ne les vimes plus. Pas bon ,
Monsieur , pas bon , se prit à dire la dessus
un de nos Hollandois , pour nous aller in
de schip Je croy que vous avez raison ,
repris-je , ces drôles là , tout épouvantez
qu'ils paroissent , pourroient bien revenir en
état de nous maltraiter : il est vray que nous
avons un bon refuge , mais à quoi cela nous
servira-t-il ? Vous verrez que le plus seur
sera de tenter de nous en retourner par là
où nous sommes venus , aussi-tôt que le
vent

vent fera favorable, & que les glaces fe retireront. Avant que d'aller à bort nous pri-
mes pourtant un quartier de derriére de notre lourde Bête, à deffein, fi nous la trou-
vions bonne , de venir querir le refte , avant que
quelque Loup afamé nous l'enlevât. Les glaçons étoient en cet endroit là acumulez l'un
fur l'autre, cela rendoit le chemin dificile,
& nous portions quatrevingt ou cent livres
de chair. Auffi-tôt que nous fûmes dans
notre Vaiffeau , nous découpâmes ce mor-
ceau de viande , & en fimes rôtir une
partie au pot. Nous n'avions jamais mange de chair d'Ours , mais nous ne laiffâmes
pas pour cela de la trouver tendre & déli-
cate. A peine avions nous achevé notre repas, que nous entendimes un bruit confus,
qui nous alarma ; nous montâmes promtement fur le tillac avec nos armes , & Dieu
fait de quel étourdiffement nous fûmes frapez lors que nous avifâmes venir trente ou
quarante Hommes armez , droit vers notre
navire. Les uns avoient des coutelats &
des bâtons ferrez, d'autres de grandes maf-
fües , & il y en avoit plufieurs qui portoient
des arcs. Il ne ne faut pas mentir , nous
nous croyions tous perdus ; il ne nous paroiffoit pas poffible que fix hommes puffent
réfifter à un fi grand nombre. Dans la penfée néanmoins qu'ils ne nous donneroient
point de quartier , ou que s'ils nous épar-
gnoient alors ce ne feroit que dans la vüe
de nous engraiffer pour nous maffacrer de
fang froid dans la fuite , nous réfolûmes
de

de vendre notre vie auffi chérement que nous
pourrions, & de mourir plutôt l'épée à la main,
que de nous expofer à la mercy d'une troupe cruelle d'Antropofages. D'abord qu'ils
furent à cent pas de nous, nous leur pre-
fentâmes nos armes, & leur fimes figne
de la main de ne nous pas aprocher davantage. Ceux que nous avions vus fept ou
huit heures auparavant étoient fans doute
auffi de la partie, car nous en voyions qui
reprefentoient aux autres, par des paroles
& de certains mouvemens, le bruit & la
prompte exécution de nos fufils. Ce récit
& nos menaces leur firent peur, ils n'ofé-
rent pas nous aprocher, mais pour nous témoigner qu'ils ne vouloient pas nous nuire,
les uns fe mirent à lever le doigt en haut,
comme pour prendre le Ciel à témoin qu'ils
n'avoient aucun mauvais deffein : les autres faifoient des inclinations de corps jufqu'à terre ; il y en avoit qui ouvroient les
bras & les refermoient, en figne du defir
qu'ils avoient de nous embraffer ; en un mot,
ils nous donnoient toutes les marques d'a-
mitié dont ils étoient capables ; & tout cela
étoit acompagné de cris & de paroles qui a-
voient fans doute du raport à leurs bonnes
intentions, mais qui étant proférées en une
langue, que nous n'entendions point, ne
laiffoient pas de nous les rendre fufpects. Notre Commandant, qui ne fe fioit point à eux
branloit la tête à tout cela, & leur montroit
qu'ils s'en retournaffent. Ils trouvérent notre apréhention bien fondée, pour en ôter
en-

entiérement la caufe, ils prirent tout ce qu'ils avoient d'armes , épées , maffues , bâtons , arcs, fléches , & les jettérent par deffus la glace, jufques contre notre vaiffeau, croi-sérent leurs bras, pour marquer l'impuiffan-ce où ils étoient alors de nous rien faire, & nous firent figne en riant d'aller à eux. Quand je vis cela, Affurément, dis-je à mes camarades, je ne doute point que ces gens là , pour Barbares qu'ils nous paroiffent, n'agiffent pourtant de bonne foy : je ferois d'avis que nous nous rendiffions à leur merci, & imploraffions leur miféricorde , auffi bien s'ils s'opiniâtrent à nous vouloir prendre, il eft impoffible que nous évitions de tom-ber entre leurs mains. Quand ils feroient encore plus crüels que nous ne nous les imaginons, peut-être que la curiofité de fa-voir qui nous fommes , & d'où nous ve-nous , pourroit aifément les porter à nous épargner la vie pour l'aprendre. Chacun fut de mon fentiment; la deffus nous posâmes nos armes à leur imitation, & ayant baifé la main, nous leur fimes figne de s'avan-cer. Jamais je n'ay vû perfonne plus aife que ces bonnes gens nous le paroiffoient , ils fe frotoient les mains de joye, & fans donner aucune marque de méfiance, ils s'a-vancérent jufqu'à nous. Auffi-tôt nous leur donnâmes une échelle, où celuy de la trou-pe , pour qui les autres fembloient avoir beaucoup de déférence monta: il n'eut pas le pié dans notre bord qu'il s'aprocha du Hollandois, qui nous commandoit, ce qu'il

avoit

avoit aparemment remarqué, & après luy avoir donné la main, il l'embraffa, & le baifa comme fi ç'avoit été fon propre frére: en fuite il nous en vint faire autant, en y ajoutant. *Mela tay vani fiou kan ataa* : qui veut dire, foyez les bien venus, mes amis, comme nous l'avons apris depuis : & fans vouloir permettre que les autres montaffent, il nous invita fort civilement à le fuivre. Nous voulûmes luy obéir fur le champ, mais il nous obligea auparavant à nous munir de nos armes, & nous demanda par figne s'il n'y avoit rien autre chofe dont nous vouluffions nous charger. Nous nous contentâmes de prendre feulement nos fufils, & quelque peu de poudre & de plomb. Quand nous fûmes en bas, tous les autres nous faluérent de la même maniére, qu'il avoit fait, & ayant ramaffé toutes leurs nipes, ils nous amenérent avec eux. Les bonnes gens avoient beau me paroître fincéres, j'avoüe franchement que je doutois fort de mon falut ; il me fembloit naivement qu'on nous conduifoit à la boucherie. Etant parvenus à terre, ils nous firent tirer à gauche, où nous trouvâmes en fuite des dunes beaucoup plus hautes, que n'étoient celles que nous avions vües les jours précedens. Un oifeau blanc, de la groffeur d'un canard de riviére, qui paffa devant nous, donna ocafion à un de nos gens de le tirer, Ce coup imprévû fit treffaillir tous nos guides, qui furent incontinent après charmez de voir tomber cet animal du haut de l'air, mort devant leurs pieds. Le Chef de la bande s'a-

procha

procha avec refpect de celuy qui avoit tiré,
& témoigna qu'il étoit curieux de toucher u-
ne machine capable d'un éfet fi prodigieux :
il luy donna fon fufil fans héfiter. Ce pauvre
homme le manioit & le confidéroit avec autant de vénération, qu'un dévot fuperfticieux
auroit touché une relique, & le luy rendit avec
les mêmes marques de foumiffion. Cependant nous avancions toûjours, & je ne penfe
pas que nous euffions fait plus d'une lieüe de
chemin, depuis que nous avions quité le rivage, que nous découvrimes de hauts pieux,
plantez à côté l'un de l'autre, & qui s'étendoient beaucoup plus loin que la vüe né portoit. Immédiatement après on voyoit des
objets bas, qui reffembloient affez à de vieilles
mafures, ou à des ruines de bâtimens démo-
lis. Je ne fai ce que tout cela fera, dis-je
à l'un de nos Walons, qui étoit à côté de
moy, mais je vous jure qu'on diroit que nous
aprochons d'une Fortereffe, qui a été abatüe
à coups de Canon, ou que la Foudre a entiérement rüinée. Efectivement, me répondit
il, cela a tout à fait la mine d'un lieu faca-
gé, d'une Jérufalem détruite : nous verrons
dans peu ce qui en eft. Il nous parut bien
tôt que ce que nous avions pris pour de fimples pieux étoient en éfet de bonnes & fortes
paliffades, garnies de pointes de fer à crochets
par le haut, & jointes enfembles par des bandes de ce même métail, avec un foffé fec,
mais large, profond, & bien efcarpé au devant, qui régnoit tout à l'entour des demeures foutterraines de ces Infulaires. Nous fumes

mes de même agréablement trompez de voir
que ce qui nous avoit paru des maſures étoient
de petits domes, des balcons, des cheminées,
& des entrées de maiſons baſſes & pratiquées
fous le niveau de la campagne. Nous paſ-
sâmes premiérement une forte barriére, qui
étoit en deça du fofié, avant que de parvenir
à la feconde, laquelle faiſoit partie du contour de la place, qui avoit la figure d'un quar-
ré long, dont l'un des côtez pouvoit avoir
dix miles de longueur, & l'autre fix, comme
le temps nous l'aprit. Nous étions furpris
de trouver tant d'ordre & de magnificence
dans un lieu, où il ne devoit felon nous,
y avoir que de la confufion & de la miſére.
Tout ce qui fe préfentoit à nos yeux étoit
propre, bien entretenu, & d'une affez belle
Architecture. La diverfité de mille objets
diférens contribua à nous faire trouver court
le long efpace de chemin, que nous avions
à parcourir. Enfin nous nous trouvâmes infenfiblement devant un porche magnifique, où il
y avoit un efcalier large de trente pieds, par
lequel on nous fit defcendre dans la plus belle Cave du monde. Ce fuperbe apartement
a cinq cents pas de long, fur trois cents de
large, & cinquante pieds de hauteur, avec une
voute artiftement faite, & un pavé très précieux de grandes pierres de taille blanches.
Vis à vis de l'efcalier par où nous entrâmes,
il y en a un autre tout femblable : au lieu que
les deux, qui font aux autres extrémitez,
font un peu plus étroits. En haut, de dix
en dix pas, il y a un foupirail, & au milieu

un

un dôme de quarante pieds de hauteur, & de
cent pas de circonference ; c'eſt ſous ce dôme
qu'eſt le ſuperbe Trône, où le ſouverain s'aſ-
ſiet toutes les fois qu'il s'agit d'adminiſtrer la
juſticé , ou de prononcer quelque arrêt en
public. A chaque face de ce rare édifice
ſe trouvent pluſieurs rües , de dix , quinſe ,
juſques à vingt pas de large , qui s'étendent
juſqu'aux extrémités de la ville. A droite de
la première Montée , dont j'ay parlé , eſt la
demeure du Roy, & à gauche celle de la Reine. Toutes ces grandes rües ſont traverſées
par d'autres, tirées auſſi au cordeau : c'eſt là
où aboutiſſent les demeures des Habitans, qui
ſont dans le fond autant de caves voutées, &
à une grande partie deſquelles il y a un eſca-
lier qui méne en haut, & qui eſt couvert d'une
maniére ſi métodique & ſi extraordinaire, que
la pluye, le vent, ny la nége ne ſauroient abſolûment y entrer. Par tout il y a des ſoupi-
raux & des cheminées. Chaque particulier a
devant ſa porte un pilier de ſix pieds de haut,
ſur lequel il y a une lampe , qui brûle toute
l'année ſans interruption. Le Sénat , où eſt
le Trône, eſt auſſi rempli de luminaires, au
milieu & tout à l'entour, de ſorte qu'il y fait
preſque auſſi clair qu'en plein midi parmi nous
à la campagne. J'avoüe que cela ſeroit d'u-
ne grande dépenſe dans les Païs Méridion-
naux de l'Europe, mais outre que ce n'eſt pas
là la même choſe , comme nous le ferons
voir ailleurs , quand il en dévroit coûter le
double , il faudroit néanmoins paſſer par là ,
à moins que l'on ne voulût ſe réſoudre à être

C

éter-

éternellement dans les ténèbres. Il feroit
d'autre part impoſſible à un homme de vivre
ſous un tel climat, ſi les maiſons y étoient
bâties comme par exemple en France. Etant
ſous le Pole Boréal, ceux qui ont la moindre
teinture de l'aſtronomie, ſavent que depuis
l'équinoxe de l'automne juſqu'à celuy du printemps, ils ne voyent point de Soleil : on peut
juger par là du froid inſuportable qu'il y doit
faire. Ils ſe mettent à couvert des incommo-
ditez qu'ils en ſoufriroient en ſe retirant dans
des demeures comme les leurs; il n'y a point
de moyen plus éficace. Leur été, qui dure ſix
mois, pendant lequel ils ne perdent point auſſi
en récompenſe la vüe de ce bel Aſtre, eſt aſſez
agréable; ſur tout ſix ſemaines ou deux mois a-
près ſon commencement & avant ſa fin, le temps
y eſt tout à fait beau, & l'on peut dire qu'il
y fait chaud. Outre les Lampes, qui ſont
d'une néceſſité indiſpenſable, il y a encore
cette commodité pour les Habitans, que d'eſpace en eſpace, on a bâti au milieu des rües
de beaux puits, acompagnez d'égouts & de
cloaques, par où les eaux & les autres immondices s'écoulent, ſans que cela cauſe la
moindre puanteur. D'abord que nous fûmes
entrez dans cette ſále, ceux qui nous avoient
accompagnez, auſſi bien qu'une fourmilliére
d'autres ſpectateurs, auſquels nous donnions
de l'admiration, reſtérent là : le ſeul chef de
la troupe nous mena dans la ſále d'audience,
& nous fit ſigne de reſter là, tandis qu'il paſſoit dans un autre apartement. Un demi
quart d'heure après il nous vint reprendre, &

nous

nous conduiſit dans la chambre du Roy. Ce
Monarque étoit là aſſis auprès d'un feu médiocre, couvert de pélice, comme les autres,
hormis qu'elle eſt plus fine , & ornée de petites piéces blanches , en forme d'étoiles, à
quoi il faut ajoûter une couronne de la même eſpèce , qu'il porte entre les deux épaules , de la même maniéré que les Gardes de
corps de nos Rois portent leurs armes ou
quelque autre marque de diſtinction ſur leur
caſaque. Le reſpect avec lequel notre intro-
ducteur lui parloit , pour lequel nous avions
remarqué que les autres avoient tant de déférence, nous fit croire que nous avions à faire à
un grand Seigneur, ainſi nous nous proſternâ-
mes à ſes pieds, mais il nous fit incontinent
relever, & ſe mit à nous queſtionner. Il n'y
avoit là ni Latin , ni François , ni Fla-
man, qui tint , je ne comprenois pas un ſeul
mot de ce qu'il diſoit. Quand il vit que nous ne
nous entendions, ni l'un, ni l'autre il nous fit
ſigne de lui montrer un de nos fuſils : nous
lui donnâmes celui qui n'étoit point chargé,
il l'examina long temps, & je remarquois bien
qu'il en trouvoit l'invention admirable. J'ay
ſeu du depuis qu'il nous avoit dit que ſi nous
voulions reſter dans ſon Pays , cela lui ſeroit
agréable, ſi non qu'il vouloit bien permettre
auſſi que nous nous en retournaſſions , ſi
nous pouvions: mais alors nous n'y compre-
nions rien. Nous ayant enſuite fait ſigne
de nous retirer, on nous mena dans une chambre faite comme les autres , c'eſt à dire voû-
tée, avec une cheminée , des bancs tout au

tour des murrailles, dont l'un eſt large & décend en penchant, à peu près comme cèux
des corps-de-gardes, où les ſoldats ſe couchent. Ce banc eſt couvert de peaux d'animaux ſauvages, qui ſervent de matelats, &
il y en a d'autres cloüées tout le long du bord
d'enbas, qui tiennent lieu de couvertures:
tout cela eſt acommodé de maniére que l'on
y a autant de chaud que l'on veut. Il n'y a
du bois dans la ville que pour la maiſon du
Roi, & pour la charpente, les habitans brû-
lent du charbon de terre, on nous en fit un
petit feu, parce qu'il ne faiſoit pas froid. Juſque là, tout alloit le mieux du monde, mais
le diable fut aux vaches quand il fut queſtion
de manger ce que l'on nous avoit aporté, à
deſſein ſans doute de nous éprouver, & voir
ſi nous pourrions nous acommoder à leurs
maniéres, car on nous traita mieux dans la
ſuite; le tout conſiſtoit en un méchant mor-
ceau de chair enfumée, & en quelques tren-
ches de poiſſon ſec, qui nous devoit ſervir
de pain. Quoi que cela n'eût pas trop bonne mine, nos Holandois, qui avoient fréquenté la mer depuis leur enfance, trouvoient
la viande aſſez de leur goût, ils y firent
même une groſſe bréche; les autres ne paroiſſoient pas ſi échaufez, ils alloient comme
moi, aſſez lentement en beſogne; nous nous
en remplîmes pourtant paſſablement bien,
parce que nous avions bon apétit, mais pour
du poiſſon, il me fut impoſſible d'en prendre, & les autres qui en goutérent, dirent
qu'ils ne doutoient point, ſi nous étions o-
bligez

ligez de refter là, comme il y avoit beaucoup
d'aparence, que nous pourrions nous y faire
avec le temps. Après le repas nous allâmes
prendre un peu de repos, mais non pas fans
beaucoup d'inquiétude ; car encore que ce
nous fût une grande confolation d'être tom-
bez entre les mains d'un peuple civilifé, une
chofe à laquelle nous ne nous étions pas àten-
dus, la dificulté de nous en retourner chez
nous, ou de vivre avec dés gens que nous
n'entendions point, dont les maximes étoient
toutes opofées aux notres, & dans un Pays
âpre, incommode, & très dificile à habiter
pour nous, tout cela dis-je, donnoit fi fort
la gêne à notre efprit, que nous en étions
dans une agitation continuelle. A notre réveil on nous préfenta encore à manger ; en
fuite on nous montra la porte, en nous or-
donnant de nous charger de nos fufils. Je
croyois de bonne foi, qu'on nous donnoit
notre fac, ce qui, dans l'état où nous étions,
augmentoit encore ma peine. En fortant,
le Roi lui même nous joignit, & nous fou-
rît de fort bonne grace : il étoit acompagné
de fa cour, qui confiftoit en une vingtaine de
perfonnes, & de quarante foldats, dont le
Chef étoit celui qui nous étoit venu prendre
à notre Vaiffeau : c'étoit fon Lieutenant &
fon favori. D'abord on fonna le cor, qui
étoit un inftrument fait de fer délié, en forme de corne de bélier, avec un rebord ouvragé, & chacun fe faifit de fes armes. Cet apa-
reil me fit changer de fentiment, je conjectu-
rai que l'on vouloit aller à la chaffe. Auffi

C 3

tôt

tôt qu'on nous eut commandé de fuivre la compagnie, nous chargeâmes nos fufils à bale, & allâmes nous pofter, la moitié tout devant, & l'autre fur le derriére. A peine étions nous hors de la ville qu'un Sanglier, qui étoit dans le foffé, fe mit à fuir devant nous. La deffus fix hommes fe détachérent, & s'étant un peu écartez commencérent à courir de toute leur force, afin de devancer cet animal, & l'obliger à venir à nous, mais ils n'en purent jamais venir à bout. Le drôle avoit été fans doute batu de l'oifeau, quoi qu'ils fiffent pour l'épouvanter, ils n'eureut pas plus grande hâte que de s'écarter pour lui faire place, il paffa au milieu d'eux, fans qu'ils lui fiffent prefque aucun mal. Mes camarades enrageoient de ne s'être pas avancez pour montrer au Roi qu'ils étoient plus adroits que fes gens, qui avoient tous décoché leurs fléches fur cette lourde bête fans la tuer. Il étoit trop tard, elle couroît d'une rapidité inconcevable, il n'étoit pas poffible de l'atraper. Nous fumes plus d'une heure après fans rien voir : enfin nous découvrimes deux Ours blancs d'une grandeur monftrueufe, mais comme ils étoient encore loin, on divifa notre troupe en trois bandes, le Roi refta là avec vingt quatre hommes, & deux de nos gens, les deux autres pelotons pafférent à droite & à gauche, auffi chacun avec deux fuffliers : j'étois de l'un de ces détachemens là ! Nous étant fort écartez, nous atendimes que nous fufflons, les uns & les autres, au deffus de l'endroit où nous avions aperceu ces bêtes féroces,

roces, alors venant droit à elles, nous nous écartâmes les uns des autres, de forte que nous formions un arc de quatre vingt ou cent pas : l'autre troupe venoit auffi à nous dans le même ordre. Quand les drilles fauvages virent que nous aprochions d'eux, ils s'affirent dos à dos, l'un tourné de notre côté, & l'autre de l'autre, & fe mirent à gromeler comme pour s'exciter réciproquement au combat. Le Walon, que j'avois avec moi, tiroit admirablement bien, il n'auroit pas manqué un blanc de la grandeur d'un écu à cent vingt cinq pas de diftance, & commé je m'en fiois beaucoup mieux à lui qu'à moi même, lors que je vis que nous n'étions éloignez de l'ennemi que d'environ foixante ou foixante & dix pas, je fis figne à ceux qui étoient à l'opofite de nous, mais confiderablement plus loin, de gagner un peu à gauche, & à lui de donner feu. Ce coup lui réuffit fi bien, qu'il caffa la tête à celui des Ours qui nous regardoit. Quoi qu'étourdi & bleffé à mort, il jetta un cri épouvantable, & ayant fait trois ou quatre pirouettes, il tomba tout étendu à terre, & ne fe remua plus. A ce fpectacle afreux fon camarade prit l'épouvante, & fe mit à courir de l'autre côté, mais on ne lui donna pas le temps de faire de longues courfes, deux coups tirez des deux autres pelotons lui impoferent la néceffité de s'arrêter : il vécut pourtant encore quelques momens, & il falut l'achever de deux ou trois grands coups de maffue, de peur qu'il n'eût fait encore quelque ravage. Le Roi parut charmé du furprenant éfet de

nos

nos armes, il nous prit à tous la main, pour nous marquer le contentement qu'il en avoit, & nous donna toutes les marques d'amitié dont nous le croyions capable. Les Ours étant écorchez, ou les coupa par quartiers, huit hommes s'en chargérent, & deux autres prirent les peaux, parce que nous n'avions aucune voiture avec nous, comme cela leur arrive assez souvent, parce que le Roi veut qu'ils s'endurcissent au travail, celui d'alors étoit lui même infatigable. En nous en revenant nous tuâmes encore deux Renards, que l'on porta aussi à la cuisine, & une autre bête sauvage de la forme d'une taupe, & environ de la grosseur d'un lapin. Comme nous cotoyions la mer, nous aperçûmes notre vaisseau : nous tâchâmes de faire comprendre à notre Monarque que nous y avions encore des Armes telles qu'étoient celles que nous portions, & que s'il vouloit nous le permettre, nous nous en irions les querir. Non seulement il consentit à notre demande, mais ayant donné ordre à ceux qui s'étoient chargez du gibier de s'en aller en ville, avec une escorte de six autres hommes bien armez, en cas de mauvaise rencontre, comme on y est fort sujet en ce Pays là, qui est rempli de toutes sortes de monstres épouvantables, il s'en vint lui même avec nous, acompagné du reste de ses gens. Quand nous fûmes arrivez au bâtiment, il joignit les mains ensemble, pour marquer l'étonnement où le jettoit la vûe d'une machine flotante de cette grandeur. Il entra dedans, & en visita toutes les parties,

dont

dont il n'y en avoit pas une feule qui ne le
furprît. Après s'être contenté, nous nous
chargeâmes tous, horfmis luĩ, qui ne prit
qu'un fufil, de ce que nous crûmes nous devoir être le plus utile, comme dé cordes,
d'uftenciles de cuifine, d'armes, de poudre,
de plomb &c. Puis nous convinmes par fig-
nes, de revenir dans peu avec affez de monde pour emporter les voiles, les vivres, &
tout ce qui n'étoit pas trop pefant, & ataché
au vaiffeau, que nous devions amener auffi à
terre auffi tôt que les glaces fe feroient reti-
rées. Nous n'en fûmes pas à la peine, trois
ou quatre heures après le vent changea, qui
emporta tous les glaçons, & aparemment le
Vaiffeau, à moins qu'il ne fût coulé à fond,
car quand nous y retournâmes nous ne trouvâmes pas qu'il parût feulement y avoir été.
Cette perte nous toucha fenfiblement, & ce
fut alors qu'il falut tout de bon achever de fe
refoudre à finir là le refte de nos jours, & à
aprendre au plutôt la langue du Pays, afin
d'être en état de converfer avec les gens. A
notre retour on nous fervit un plat de poiffon
frais, qui étoit affez bon, & des piths au lieu
de pain, ou de poiffon fec, comme auparavant. Le piths eft une efpèce de trufe, c'eft
un fruit qui croît profondément en terre, il
eft pour l'ordinaire de la groffeur d'une orange douce, ou de Portugal, mais de forme
irréguliére, quoi qu'elle aproche le plus de la
ronde. Cela eft bon, farineux, fort nour-
riffant, & fe garde plufieurs années fans fe
gâter. Ce qu'il y a d'admirable c'eft que ce

C 5

Peu-

Peuple a le secret d'en faire une liqueur, en le diſtilant, qui eſt auſſi forte que notre eau de vie, & qui a le goût délicieux ; mais c'eſt auſſi la ſeule boiſſon qu'ils ont, ſi l'on en excepte l'eau douce, & l'eau ſalée, dont pluſieurs d'entrreux boivent preſque indiféremment. On nous régala après le repas de chacun une petite taſſe de ce pithſon, car c'eſt ainſi qu'ils l'appellent, pour nous conſoler aparemment de notre perte, puis que cela n'eſt pas ordinaire : je n'en avois pas encore vû, & on n'en prend que rarement ; comme pour célébrer par exemple quelque fête, ou lors que l'on ſe trouve mal. Comme il n'y a perſonne d'oiſif dans cette nombreuſe ſociété, il ne faut pas être ſurpris ſi toutes les vingt ou trente heures, on nous faiſoit aller à la chaſſe, puis que nous étions plus propres à cela qu'à autre choſe. J'étois étonné de voir la quantité prodigieuſe de denrées, qui s'aportoient inceſſamment de toutes parts. Les uns venoient chargez de piths, les autres de poiſſon ou de chair : il y en avoit qui aportoient du bois, du charbon de terre, du fer, que d'autres avoient tiré des mines : les Carriéres ſur tout donnoient de la beſogne à un grand nombre de gens. Ceux qui reſtoient à la maiſon travailloient aux bâtimens, ou à l'entretien des choſes publiques, à préparer l'huile des baleines que l'on prenoit en quantité, afin d'avoir de quoi mettre aux lampes toute l'année. Les femmes fondoient la graiſſe des animaux terreſtres & aquatiques, dont on ſe ſert dans les apréts, & entre leſquels il y a une eſpèce de

Sau-

Saumon, qu'ils appellent diros, de vingt cinq
juſques à cent livres peſant, qui rent une graiſſe
infiniment meilleure que n'eſt l'huile d'olive ;
je n'ay jamais rien goûté de meilleur.   Elles
filoient dés cordes de boyaux, de toute grandeur , & deſquelles on ſe ſervoit à tout uſage, faute d'autre matiére , & principalement
à conſtruire des filêts pour la pêche. Tout ce
qu'ils font leur eſt commun , ou ils le parta-
gent par égales portions : le Roi en a la dixié-
me partie , qui lui ſert pour l'entretien de ſa
famille, de ſes gardes , & des pauvres gens ,
qui par maladie, vieilleſſe , ou autres infirmitez , ne ſont point en état de travailler , &
n'ont aucuns parens qui ayent ſoin d'eux. Enfin il n'y avoit pas une ame , qui ſe donnât
aucun relâche. Je revins pourtant de mon
étonnement quand j'eus reconnu dans la ſuite , qu'on n'a pas trois mois pour faire les
proviſions de toute une année , puis que le
reſte du temps l'eau eſt gelée , la terre dure
& couverte de nége , ou que l'air eſt ſi âpre,
qu'il eſt ſouvent impoſſible de s'y expoſer ſans
courir riſque d'avoir le nez ou les orteils ge-
lez ; quand on le fait il ſe faut bien précautionner , ou être dans une continuelle agitation. Remarquons outre cela que rien ne
s'y fait ſans peine, ou au péril de ſa vie, car
quoi qu'on n'aille nulle part qu'avec une bonne eſcorte, ou armé juſqu'aux dents, le nombre des bêtes feroces de pluſieurs eſpèces, eſt
ſi conſidérable , nonobſtant la guerre continuelle qu'on leur fait , qu'il y a peu de jours
pour ainſi dire, qu'on n'entende parler de quel-

que defaftre. J'en vis, à mon grand regret, la fatale expérience, en l'un de mes camarades Walons, environ quinfe jours après notre arrivée. Nous étions fortis vingt huit de compagnie, le pauvre Jean petit, car c'eft ainfi qu'il fe nommoit, voulant faire fes afaires, fut affez imprudent pour nous laiffer paffer, & pour s'aller pofter à dix pas d'un étang, que nous avions cotoyé: on n'auroit pas conté cent, qu'un Bings, vilain animal, à peu près bâti comme un Crocodile, fortit de l'eau fi doucement, & le faifit par derriére avec tant de promtitude, que fes cris éfroyables, & toute la diligence avec laquelle nous acourûmes pour le fecourir, furent inutiles : le malheureux étoit au fond du précipice, avant que nous euffions eu le temps d'en aprocher. Souvent il fe fait des combats d'hommes & de bêtes, qui font tout à fait cruels, & où il en demeure plufieurs de part & d'autre. Cependant le beau temps fe paffa infenfiblement, je dis beau temps par raport à l'endroit où nous étions, car cela ne feroit pas conté pour grand chofe en France ou en Italie. Il eft vrai pourtant qu'il y a fort peu d'orages en ces quartiers là, le ciel eft prefque continuellement ferain, auffi long temps que le foleil eft fûr l'horifon, qui eft depuis le vingtiéme de mars jufques au vingt troifiéme de feptembre, c'eft à dire fix mois entiers. Les pluyes n'y font point non plus fréquentes, & les vents y régnent fi peu, qu'encore que l'aftre du jour n'ait au plus que vingt trois degrez & demi d'élévation en tout ce temps là, fa prefence con-

continuelle échaufe ſi conſidérablement l'air,
qu'il y fait quelquefois auſſi chaud que dans
la Zone Toride. La belle ſaiſon ſe paſſa, dis-
je, & nous eûmes le chagrin de voir le flam-
beau de l'univers ſe plonger dans l'océan, &
nous dire adieu pour une demi-année toute
entiére. Il ne faut pas pourtant s'imaginer
qu'en ſon abſence on ne voye abſolûment goute, l'obſcuriré ne dure qu'environ ſix ſemaines ou deux mois, on voit autrement toûjours, plus ou moins, à la faveur du crépuſcule, ſuivant que le ſoleil eſt enfoncé ſous
l'horiſon. Le Roi, ſa Cour, & tout le Peuple, étoient ſortis pour aſſiſter à ce triſte
ſpectacle. Au moment de l'immerſion chacun
ſe jetta en terre ſur ſa face, en faiſant des
hurlemens & des cris épouvantables. L'un
pleuroit, l'autre gemiſſoit; il y en avoit qui
ſe donnoient des coups de poing à la tête &
ſur la poitrine; eu un mot, on eût dit qu'il
y alloit de la vie ou du ſalut d'un chacun.
Cette cérémonie dura au moins une heure,
après quoi on alla fermer toutes les barriéres, & les avenües de la ville, & chacun ſe
renferma dans le deſſein de ne paroître en haut
que lors que la néceſſité le requerroit. Juſqu'alors on ne nous avoit point encore habil-
lez à la mode du Païs, quoi que nos habits fuſſent aſſez mal en ordre, on nous donna à chacun deux veſtes & deux grandes robes de
peaux douces & bien préparées, où il y avoit
de la pelice en dehors & en dedans. Les
habits de deſſous, culotes, camiſoles, auſſi
bien que les bas & les ſouliers, qui tiennent

 en-

enſemble, & ont la figure d'une botte , ſans
genouillére, étoient de même étofe, comme
ſemblablement le bonnet , garni de piéces,
qui décendent juſque ſur les épaules.   Avec
tout cela il n'y auroit pas moyen de ſubſiſter
à la campagne, ou hors des maiſons, où rien
n'eſt à l'épreuve de la rigueur de l'air au milieu de l'hivér.   Comme j'étois acoutumé à
exercer ma mémoire pour aprendre les lan-
gues étrangéres, je m'apercevois de jour à autre des progrès conſidérables que je faiſois dans
celle-là , & je puis dire ſans vanité, qu'avant
que le Soleil eût touché le Tropique du Capri-
corne , non ſeulement je comprenois tout ce
que l'on me diſoit , mais je m'exprimois moi
même & me rendois intelligible.   Le Roi en
fut averti , il me fit dire de l'aller voir : ce
Prince parut charmé de m'entendre jargon-
ner avec lui.   La curioſité le porta à me faire
diverſes queſtions ſur les Pais où j'avois été,
auſquelles je répondis d'une maniére qui lui
faiſoit tant de plaiſir , qu'il fit venir une taſſe
de pithſon , que nous vuidâmes enſemble.
Cette familiarité me plut , & afin d'avoir ocaſion de la cultiver , je tâchai de rapeller les
idées d'une partie des choſes que j'avois lües,
ſur tout pour ce qui regardoit l'hiſtoire , afin
de l'engager par là de plus en plus à me diſtin-
grer du commun.   Je réuſſis en éfet dans mon
deſſein ;   Avant que peu de temps ſe paſſât il
ne pouvoit plus vivre ſans me voir , il vouloit que je l'entretinſſe de tout ce que je ſavois,
& il n'étoit pas moins prêt à me communiquer les choſes qu'il me venoit dans l'eſprit

de

de lui demander : il en vint même un jour
jufqu'à me faire dîner avec lui. Son Lieutenant , & le Colonel de fes gardes , étoient
auffi de la partie. Je leur contai bien des
chofes qui les frapérent d'étonnement , mais
j'avoüe qu'ils m'en dirent auffi qui me furpri-
rent. Nous commençâmes par leur culte ,
qui fe borne à croire, à aimer, & à adorer un
Etre tout puiffant, parfait, & infini de toutes
les màniéres ; Et à conner par tout & en tous
temps des marques éclatantes de leur humanité aux autres hommes , de quelque nation
qu'ils foient , & quelques fentimens qu'ils
puiffent avoir. Mais lors qu'il s'agit de s'expliquer fur l'idée qu'ils ont de la Providence,
il eft feur qu'ils extravaguent , à la maniére
de Spinofa , à l'école duquel il femble qu'ils
ayent été élevez , puis qu'ils n'entendent par
là , que ce que nous nous figurons fous le
terme de Nature. Laiffant donc cette matiére à part , dont nous ne pourrions tirer , ni
édification , ni avantage , je leur demandai
quand , & comment ils étoient venus habiter
des climats fi éloignez & fi contraires à la nature de l'homme. Cette expreffion les choqua , il falut leur en demander excufe : ils ne
pouvoient pas s'imaginer qu'il y eût un Pays
au monde , où l'on fût mieux , plus en repos , & avec tant d'agrément que dans celuy-
là ; tant l'habitude & la naiffance ont de force
pour faire trouver agréable aux uns , ce que
les autres envifagent comme infuportable. Ce
n'eft point par préocupation , dit le Lieutenant de Roi , qui s'appelloit Bardan , comme
le Roi

le Roi avoit nom Ayamu , mais je voudrois
bien favoir ce qu'une perfonne raifonnable
pourroit fouhaiter de meilleur dans la vie, que
ce que nous avons ici avec profufion. On
me dira peut être , qu'une nuit de fix mois
confécutifs a quelque chofe d'afreux , que le
froid auquel nous fommes fujets eft violent,
que les monftres nous incommodent, que le
commerce avec les autres nations nous eft abfolûment interdit , & autres chofes femblables : mais qu'eft ce que cela, au prix des autres avantages dont nous joüiffons au deffus
des Peuples qui habitent aux environs des Tropiques & de l'Equateur. Il y a autant de lumiére que de tenèbres , dans l'efpace d'un
an fur toute la terre : ce que vous gagnez
en France , par exemple en été , vous le
perdez en hiver, tout revient à un ; une nuit
de fix mois eft trifte, je l'avoüe, mais on ne
fauroit auffi nier qu'un jour d'une demi année
a des charmes , qui ne fe peuvent exprimer.
Qu'eft ce que le petit diférent que nous avons
avec les bêtes des champs , dont nous fommes toûjours les maîtres, au prix des guerres
continuelles que vous avez avec vos femblables , & des maffacres épouvantables dont
vous nous avez entretenus. Il y a deux ou
trois villes comme la notre dans cette Ile, à
cinquante ou foixante lieües l'une de l'autre,
avec lefquelles nous négocions , mais nous
fommes encore, pour ainfi dire, à avoir la
moindre difpute enfemble. Et pour ce qui
eft du froid, nous ne le redoutons aucune-
ment : nos habits, nos maifons , & le feu,

nous

nous mettent à l'abri de fes faillies. Nous
fommes outre cela pourvus de bonnes viandes, d'excellent poiffon, d'eau pure, & d'une liqueur qui furpaffe le bruvage ordinaire des dieux.
Ajoutez à cela que nous avons de jolies femmes, un Roi débonnaire, des Loix fondées
fur l'équité, de la portée de tout le monde,
& que nous connoiffons peu de maladies ; &
vous trouverez que fi vous pouvez vous flater de quelques petits avantages, vous avez
auffi en récompenfe tant de contretemps & de
traverfes à effuyer, que l'amertume des uns
éface entiérement toute la douceur que l'on
pourroit atribuer aux autres. Laiffons cela,
interrompit le Roi, de quelque maniére qu'on
le prenne, il y a fans doute par tout un peu
de bien & un peu de mal. Celui-là eft heureux, qui s'acommode à l'un & à l'autre, &
fe contente de fon fort. Il femble, me dit
il, que vous n'êtes pas fatisfait du votre, j'en
fuis marri pour l'amour de vous, j'efpére
qu'avec le temps, vous le trouverez fuporta-
ble, & fi j'y puis contribuer je le ferai de tout
mon cœur. A ces mots je fis une profonde
inclination de corps, & le régardant alors en
face, vous me donnez de la coufufion, Sire,
lui répondis-je, je vous fuis infiniment obligé
de la bonté que vous témoignez avoir pour
moi, je ne le mérite pas, & je vous affure
que j'en aurai une fincére reconnoiffance toute ma vie. Vous verrez des preuves de ce
que je vous dis, reprit le Roi, en atendant
tâchons de fatisfaire à votre demande. Ne
vous altérez pas, Sire, dit la deffus le Colonel,

nel, je fai votre Hiftoire, c'eft ici, le Catéchif-
me des enfans, permettez moi, s'il vous plaît,
d'en faire le récit en gros, à cet honnête homme; Bardan aura bien la bonté de foulager ma
mémoire aux endroits où il remarquera qu'elle
me fait faux-bond. J'y confens, repartit le
Roi, mais vous avez du feu, ne courez pas
trop vite au moins, quand on n'eft pas expert
dans une langue, on aime à l'entendre parler
lentement. Nous fommes originaires d'Ogirie, reprit Falmur, qui étoit le nom du Colonel. Une nation belliqueufe, d'un Pays fitüé
entre l'Europe & l'Afrique, profitant de notre
moleffe, caufée par une trop grande abondance
de toutes chofes, nous fubjugua, après s'être
enfuis de chez eux, pour éviter la tirannie de
leur Roi Narfan, qui étoit crüel & Barbare.
Nous abandonâmes notre Patrie, allâmes chercher fortune ailleurs. Plufieurs autres malheureux, aufquels le fort n'avoit pas été plus favorable, fe joignirent à nous, & entre autres la
plupart des habitans d'une fameufe ville, bâ-
tie au pié du mont Orfon, que la terre en-
gloutit toute entiére, fuivant la prédiction
qu'en avoit fait un Devin, quatorfe ans auparavant, ce qui avoit donné fujet aux plus fages d'en fortir; les incrédules & les opiniâtres y périrent. Ruffai fe mit à la tête de cette troupe éfarouchée, compofée de dixhuit
mille combatans, & d'un nombre confidérable de femmes, chargées d'enfans de tout âge,
& s'achemina vers les parties Boréales de fon
continent. Leur Général étoit jeune & intrépide, il avoit de l'efprit, & étoit heureux
dans

dans ſes expéditions ; on lui faiſoit place par
tout, il n'y avoit point de gens, pour braves
qu'ils fûſſent, qui ne s'en fuiſſent de devant ſa
preſence. L'aparence d'un bien auquel ils ne
s'étoient point atendu, leur enfla le courage,
ils commencerent à traiter avec la même hauteur les Habitans des lieux par où ils paſſoient,
qu'ils avoient été traitez chez eux. Ceux qui
refuſoient de les recevoir, où de leur aporter ce qu'ils demandoient, devoient être aſſu-
rez d'en être punis par le feu ou par le fer : il
n'y avoit point de violence ni de crime qu'ils
n'exerçaſſent pour aſſouvir leur vengeance ou
leurs paſſions. Mais ils furent bien tôt châ-
tiez de leur inſolence, car à peine étoient ils
paiſibles poſſeſſeurs de Dilſon, contrée extrémement fertile, & où ils avoient fait des ex-
torſions inoüies, que les fuyars ſe raſſemblé-
rent, & étant ſecondez de leurs voiſins, qui
craignoient la même deſtinée, ils les forcé-
rent de déloger, & de gagner la mer du Nord.
Enfin après bien des combats, & des fatigues,
qui avoient reduit ſes avanturiers à un nombre fort médiocre, ils ſe campérent dans une
preſqu'Ile, qui n'étoit habitée de perſonne,
& où le froid paroiſſoit inſuportable à ceux
qui étoient nez ſous des climats plus tempé-
rez. Sept ans après, & juſtement au cœur
de l'été, il y a de cela autour de quatre mille ans, il ſurvint un tremblement de terre
épouvantable, acompagné d'éclairs, de ton-
nerres, & d'une ſi horible tempête, que nos
péres ne doutoient point que la terre n'allât
abîmer. Une agitation ſi extraordinaire rom-

pit

pit l'Ithfme, qui tenoit ce petit Pays ataché au Continent, & le vent, qui venoit du midi, emporta l'Ile avec la derniére violence. Perfonne ne penfoit au commencement à ce prodige, le temps fe radoucit, & on ne fongeoit qu'à fe divertir, & à agir comme auparavant. Quelques Aftronomes que nous avions parmi nous, s'en aperceurent les premiers au mouvement des Aftres; on trouvoit que les jours, les nuits, les faifons, étoient diférentes de ce qu'ils avoient été autre fois: cela fut confirmé par ceux qui demeuroient vers les ex tremitez de l'Ile, en ce qu'ils découvroient fouvent des terres fort éloignées, qui difparoiffoient dans la fuite; & que les voyageurs ne trouvoient plus le paffage pour aller dans un autre Pays, dont ils s'étoient fervis dans d'autres ocafions. Enfin, les bonnes gens furent tout étonnez que cinquante trois ans après qu'ils eurent abandonné Ogirie, ils vinrent échoüer ici: mais foit que le vent fût alors furieux, ou les eaux hautes & extrémement agitées, leur terre monta jufque fur les dunes de celle-ci, comme cela fe peut voir encore à l'heure qu'il eft, aux inégalitez, & principalement à la diférence du terroir, qui porte des efpèces d'arbres & d'animaux, que l'on ne trouve en aucun autre endroit que je fache. Leur Chef Ruffal vivoit encore; auffitôt qu'il eut apris ce qui leur étoit arrivé, il donna ordre qu'on allât vifiter le lieu où l'on avoit abordé, & voir fi leur vie, leur liberté, & leurs biens étoient en feureté. Il s'en falut bien que ceux qu'il avoit envoyez

à cet-

à cette expédition revinffent tous , les monftres cruels dont tout le Pays étoit rempli , en
avoient dévoré une partie , le refte arriva fort
allarmé , & raporta qu'ils n'auroient point à
batailler contre des barbares , puis qu'ils n'a-
voient rencontré perfonne, mais proprement
contre des Démons , qu'on ne voyoit par tout
que bêtes de figure épouvantable , de grandeur démefurée, & d'une avidité inconcevable après la proye. Cet avertiffement les o-
bligea à fe precautionner, il falut, à l'endroit
de la jonction de ces deux Pays , faire de fufifantes barriéres , pour empêcher l'entrée à
ces furieux animaux , & obferver exactement
que pendant que les uns s'ocuperoient à ra-
mafler des provifions pour l'hiver, les autres
ne bougeaffent de la chaffe , & ne ceffaffent
de travailler à la deftruction entiére de leurs re-
doutables ennemis. A mefure que le nombre de ces monftres diminuoit, ce qui demanda du temps & de la peine, ou avançoit de
plus en plus , en faifant de nouvelles décou-
vertes. On trouva en un endroit des mines
de charbon de terre , & de fer ; en un autre
de vaftes Campagnes remplies de piths : de peti-
tés racines fpongieufes, qui pouvoient tenir lieu
de méches aux lampes ; & quantité d'autres
chofes bonnes & utiles à la vie , mais ce qui
parut admirable, c'eft qu'en creufant on découvrit une matiére blanche, mole, & conti-
nüe, qui fe coupoit auffi aifément que du
cuir, & qui étant expofée à l'air devenoit en
moins d'un mois , dure comme les pierres les
plus folides de nos carriéres , fans que les
mor-

morceaux, que l'on en joint l'un à l'autre,
fe détachent qu'à grands coups de marteau :
ils reftent unis enfemble comme s'ils étoient
crus en une maffe, ce qui devoit être fort
commode, tant pour la conftruction des bâtimens, que pour la fabrique de toutes fortes
de vafes & uftenciles de ménage, de quelque
grandeur qu'on les veuille, fur tout fi cela
foufroit le feu, comme l'expérience le fit
voir, & comme vous l'aurez fans doute remarqué depuis que vous êtes parmi nous.
Dans ces entrefaites Ruffal mourut ; fon
fils, nommé Sylfom étant monté fur le Trône, nomma ce Nouveau Païs Ruffal, du
nom de fon Pére & commanda qu'auffi tôt
que la faifon le permettroit, on tâchât de s'y
établir. On fut long-temps à creufer la terre,
enfuite on commença à bâtir & à fe loger,
& enfin, petit à petit, Dieu fait dans combien
de fiécles, on acheva cette fuperbe ville, à
laquelle, comme vous favez on a donné le
nom de Cambul, qui fignifie parfaite. Mais,
Monfieur, interrompis-je, peut on faire fond
fur tout ce que vous venez de me dire. Oüi
me repondit il, antant qu'on en peut faire fur
une Hiftoire auffi ancienne qu'eft celle la, &
que nous tenons par tradition, de Pére en
fils : car vous devez favoir qu'on a foin de la
raconter toûjours de la même maniére. Il
feroit pourtant à fouhaiter pour une plus grande certitude, qu'on nous eût laiffé cela par
écrit, mais on ne l'a pas fait, j'ignore même
à quoi il a tenu, à moins que les chofes néceffaires pour une exécution de cette nature,

ne

ne leur ayent manqué. Peut .être n'ont ils pas
fçû aprêter le parchemin ; il pourroit être
auffi qu'ils n'ont point eu d'encre. Nous
nous fervons prefentement de fiel d'Arlan,
qui eft d'un vert obfcur & luifant, .& qui ne
géle jamais; mais il n'y a pas fi long-temps,
que ce petit poiffon a été découvert. Cependant comme il y a eu toûjours du fang, dont
on auroit pu fe fervir, il eft plus aparent que
l'art d'écrire n'étoit pas en ufage parmi eux.
Quoi qu'il en foit, il y a une aûtre tradition
par laquelle on pretend que le changement,
dont je vous ay entrenu eft arrivé par un déluge Univerfel, ce qui nous paroît affez vrai-
femblable , fur tout depuis que la navigation
a fait expofer les gens des Pays moins Septen-
trionnaux que n'eft le notre, à des Voyages
dangereux, où après avoir fait naufrage, ils
ont eu le bonheur de trouver un Azile parmi
nous, comme je l'ai oüi raconter, & que j'en
ay vu moi même dans la plus.méridionnale de
nos villes. Ces gens nous ont affuré qu'un
grand Continent qu'ils apellent l'Amerique,
n'a été découvert que depuis environ deux
fiecles, & que l'on ne doutoit point étant
peuplé & riche comme il eft, qu'il n'ait été
détaché de l'Affie, ou de l'Europe, par quelque cas extraordinaire, qui ne leur étoit pas
connu. Comment! repris-je, vous avez vû
d'autre Etrangers que nous ? Plufieurs, me
répondit il, il y en a encore là à l'heure qu'il
eft à moins qu'ils ne foient morts depuis peu,
mais ceux qui y viennent font obligez d'y
refter, pour les mêmes raifons que font celles
qui

qui vous arrêtent parmi nous ; parce qu'eux
ni nous n'avons point de Vaiſſeaux, & qu'on
n'oſeroit tenter de paſſer un ſi grand trajet
dans des nacelles comme les notres. Il eſt
bien vrai, continüai-je, qu'il y a des perſonnes, qui ſont dans ces ſentimens là, à l'é-
gard de cette derniére partie du monde, mais
il y en a auſſi bien d'autres, qui s'imaginent
fortement qu'elle eſt encore jointe à l'Aſie au
deſſus des Iles du Japon : ce ſont des conjectures, on n'en peut rien dire de certain, l'un
& l'autre pourroit être véritable. Ce qu'il y
a d'aſſuré, c'eſt que ſi elle tient aux autres
parties de la terre, il n'y a point de dificulté
pourquoi les Portugais l'ont trouvée pleine de
riches habitans, auſſi anciens que le monde :
& ſi elle en a été ſéparée, il eſt aiſé d'admetre
l'opinion de ceux que vous venez de citer,
pourvû que par le déluge Univerſel on entende une grande innondation, telle qu'ont été
celles d'Ogiges & de Deucalion, arrivées, la
premiére ſix cents trente ſix, la ſeconde huit
cents quatre vingt quatre ans après celle de
Noë, qui ſelon nous, peut ſeule être appellée
Univerſelle, puis qu'elle a détruit tout le
genre humain, à la réſerve de huit perſonnes
des deux ſexes, qui ſe ſauvérent dans un
Vaiſſeau d'une exceſſive grandeur, où par
ordre du Createur, ils avoient, outre les
proviſions néceſſaires pour un an, fait entrer
le mâle & la femelle de toutes les eſpèces
d'Animaux ſans exception, qui ſont ſous le
Soleil, & qui repeuplérent enſuite la terre.
Sur quoi il eſt bien expréſſiment remarqué,

qu'à

qu'à l'iſſue de ce châtiment ſur le genre humain, qui ſe l'étoit atiré par ſes épouvantables crimes, Dieu fit une aliance avec l'homme, & mit l'arc dans la nüe, comme un
ſceau ſacré, en ſigne perpétuel de ce traité
ſolemnel, par lequel il s'engageoit de ne faire plus périr le monde par les eaux, parce
qu'il en avoit été touché de compaſſion.
Nous Avons des Auteurs qui ſoutiennent
des faits, qui ne ſont pas moins ſurprenans
que celui là. Ils prétendent que l'Ile Antiſ-
ſa a été jointe, auſſi à peu près de la même maniére que vous le contez de la votre, à Les-
bos. Zéphirium, ſelon eux, fut portée juſque ſur Alicarnaſſe: auſſi bien que Narthé-
cuſa, qui tient au Cap de Parthénio, en
Tartarie, ſur les côtes de la Mer Majeúre.
Nous trouvons encore qu'Hibanda étoit an-
ciennement une Ile de la Mer Ionique, dont
elle eſt éloignée de plus de vingt cinq miles
à l'heure qu'il eſt. La Sirie a été une Ile,
qui eſt maintenant fort avant dans le Païs,
proche d'Epheſe. Je pourrois dire la même choſe de Déraſides, de Sophonia, d'E-
pidamnus ou Raguſe, & d'une grande quantité d'autres, ſi cela étoit néceſſaire; le monde eſt ſujet à mille changemens nouveaux.
Ceux qui ont leu ſavent qu'il s'eſt formé
des Iles toutes entiéres, dont on n'avoit eu
aucuns indices auparavant; comme par exemple, Rodes, Délos, Anaphe, Néa & d'autres. L'an quatriéme de la cent trente cin-
quiéme olimpiade, ſuivant la maniére de
conter des Grecs, on fut ſurpris de voir tout

D

d'un

d'un coup la terre enfanter les Iles Théra & Théréfia, en pleine Mer, entre les Iles de l'Archipel. Et l'an du Confulat de Junius Sillanus, & de Lucius Balbus, Thia fortit de la Mer, à deux bonnes heures du bord; Platon, Philofophe célèbre, & qui a paffé pour auffi fincére qu'il étoit judicieux, affure au contraire, que la Mer Atlantique couvre prefentement un Païs d'une étendüe immenfe, qui a été fort peuplé autrefois : & qui felon moi, auroit bien pu être joint à l'Amérique & à l'Europe, ce qui léveroit le fcrupule de ceux qui ne fauroient comprendre comment les hommes ont pu paffer une Mer fi vafte, dans le temps qu'on ne favoit ce que c'étoit de naviger, pour aller habiter ces parties Occidentales de la terre. Il eft aifé de voir, pour peu d'atention qu'on y faffe, combien de fertiles contrées la Mer méditéranée a englouties dans l'Arcanie, & au golfe de Patra : & comment elle a anticipé fur la Gréce. Les mêmes accidens font arrivez en Europe, & en Afie, par le Propontis, le Pont-Euxin &c. Il y a peu de favans qui ignorent parmi nous que le mont Cybotus, avec Curiette, très fameufe Ville, ont difparu, fans qu'on fache ce qu'ils font devenus. Phigius, la plus haute montagne de toute l'Etiopie, a eu le même fort : & la contrée entiére de Gamalis & de Galanes, remplies de Villes fameufes, n'a-t-elle pas été de même engloutie dans un moment ? Outre cela, il y a des Iles flotantes, qui peuvent fort bien être tranfportées d'un lieu en un autre, fans

beau-

beaucoup de dificulté. Il s'en trouve de
femblables dans les Lacs de Cécubo, de Rié-
te, de Baffanelle. Les Iles Calamines en
Lidie, font portées par le vent, tantôt en un
endroît, tantôt en un autre. En Italie, dans
le Lac Brocciano, on voit deux Iles flotantes,
qui en fe promenant, font toutes fortes de
figures, ce qui fe remarque d'autant plus aifément parce qu'elles font couvertes de fo-
rêts. Cela étant de la forte, il ne feroit pas
fort furprenant que votre Païs eût été auffi une de ces Iles portatives, ou ambula-
toires, qui après avoir été arrêtée ailleurs
quelque temps, s'eft détachée par une grande tempête, & eft venüe enfin échoüer ici :
& alors je ferois d'opinion qu'il a été joint
à la Laponie, parce que vers fes extrémitez
Boréales, il y a encore prefentement une
pointe en langue de terre, qui pourroit bien
être un refte de l'Ifime qui en faifoit la jonction. Cependant il y a une autre raifon qui
me fait douter fi jamais Ruffâl a été habité
de cette maniére. Ceux qui ont la moindre
teinture de l'Aftronomie, ou qui connoiffent
feulement le fiftème du monde, favent que
depuis environ deux mille ans, la terre a changé confidérablement de fituation : il s'en faut
beaucoup que l'Ecliptique & l'Equateur ayent
toûjours été à une même diftance l'un de
l'autre; & il eft conftant que du temps d'Hi-
parque, l'Etoile Polaire, que nous voyons
ici à notre Zénit, dont elle n'eft éloignée
que de deux à trois dégrez, en étoit alors
diftante de plus de douze : Cette diférence

D 2　　　　　peut

peut avoir été plus confidérable en des temps
plus reculez : j'avoüe que le monde eft nouveau, au fentiment de bien des gens, pour
moi je le croi fort ancien. Plufieurs Nations
autorifent ma penfée, & quöi que le livre
facré de nos faintes loix, que je refpecte
infiniment, femble s'acorder avec ceux qui
font d'un fentiment contraire au mien, au
fond ce n'eft qu'en aparence : le Langage de
Moïfe eft fans doute allégorique & rempli
de métaphores au fujet de la création & des
premiers hommes. Mais quand cela ne feroit pas, il n'eft rien de plus ordinaire que de
fe tromper lors qu'il s'agit de Cronologie.
Les juifs prétendent que le monde n'a com-
mencé que trois mille neufs cents quarante
neuf ans avant la venüe de Jefus Chrift ; au
lieu que les Grecs font monter fon âge à
cinq mille cinq cents huit ans. Ils pourroient auffitôt diférer de cent mille que de
quinfe cents cinquante neuf années. Que
favons nous fi les premiers hommes n'ont
pas vêcu huit ou neuf mille, au lieu de huit
ou neuf cents ans, comme les interprêtes
du livre de la Genèfe l'affurent. Quand un
écrit paffe par tant de mains de Copiftes, il
court rifque d'être fouvent falcifié. Il eft
tout auffi peu naturel à une créature humaine
de vivre mille ans, que dix ou cent mille, il
n'y a non plus d'impoffibilité à l'un qu'à l'autre ; & il ne feroit pas étonnant que les premiers qui ont tranfcrit la Bible, s'imaginant
que l'on s'étoit trompé au nombre des années des Anciens, qui leur paroiffoit exor-
bitant,

bitant, l'ont réduit à un moins confidérable,
afin que les faits, dont ils nous entrcte-
noient paruffent moins fabuleux. Suivant
cette fupofition, le Globe que nous habitons
auroit eu tout le temps dont il avoit befoin
pour fe tourner & virer de toutes les maniéres, fans que cela diminüât en rien la
force des écrits de nos Prophétes. Et à vous
parler franchement, il femble qu'il ne doi-
ve pas y avoir bien du temps que l'Equateur foit aux environs de l'endroit, où il fe
trouve prefentement, quelque Siftème que
l'on fuive, ou celui d'un Ciel, qui eft éternellement agité, ou d'une terre mobile, &
qui fe charge de tous les mouvemens, que
l'on eft acoutumé d'atribüer aux corps aëriens
& céleftes. Si c'eft le firmament qui tourne en vingt quatre heures, d'Orient en Occident, & qui entraîne avec foi le Soleil,
la Lune, & les autres Planètes, il eft évident que ces Luminaires, étant d'une grandeur immence ; & l'Aftre du jour furpaffant
feul la terre de quatre ou cinq mille fois au
moins, il fe doit faire une tention fi confidérable à l'endroit de leur paffage, qui eft
celui que renferment les deux Tropiques,
que l'eau, qui eft fluide, dévroit entiérement
avoir fait place aux parties les plus reculées
du Globe terreftre, qui en peuvent remplir
les vuides ; au lieu que nous ne voyons que
des Mers aux environs de l'Equateur, &
qu'il y a beaucoup plus de fec, à proportion, là où fe trouvent les deux Poles. Et
fi c'eft la terre qui tourne autour de fon

pro-

propre centre, la nature elle même nous
montre, par une infinité d'expériences, que
fes parties les plus folides dévroient fe rencontrer aux environs du plus grand cercle
qu'elle décrit, & les autres vers les extrémitez de fon axe. Comment, interrompit le
Roi, eft-ce qu'il y a des Aftronomes qui
s'imaginent que la terre eft en mouvement ?
Sans doute, Sire repris-je, & ce font bien
même les plus fenfez, il me feroit facile de
vous le prouver, mais comme c'eft une fcience qui dépend de plufieurs autres connoiffances, aufquelles, fuivant votre propre aveu,
vous ne vous êtes guére ataché, l'explication
que je vous en donnerois, ne pourroit que
fatiguer votre atention, & vous faire de la
peine. Conclüons plutôt, de ce que nous
avons dit, que fupofé ces changemens, il
n'y a aucune dificulté que votre Païs foit habité, parce que l'ayant été fous d'eureux
Climats, fes peuples fe font acoutumez, petit à petit, aux changemens qui y font arrivez d'une maniére imperceptible : Comme
ceux qui font fous la ligne fe font faits à
une chaleur, que leurs Ancêtres auroient été
incapables de fuporter. Au lieu que fi l'on
rejette cette Hipotèfe, on eft obligé d'admettre l'opinion, qui a donné lieu à nôtre entretien, & qui quoi qu'elle ne foit pas impoffible, ne me paroît pas fi vrai-femblable.
Que cela foit vrai ou non, il eft toûjours
feur que nous fommes ici, dit le Roi, en
riant, il importe fort peu de quelle maniére
nos Péres y font venus, quand nous le fauri-
ons

rions au vrai, cela ne rempliroit pas le moindre de nos vafes de Pithfon. Allons, pourfuivit il, que l'on m'en donne une taffe, &
qu'à mon imitation, chacun ait foin de vui-
der la fienne. Cette ordonnance magiftrale
fit plaifir à la compagnie, perfonne n'eut
garde de s'y opofer. Cependant n'étant pas
content de ce que je venois d'entendre, n'a-
vez vous pas l'hiftoire de votre nation par
écrit, repris-je. Sans doute, repliqua le
Roi, nous l'avons en bon ordre, & très bien
fuivie, depuis quatre ou cinq cents ans après
notre arrivée en ce Païs, jufqu'à prefent. Je
demande pardon à votre Majefté, Sire, pour-
fuivis-je, fi j'ofe dire que je ferois curieux de
voir des mémoires de plus de trois mille ans.
Cela fe conferve dans les Archives, dit le
Roi ; mais nos Chioux en ont chacun une
Copie, avec les Loix de cet état, il ne tiendra qu'à vous d'en voir une quand vous voudrez. Si cela eft, Sire, répondis-je, il n'eft
pas néceffaire que Monfieur fe fatigue davantage à m'en faire la relation, je prendrai
la liberté de m'adreffer, en votre nom, au
maître de mon quartier, pour avoir le volume dont-il eft queftion, nous fommes maintenant de loifir, je le pourrai voir à mon aife. Fort bien, me dit Ayannu, mais je ne
fai fi vous entendrez bien notre maniére de
conte: Comment divifez vous le temps parmi vous ? En France, Sire, répondis-je,
nous divifons le temps par années, par mois,
par femaines, par jours, par heures, par
minutes &c. Une minute eft la foixantiéme

partie d'une heure, une heure la vingt quatriéme partie d'un jour naturel, qui eſt le
temps que le ſoleil employe à faire le tour
du monde d'Orient en Occident. Une ſe-
maine eſt compoſée de ſept jours, un mois
de trente, plus ou moins, parce qu'il y en a
de pluſieurs ſortes, & douſe mois font une
Année, ou marquent une révolution entiére
du Soleil ſur l'Ecliptique, d'Occident en O-
rient. Toutes ces diviſions là ne ſont point
ici néceſſaires, reprit le Roi, nous ne conſi-
dérons ſimplement que les deux eſpaces que
le Soleil parcourt; l'un ſur un cercle à peu
près paralléle à l'Equateur, lors qu'il eſt em-
porté par le premier mobile, & auquel on a
donné le nom de révolution : & celui qui s'é-
tend depuis l'un des Equinoxes à l'autre, cet
eſpace eſt ce que nous apellons un Période :
d'où il paroît que deux de nos Périodes font
une de vos années. C'eſt aſſez, Sire, répondis-je, je me puis aiſément régler à ce
calcul. Aparemment, interrompit Falmur,
qui entendoit un peu l'Aſtronomie & l'Horlo-
geographie, que ce que vous apellez mois a du
raport au cours de la Lune, mais pour vos
ſemaines & vos heures, je ne ſçai d'où cela
peut avoir pris ſon origine. Il eſt vrai, Monſieur, lui dis-je, que nous avons des mois Lunaires, Périodiques, & Sinodiques, mais
ils diférent l'un & l'autre des mois de l'an.
Douſe mois Lunaires ne font que trois cents
cinquante quatre jours ; au lieu que douſe
mois ſolaires en contiennent trois cents ſoixante cinq, & à peu près un quart : Cette diférence

férence eft ce que nous apellons Epacte. On
eft convenu de cette maniére de conter, parce qu'on la trouve commode & aifée. Pour
ce qui eft de la femaine, bien des favans prétendent que fon nom vient des fept Planetes,
la Lune, Mercure, Venus, le Soleil, Mars,
Jupiter, Saturne, que les Anciens croyoient
avoir beaucoup d'influence fur tous les corps
fublunaires, & aufquelles ils atribuoient alternativement la puiffance de gouverner chacune un jour, qui font en éfet diftinguez les
uns des autres par leurs noms : Comme Lun-
di eft le jour de la Lune, Mécredi le jour de
Mercure, & ainfi des autres. Mais il y a
des nations entiéres qui en font remonter la
caufe jufqu'à la Création, fondez fur ce que
Dieu lui même employa fix jours à conftruire l'univers, & qu'il fe repofa le feptiéme :
ce qui eft une cérémonie que nous obfervons
dans toute la Crétienté, en ce qu'à l'exemple de ce grand ouvrier, nous travaillons fix
jours confécutis à nos afaires domeftiques ou
publiques, fuivant la profeffion, que nous
exerçons, & le feptiéme nous l'employons à
des Actes de Religion. Les heures n'ont fans
doute été inventées que pour la commodité
des membres de la fociété. La veille, le
fommeil, & telles autres actions de la vie,
peuvent fort bien être fixées, & avoir un
temps déterminé, auquel tout le monde fe
peut régler; c'eft du moins ce qui s'obferve
parmi nous. Nous ne nous rendons point efclaves du temps, reprît le Colonel, & fi nos
quadrans au Soleil, que vous aurez vus fans

D 5 doute,

doute, divifent une révolution en quatre principales parties, que nous diftinguons par les
termes de premiére, feconde &c. c'eft fimplement par un principe de curiofité, qui
nous porte fouvent à favoir jufqu'où nous y
fommes avancez, ou combien il y a que nous
fommes atachez à telles ou telles ocupations;
car autrement nous n'avons non plus de
termes limitez pour dormir, manger, ou
telle autre action, que pour uriner, éter-
nuer, bailler &c. Quand nous avons de
l'apétit nous prenons des alimens, nous bu-
vons lorfque nous avons foif, & ainfi du
refte. C'eft notre coutume, pourfuivit il,
je ne trouve pourtant point la vôtre mauvaife, fur tout parmi des Peuples, qui font
éternellement dans l'embaras, & enfoncez
dans de grandes & pénibles afaires. C'eft encore beaucoup que vous ayez ici l'ufage
des quadrans en été, continuai-je, mais ce
qui me charme ce font vos Machines hi-
drauliques. l'Invention des uns eft fort ancienne, me répondit-il, les autres ne font
que depuis quinfe cents Périodes, vous verrez cela au long dans notre hiftoire. Pour
vous prouver, dit alors le Roi, que nous
avons de l'empire fur le temps, & que nous
ne prétendons pas que ce foit lui qui nous
gouverne, j'ai faim, que l'on nous aporte
à manger : on a beau eftimer les gens fo-
bres, il faut que je faffe trois ou quatre
bons repas toutes les révolutions. A ces
Mots, je voulus me retirer, mais on m'o-
bligea de me rafloir. Il falut pendant le

refte

reſte de cette ſéance, qui dura dix ou douſe
heurès, & pendant laquelle on couvrit deux
fois la table, les entretenir des fruits, des
légumes, des viandes, & des diférens mêts,
qui ſont connus parmi nous. Ils avoient
beau feindre, je remarquois fort bien que
ce récit leur faiſoit ſouvent venir l'eau à
la bouche. Peu après le Roi voulut prendre du repos, & ainſi je pris congé de la
compagnie. Je ne manquai pas à la premiére occaſion favorable, de me faire donner les annales de ces bonnes gens, afin
d'en faire la lecture. Il y en avoit là charge d'un mulet, chaque rouleau contenoit
la vie d'un de leurs Princes, écrite d'une
maniére aſſez confuſe, & avec des caractéres bien mal formez. Cette hiſtoire commence par leur vingt deuſiéme Roi, à conter depuis Ruſſal, quatre cents trente neuf
ans après leur ſortie d'Ogirie. Je m'y apliquai pluſieurs jours, ſans y prendre beaucoup de plaiſir, parce que je n'y trouvois
rien de remarquable. Ces Monarques n'a-
yant rien à démêler avec perſonne, & le
Peuple étant d'un parfaitement bon naturel,
vivoient tout doucement, ſans faire aucune action, qui mérite d'être inſérée dans cet
ouvrage. Cela dura juſqu'au quarante ſep-
tiéme, nommé Eubron, qui étoit autant
méchant & inſuportable, que ſes prédécef-
ſeurs avoient été doux & pacifiques. Il prit
à femme une de ſes ſœurs, nonobſtant l'a-
verſion qu'elle témoignoit avoir pour un
homme, qui n'étoit aimé de perſonne : mais

il en eut d'abord du dégoût: il lui creva lui
même les yeux après fes premiéres couches,
& en époufa une autre, nommée Daïla,
dont il eut deux fils dans l'efpace de vingt
mois. Quoique celle-là l'aimât à la folie,
le barbare donna ordre à fon Lieutenant de
l'étrangler. Cet Officier touché des larmes
de cette innocente victime, la fit évader, &
commanda à ceux entre les mains defquels
il l'avoit remife, de la bien tenir cachée.
Le Roi ne pouvant s'imaginer qu'un fujet,
qu'il croyoit lui être fort afectionné, fût
capable de desobéïr à fon Souverain, ne lui
en parla pas davantage: il avoit beaucoup de
confiance en lui, & marque de l'eftime qu'il
en faifoit, il lui demanda fa fille en Mariage. N'étant point de famille royale, le
parti étoit fort honorable, & infiniment a-
vantageux, mais il apréhendoit qu'il ne traitât celle-là comme les autres, & dans cette
penfée, il la lui refufa fans héfiter. Le Roi
fut outré de ce procédé, il entra dans une
colére inconcevable, & fans autre forme de
procès, le facrifia incontinent à fon couroux,
afin d'imprimer par ce prompt châtiment du
refpect & de la crainte à fon Peuple. Cet
exemple de févérité fit éfectivement fon é-
fet, ceux qui avoient été commis à la garde
de la Reine, en furent intimidez, de forte
que craignant d'être découverts, & punis
enfuite rigoureufement, ils allérent trouver
le Tiran, & lui découvrirent le Miftére. Il
parut ravi de ce que cette Dame étoit encore
en vie, mais il témoigna de l'aigreur contre

ceux

ceux qui avoient eu l'audace de ſe joindre au
Lieutenant de Roi pour la ſauver. Il commanda à d'autres qu'on l'allât chercher , &
qu'on la lui amenât ſans délai. Pendant
l'abſence de ces timides Vaſſaux , un jeune
homme, qui avoit eu le vent de ce qui ſe tra-
moit au desavantage de la Reine , l'en vint
avertir, il lui conſeilla de ſe vêtir d'un de ſes
habits , & de paſſer promptement à l'autre
extrémité de la ville , où il tâcheroit de trouver avec elle des gens qui auroient ſoin de les
mettre en lieu de ſeureté. Il n'y avoit que
quelques momens qu'ils étoient ſortis , lors-
que ceux qui avoient eu la commiſſion de venir prendre cette pauvre femme , entrérent ,
mais après avoir bien furété inutilement, ils
s'en retournérent. & dirent que le Roi devoit avoir été mal informé , puis qu'il ne pa-
roiſſoit-pas qu'il y eût eu même perſonne
dans l'endroit où on les avoit envoyez. Le
Tiran, qui étoit violent , croyant les uns &
les autres coupables, les mit entre les mains
de ſa garde , & employa d'autres gens pour
exécuter ſon ordre , avec menace que s'ils
n'amenoient pas Daïla, morte ou vive, il les
feroit périr infailliblement. Ceux-ci n'étant
pas plus heureux que les autres , n'eurent
garde de revenir. Eubron ſe deſeſpéroit, cependant il étoit à bout de ſa patience. Son
tempérament fougueux ne lui permettoit ſouvent pas de ſoufrir que le commandement
précédât d'un inſtant l'execution : l'un &
l'autre, ſelon lui, dévoient toûjours aller de
compagnie. Il fit amener ceux qu'il apelloit

criminels, & desobeïſſans, qui étoient au
nombre de quinſe, & leur commanda de s'é-
gorger reciproquement devant lui, de peur
qu'on n'en impoſât à ſa crédulité ; & pour
ſe rendre d'autant plus redoutable, il fit publier qu'au cas que ceux qui détenoient ſon
épouſe ne la repreſentaſſent pas dans l'eſpace
d'une révolution, eux & leurs enfans auroient les yeux crevez, & les oreilles cou-
pées. Ces menaces rigoureuſes furent pourtant inutiles : ceux qui étoient du ſecret ne
voulurent pas l'expoſer à la rage de ce furieux, ni être cauſe de la perte de la ſeconde perſonne du Royaume. Enfin la colére
de ce ſuperbe Roi ſe ralentit pour un moment, & fit place à ſon incontinence, Il aſſembla ſes gardes, & les chargea de lui aller
chercher les douze plus belles filles de la Ville, afin qu'il en choiſît une pour être ſa
femme. Quoi que l'exemple des deux pré-
cédentes dût intimider le beau ſexe, ou n'eut
aucune peine à trouver le nombre des perſonnes qu'il demandoit. Le caractére de
Reine éfaçoit dans leur eſprit les impreſſions
que le récit des crüautez du Tiran étoient
capables d'y faire ; ſon éclat les éblouiſſoit ,
& chacune ſe flatoit d'avoir l'art de ſi bien
plaire qu'elle ne couroit aucun riſque d'être
maltraitée. Toutes celles que l'on amena
au Roi étoient charmantes , mais il y en a-
voit deux ſur tout, qui excelloient tellement
en beauté & en bonne grace, que ne ſachant
à laquelle s'en tenir, il les garda l'une & l'autre, à condition que la premiére qui lui donneroit

neroit un fils, il l'épouſeroit, & que l'autre
reſteroit ſa Maitreſſe. La plus âgée, qui a-
voit dixſept ans, conſentit à cette propoſition,
mais la plus jeune n'y voulut point entendre.
Ce refus ofenſa le Roi. Hé bien, lui dit il,
je vous donne le choix, ou de vous confor-
mer à ma volonté, ou de mourir. O Tiran,
s'écria alors cette vertüeuſe fille, c'eſt donc
ainſi que tu traite ton pauvre Peuple : Sou-
viens toi de ce que je te dis, le Ciel ne permettra jamais qu'un crime de cette nature
demeure impuni. Ignorante, lui dit le Roi,
ne ſavez vous pas que votre vie & votre
mort ſont en ma puiſſance, & qu'il ne tient
qu'à moi de me venger ſur le champ de votre inſolence ſur ceux qui vous ont donné
le jour? Et vous, Seigneur, lui répondit elle, ignorez vous que vous atirez, par vos
actions violentes & barbares, la malédiction
de vos ſujets ſur vous, que les crüautez i-
noüies que vous exercez journellement ſur
nous, vous rendent inſuportable, & qu'il ne
faut qu'un ſeul homme fier & entreprenant
pour nous rendre la liberté, & mettre fin par
un généreux coup, à votre infame Tiranie ?
Que vous ai-je fait, continüa-t-elle, crüel
que vous êtes, pour mettre mon honneur en
compromis, & expoſer à l'inconſtance du
ſort ce que j'ai de plus précieux au monde ?
Vous êtes Roi, il eſt vrai; je ne ſuis que la
fille d'un particulier, je l'avoüe; la diférence eſt très grande, on ne ſauroit le nier; cependant elle n'aproche pas, ſelon moi, de
celle qu'il y a entre une honnête femme, &
une

une infame concubine. Je laiſſe à votre diſpoſition de me prendre pour votre épouſe,
ou de me laiſſer retourner chez mes parens;
entre ces deux extrémitez il n'y a point d'autre milieu que la mort, qu'il ne tiendra qu'à
vous de me donner. Le Roi voyant la fer-
meté de cette jeune perſonne, tâcha de la radoucir, & de lui faire comprendre le tort
qu'elle avoit d'agir contre ſes propres intérêts, & le bien de toute ſa famille : mais ſes
raiſonnemens furent inutiles, les promeſſes
& les menaces n'eurent pas plus de force les
unes que les autres ſur ſon eſprit, elle aima
mieux ſoufrir qu'on la renfermât entre quatre
murailles, que de ſe relâcher d'une parole.
Eubron l'aimoit néanmoins, il ne vouloit
point s'en déſiſter, de peur que d'autres ne
ſuiviſſent ſon exemple, & il ne pouvoit pas
bien non plus ſe réſoudre à lui ôter la vie,
puis que par là il ſe feroit privé d'un bien dont
il ne deſeſperoit pas d'avoir un jour la jouïſ-
fance, & qu'il craignoit de s'atirer le châtiment dont elle venoit de le menacer. Il ré-
ſolut d'abandonner celle là pour un temps,
& s'atacha uniquement à l'autre, qui avoit
auſſi de très belles qualitez, mais qui bien
loin de pouſſer le ſcrupule juſqu'à l'extrémité, s'abandonnoit entiérement à ſa deſtinée.
Quoi qu'elle eût le port grand, les maniéres
engageantes, & infiniment de l'amour, on
fut ſurpris de voir que le Roi fit incontinent
ſuccéder à la poſſeſſion d'un bien ſi rare & ſi
exquis, une froideur inexprimable. Halda
jouïſſoit de ſes embraſſemens, il eſt vrai,
mais

mais il brûloit uniquement pour Subeltine.
Il fit parler à cette belle en fecret, dans le
lieu de fa détention, en fuite il l'alla voir lui
même. Il employa tous les moyens imaginables, & tenta mille fois l'impoffible pour
la gagner: fes rufes, fes menaffes, fes promeffes, ne la touchoient feulement pas: on
eût dit que plus il s'éforçoit à lui donner des
marques de fa paffion, plus elle faifoit éclater fa haine. Ce procédé acheva de le pouf-
fer à bout, & ne fçachant plus de quel biais
s'y prendre, il envoya querir Son Père, qui
étoit le premier architecte de la Ville, honnête homme, & fort aimé des habitans : il
lui fit comprendre en peu de mots dequoi il
étoit queftion, & après lui avoir donné la liberté d'aller voir fa fille, il l'affura avec ferment que fi dans un demi Période au plus, il
ne la portoit pas à accepter les conditions
qu'il lui avoit propofées, ce feroit lui proprement qui en répondroit, & fans atendre
de réponfe, le fit fortir de devant lui. Sa-
bur, c'étoit le nom de l'Architecte, alla
communiquer à fa fille la néceffité que le
Roi venoit de lui impofer, fous peine de
fon indignation, de l'obliger à lui obéir. Il
lui remontra les avantages qui pourroient
lui en revenir, & le danger où elle s'expo-
foit avec tous fes parens, au cas qu'elle per-
févérât dans fon opiniâtreté : en un mot, il
fe fervit des raifons les plus fortes, & des
expreffions les plus vives, dont un Père eft
capable à l'égard de fon enfant, fans que cela fût d'aucun éfet. Les exemples, les re-
mon-

montrances, les priéres, tout ce qu'il allégua de plus fort ne la pût faire changer de résolution : au contraire, elle lui protesta que s'il lui en parloit davantage, elle se perceroit le cœur de sa propre main, de peur qu'enfin le droit qu'il avoit sur elle, & l'obéïssance qu'elle lui devoit, ne lui fissent oublier ce qu'elle se devoit à elle même. Pendant que d'un côté, Eubron excitoit la haine, & le mépris pour sa personne, dans ses fidéles sujets, de l'autre, Rudomil, Protecteur de Daïla, remüoit Ciel & Terre pour les porter à la révolte. J'en étois justement là lors que tout d'un coup je fûs interrompu par un bruit confus de voix, de cornets, & d'autres instrumens, qui remplissoit toute la Ville. La matiére à laquelle je venois de m'apliquer, avoit fait tant d'impression sur les organes de mes sens, & j'avois l'imagination si remplie de desastres, que je crus que tout le monde étoit en armes, que nous étions à la veille de nous égorger, & qu'on alloit tout mettre à feu & à sang. Dans cette pensée je sortis de mon apartement avec mon fusil & mon épée, dans le dessein de me renger du côté des plus forts : mais je fûs bien étonné quand je vis que ce que j'avois entendu, étoient des cris & des marques de réjoüissance, de ce que l'Astre du jour, qui s'étoit absenté pour six mois, commençoit à paroître sur l'horison. C'est une coutume parmi ces gens là, depuis un temps immémorial, que le premier qui vient annoncer au Roi la nouvelle du retour de ce bel astre, pour petite que

que foit la partie qu'il en a vûe , eft exempt
de travail pendant un an.   Tout ce qui peut
marcher monte, & va confidérer avec plaifir
la beauté du charmant objet, qui leur aporte
la lumiére.   En fuite ils fe proîternent plufieurs fois en terre, on facrifie trois Ours d'un
an, que l'on nourrit exprès pour cela , en
fon honneur, l'un au milieu , les autres aux
deux extremitez de la Ville.   Ils dancent,
ils chantent , & boivent d'une telle force ,
que fouvent le Soleil a fait plus d'un tour a-
vant qu'ils fe reconnoiffent comme il faut.
Ils font demême quelques réjoüiffances toutes les fois qu'ils voyent la Lune pleine :
comme auffi au Solftice d'été , & aux jours
de la naiffance, du mariage , & du facre de
leurs Rois : hors de là il n'y a guére de fêtes.
Après cette petite digreffion, reprenons le fil
de notre hiftoire , & difons que nonobftant
les mouvemens que fe donnoit Rudomil, il
avoit bien de la peine à fe faire des Partifans.
Il femble que les Zones glaciales font les ar-
cenaux , où la nature conferve ce qu'elle a
principalement de flegme : Les Peuples de ces
quartiers là ont beaucoup de modération &
de patience, il faut bien les kriter avant que
d'émouvoir leur couroux , & on les en fait
aifément revenir par la raifon.   Le Tiran fut
averti fous main , qu'il fe braffoit quelque
chofe à fon desavantage : là deffus il convoqua le Peuple, & après avoir divifé la Ville
en cinquante quartiers ou paroiffes , il choifit un pareil nombre de vénérables vieillarts ,
aufquels il donna le nom de Chioux , comme

me qui diroit furveillans , & qu'il commit à
la garde, au repos, & à la tranquilité du public. De forte qu'au lieu qu'avant cela les
Péres de famille, tels que chacun les vouloit
choifir , jugeoient des diférens qui furve-
noient entre les particuliers , ces Chioux é-
toient juges fouverains , chacun dans fon
quartier, & devoient prendre connoiffance de
toutes chofes , & y aporter du remède , ou
s'il en arrivoit du mal par leur négligence ,
eux mêmes en étoient refponfables. Ce nouveau réglement rompit entiérement les mé-
fures de Rudomil, dont le but étoit de s'a-
franchir de la Tirannie. Ne voyant plus
moyen de recouvrer fa liberté par la mort de
celui qui gouvernoit , il réfolut de fe la procurer en s'éloignant pour toûjours de fa préfence. Souvent le changement nous flate ,
& l'efpérance que nous avons de trouver plus
d'avantage dans la poffeffion d'un bien, qui
n'exifte encore que dans notre imagination ,
nous en fait quelquefois méprifer un , dont
nous avons déja la jouïffance. Il ne fut pas
longtemps à pratiquer fes amis en fecret,
qu'il n'eût trouvé une centaine de garçons &
de filles prèts à le fuivre en quelque endroit
qu'il voulût les mener. La plupart n'igno-
roïent pas qu'il y avoit près de la Mer, à quarante ou cinquante lieües de là, une forêt vafte & épaiffe, remplie des plus beaux arbres du
monde. C'étoit une efpéce de chênes, mais
dont les glans, qui y croiffent encore en grande abondance, font de la groffeur d'un œuf
de poule, tendres , & d'un goût agréable ,

au-

quel celui de la chataigne ne fauroit être comparé : & où il y avoit d'autres commoditez pour
la vie, autant confiderables qu'on les pût
fouhaiter dant un Pays comme celuy là. Comme ceux de l'un & de l'autre fexe y font les
premiers patineurs de l'Europe, puis qu'il s'en
trouve parmi eux qui font jusqu'à quatrevingt lieües de chemin dans vingt-quatre heures de temps, ils aprêtérent quinfe ou vingt
traîneaux, & autant de chaloupes, qui ont pour
l'ordinaire doufe jusqu'à dixhuit pieds de longueur, pointües par devant, plates deffous,
avec deux fers qui régnent tout au long, afin
de s'en pouvoir fervir fur l'eau, fur la glace,
& fur la nége, & lesquelles font conftruites,
de planches folides & fi deliées, que deux
hommes portent aifément une de ces petites
voitures. Ils chargérent tout cela d'armes, de
filets, de vivres, d'inftrumens à remüer la terre, de quelques uftenciles de cuifine, & de
ce qu'ils crurent abfolument néceffaire à leur
nouvel établiffement. Daïla & les autres femmes s'habillérent en hommes, & fous prétexte d'aller à la pêchc de compagnie, comme cela fe pratiquoit tous les jours, ils par-
tirent fans communiquer leur' deffein qu'à
deux ou trois vénérables perfonnages, qui
leur promirent fous ferment de ne révéler le
fecret à perfonne, jusques à ce que l'on fçût
que cela ne leur feroit point defavantageux.
Leur voyage fut heureux, ils arrivérent à bon
port au lieu deftiné à leur retraite, mais ils y
trouvérent des obftacles aufquels ils ne s'é-
toient point atendus. Quoi que la faifon fût
avan-

avancée, l'épaiffeur des arbres n'avoit pas
permi aux rayons du Soleil de pénétrer jusqu'à
leurs racines, la terre etoit encore gelée comme en hiver, il étoit impoffible de l'ouvrir
pour y faire des demeures. Outre cela, cet
endroit folitaire étoit le véritable repaire de
tout ce qu'il y avoit de fiers & de crüels animaux ; ils étoient obligez d'être toûjours fur
leur garde, & de faire continuellement brûler des arbres entiers, qu'ils abatoient autour
de leur campement, pour les en écarter. Enfin lé fond s'amolit, & ils eurent ocafion de
fè faire provifionnellement de méchants logemens foûterrains, dont le deffus étoit couvert de branchages, & de ce qu'ils crurent le
plus propre à les garantir des rigueurs de l'hiver prochain. Pendant qu'ils travailloient à
fe former un petit établiffement, & à fe mettre
à couvert des faillies de leur ennemi commun, Eubron ne ceffoit de remuer ciel & terre pour gagner les bonnes graces de Sabeltine. Il fit venir encore une fois fon Pére, &
fur le refus que ce bon homme luy fit, d'en
parler plus jamais à fa fille, parce qu'elle luy
avoit juré qu'elle fe donneroit incontinent la
mort, il luy fit couper la langue, afin qu'en
éfet il ne fût plus en état d'en entretenir fon
enfant à l'avenir. Ces inhumanitez étoient
fans exemple, on n'avoit rien vu de femblable auparavant. Hélda fe defefpéroit cependant de voir qu'elle ne devenoit point groffe,
& que le Roy ne la traitoit plus qu'avec la
derniére indiférence. Elle apréhendoit que fa
rivale ne profitât de fa difgrace, en embraf-
fant

fant le parti qui luy avoit été ofert fi fouvent,
& qu'enfuite elle ne travaillât à la perdre.
Pour prévenir ce defaftre, elle feignit d'être
paffionnément amoureufe d'un des Oficiers
Subalternes d'Eubron, elle luy en fit confidence elle même, & après l'avoir flaté de
l'efperance de la pofféder, & d'employer tout
fon crédit pour le faire monter fur le Trône,
elle luy propofa de fe défaire du Tiran.   Cet
homme, qui avoit de l'anbition, & qui favoit
la haine que le Public portoit à fon Maître, ne
balança pas beaucoup fur le parti qu'il dévoit
tenir.   La premiére fois qu'il eut la garde au
Palais, il entra dans l'apartement du Tiran, ce
qu'il avoit la liberté de faire quand il vouloit,
& l'ayant trouvé fans compagnie, il luy enfonça fon épée daus le fein, & s'en vint froi-
dement rejoindre fes camarades, fans faire
femblant de la moindre chofe.   Peu de temps
après le Colonel voulant aller faire fa Cour
au Roy, le trouva noyé dans fon fang ; ce
fpectacle le fit frénir, il en fut pénétré d'une
douleur inexprimable, parce qu'il étoit peut
être le feul auquel il faifoit tous les jours de
nouvelles faveurs.   Les cris épouvantables
qu'il fit à la vue de cet horrible affaffinat, ati-
rérent tout ce qu'il y avoit là aux environs de
Domeftiques, & de Soldats.   Le meurtrier
fe prefenta avec les autres, & fait plus l'é-
tonné que perfonne.   On mit un prix confidérable pour celuy qui découvriroit l'affaffin,
mais comme il n'y avoit point eu de témoins,
le fait refta caché, jufques à ce que le coupable
aprit que le peuple en avoit bien de la joye,
que

que plusieurs souhaitoient de connoître leur
liberateur, & qu'il y en avoit même un grand
nombre, qui prétendoient que la moindre récompense qu'on luy pouvoit faire, pour une
action si heroïque, étoit de luy mettre la couronne sur la tête: car alors il avoüa ouvertement que c'étoit luy qui avoit fait le coup,
aimant mieux hasarder sa propre vie, en aten-
tant à celle de ce Roy crüel & dénaturé, que
de voir plus long-temps un nombre infini
d'honnêtes gens exposez à son injuste barba-
rie. Helda, pour se faire estimer des bourgeois, aplaudit aux raisons dont se servoit l'instrument de sa crüauté, pour avancer son lâche dessein, & dit que puis qu'il avoit eu
assez de générosité & de bonheur pour les dé-
livrer de leur ennemi commun, il n'auroit
pas moins de grandeur d'ame & de capacité
pour remplir toûs les devoirs qui doivent nécessairement acompagner la dignité de Monarque. Leur dessein n'eut pourtant pas le
succès qu'ils en avoient atendu. Les Chioux
s'étant assemblez, remontrérent aux habitans
de cette superbe ville, que le Royaume avoît
été héréditaire depuis sa fondation jusqu'à ce
jour là, sans interruption: Que depuis autour
de cinq cents ans le scéptre n'étoit point sorti
de cette famille, & que puis qu'il y avoit un
frére du défunt Roy, il étoit juste qu'il fût
préféré à toûs les autres sujets. Ils s'étendi-
dirent en suite au long & au large sur ses
bonnes quàlitez, sur son comportement, qui
avoit toûjours été sans reproche; ils parlé-
rent des avantages dont ils avoient joüi sous
le

le gouvernement de ſon pére & de ſes ayeux,
enfin ils ſçurent ſi bien diſpoſer les cœurs à
l'avantage de Humal, que d'un commun conſentement, il fut élu Roy & Pére de la Patrie. Ce choix donna bien de la joye à la plus
grande partie de ce Peuple, on en fit des re-
jouiſſances publiques, & il y avoit peu de particuliers qui ne s'en felicitaſſent avec plaiſir.
Auſſi tôt que Humal ſe vit le ſcéptre à la main,
il confirma les loix & les réglemens faits pour
le bien de ſes ſujets, & fit ſerment de ne les
enfraindre jamais, ſous quelque prétexte que
ce fût. Il acorda de nouveaux priviléges aux
Péres de famille, & voulut qu'ils fuſſent eux
mêmes juges des diférens qui ſurvenoient entre leurs Domeſtiques & leurs enfans, ſans
que les Maîtres des quartiers en priſſent aucune connoiſſance, afin que par là ils leur
devinſſent plus afectionnés & obeïſſans. Il
caſſa l'aſſaſſin de ſon frére, comme indigne
de ſa charge, pour avoir mis la main ſur ſon
ſouverain, ſans pourtant luy impoſer aucun
autre châtiment, & prit à femme Sabeltine,
du conſentement de ſes parens, qui auſſi bien
qu'elle, furent ravis de ce que la conſtance
de cette jeune perſonne avoit été couronnée
d'une récompenſe, tout à fait digne de ſa
vertu; au lieu qu'Halda fut obligée de ſe retirer ſouillée chez elle, où elle paſſa le reſte
de ſa vie dans l'oprobre, & mépriſée de tout
ce qu'elle avoit de parens & d'amis. Ceux à
qui l'établiſſement d'une nouvelle Colonie
avoit été confié, ſâchant les dificultés que ces
pauvres gens trouvoient à s'encrer dans un

E

lieu

lieu éloigné de tout commerce, crurent en
devoir faire part au nouveau Roy, dans l'efpérance qu'il ne feroit pas malaifé de le porter à les rapeller dans le lieu de leur naiffance. Humal qui connoiffoit la fituation du
Pays fut furpris d'une fi hardie entreprife, il
commanda dans le moment qu'on leur en-
voyât du monde & des rafraîchiffemens pour
les foutenir, & leur aider à revenir, ou avec
ordre qu'au cas qu'ils perfiftaffent à vouloir
refter là où ils étoient, on les affurât de fa
protection & de fa bienveillance; Il ajoûta
à cela que la ville étant extremement peupléc,
il verroit même avec plaifir que d'autres jeunes gens s'allaffent joindre à ceux là, afin de
leur aider à étendre de plus en plus leurs limites, & fe mettre par là mieux en état d'exterminer les monftres, qui les privoient
pendant l'été des divertiffemens de la promenade, & des avantages que l'on tireroit de
bien des endroits, fi on pouvoit les fréquen-
ter avec plus de feureté. Il ne faut pas mentir, je m'atendois, en faifant la lecture de
ces mémoires, d'entendre que les nouveaux
établis auroient profité fans héfiter de l'ofre
qu'on leur faifoit de les recevoir à bras ouverts; mais je fus tout étonné d'y voir qu'a-
près avoir bien fait des careffes à Meffieurs
les envoyez, & receu les préfens du Roy avec
les marques les plus fenfibles d'une jufte reconnoiffance, ils les congédiérent peu après,
& les chargérent de dire à leur Maître, après
l'avoir félicité de leur part, fur fon heureux
avénement à la Couronne, qu'ils le remer-
cioient

cioient très humblement des graces qu'il avoit
la bonté de leur faire, qu'ils ne les oublie-
roient jamais : mais que puis qu'il leur donnoit
le choix, ou d'aller à luy, ou de rester, ils le
suplioient instamment de ne pas trouver mauvais qu'ils perséveraffent dans la résolution
qu'ils avoient prife de finir là enfemble leurs
jours : avec priére pourtant, qu'ils puffent
avoir l'entrée libre dans fa ville, & un commerce ouvert avec les habitans de fon Royaume, puis que cela ne pouvoit être qu'avantageux aux uns & aux autres, en ce qu'avec le
temps ils ne manqueroient pas de fe communiquer réciproquement par échange, ce que le
Ciel, la Mer, & la Terre, fourniffoient aux uns
& que les autres ne connoiffoient point. Cette
réponfe charma le nouveau Roi : il prit un foin
tout particulier d'eux, & travailla de toute fa
puiffance à faciliter leur entreprife, leur faifant
part de tout ce qu'il avoit de fuperflus, & exci-
tant la jeuneffe de Cambul à fuivre leur exemple, & à augmenter leur nombre. Comme ils
ne manquoient point de carriéres, ils ne tardé-
rent guére à bâtir des maifons, & à fe creufer des puis. Il n'étoit nullement befoin qu'ils
employaffent le temps à autre chofe, puis
qu'on leur envoyoit abondamment ce que leur
terroir leur refufoit de néceffaire, qu'ils
tüoient fans peine autant de gibier qu'ils en
vouloient, & que les arbres qui les environnoient, leur fourniffoient plus de gland dans un
été, qu'ils n'en auroient pu confumer dans
cent années. Outre ces avantages, ils vivoient dans une harmonie, qui feule auroit fait

 envier

envier leur état, qui fembloit d'ailleurs n'a-
voir pas beaucoup de çharmes. Chaque jeune homme avoit pris une de fes compagnes
de voyage pour fa femme ; ils s'étoient mariez avant que de commencer à travailler à
leur établiffement. Rudomil poffédoit auffi
fa chére Daïla, qui n'avoit pas cru pouvoir
affez dignement récompenfer la fidélité & les
fervices de fon libérateur qu'en fe donnant
toute entiére à luy même. Les autres, con-
fidérant qu'elle avoit déja porté le diadéme,
étoient unanimement d'avis de la rétablir dans
la dignité de Reine, & de la conftituer leur
Maitreffe abfolüe, fans aucune reftriction,
mais ayant refufé cet ofre, ils préfentérent
la fouveraineté à fon Epoux, & à fes decen-
dant après luy à perpétüité. Rudomil, à
l'exemple de fa femme ne voulut pas prendre un caractére qui auroit pu donner de l'envie & de la jaloufie à fes confréres avec le
temps : il fe contenta d'être leur Protecteur,
& leur Juge, à condition encore qu'on luy
ajoindroit fix Confeillers & Affeffeurs, pour
veiller fur la conduite du Peuple, les gouverner, terminer les difputes, qui pourroient
furvenir entre eux, & en un mot, régler
toutes chofe fuivant la juftice, l'équité & les
loix, dont ils conviendroient enfemble. Tout
le Monde admira la modeftie de Rudomil,
on aplaudit à chacune de fes propofitions, &
afin qu'il ne reftât aucun fujet de mécontentement entre les autres, il leur fit jetter le fort,
pour voir à qui il écherroit d'être Magiftrat
avec luy. Ce Gouverneur avoit alors vingt
quatre

quatre ans. Il étoit de petite ſtature, mais
d'un eſprit vif & pénétrant, capable de grandes entrepriſes, & d'une prudence achevée.
La mémoire qu'on luy atribüe étoit ſi prodigieuſe, qu'à l'âge de quatrevingts ans, qu'il
mourut, il connoiſſoit par leur nom tous les
habitans de ſa ville, qu'il avoit nommée du
nom de ſon Epouſe, & qui avoient au-
gmenté juſqu'au nombre de plus de dix mille perſonnes, en contant ceux qui étoient
venus s'y établir de Cambul. Il ne ſe paſſa
rien de conſidérable ſous le régne de Humal,
qui étoit autant bon que ſon fréré avoit été
méchant, ſinon que le Roy & la Reine Sabeltine, moururent en une même heure de
leur mort naturelle, après avoir jour pour
jour, vêcu neuf, fois neuf ans enſemble, ſans
la moindre incommodité ny diſgrace. Ses
trois premiers ſucceſſeurs ne firent pas non
plus beaucoup de bruit, mais le quatriéme,
qui avoit nom Arbal, ne fut pas plutôt parvenu à la royauté, qu'il ſe donnoit tous les
jours la géne pour imaginer un moyen par
lequel luy ou ſes décendans puſſent s'apro-
prier les deux villes de Ruſſal, ou prétendre
du moins à leur ſouveraineté. Il n'en trouva
point qui flatât mieux ſes eſpérances que de
s'alier au Protecteur de Daila. Il ſavoit qu'il
avoit entre autres une ſoeur, qui outre la
beauté dont la nature l'avoit libéralement fa-
voriſée, avoit infiniment de l'ambition: il la
luy demanda en mariage. On n'avoit rien
vû de ſemblable auparavant; l'amour n'a-
voit encore porté perſonne hors de l'enceinte

E 3 de

de ſes limites, tout ce qui demeuroit au delà
des murailles ou des foſſez de l'endroit où
l'on étoit né, paſſoit pour étranger, la coutume ne permettoit pas de s'y ajoindre. Cela
étant, il ne faut pas être ſurpris ſi le procédé
d'Arbal donna de l'ombrage au Protecteur,
mais quoi qu'il eût aſſez de pénétration pour
entrevoir que cela ne luy feroit nullement
avantageux, il luy fut impoſſible de l'empêcher. La perſonne intéreſſée n'en eut pas
plutôt eu le vent qu'elle ſe diſpoſa elle même
à conſentir à la demande de ce Prince; de
ſorte que l'afaire ſe conclut ſans qu'on la
pût même diférer d'un moment. Ces deux
jeunes mariez n'avoient été que peu de jours
enſemble, qu'ils ſe firent réciproquement
part de leurs ſecrets les plus cachez. Le
deſſein du Roy ne fut pas des derniers que
l'on mit ſur le tapis: la Reine y aplaudit ſur
le champ, & pour montrer le peu de dificulté qu'elle y trouvoit, elle s'engagea elle même de porter ſon frére, qui étoit ſon cadet,
& qui avoit toûjours eu pour elle des égards
tout particuliers, à ſe rendre vaſſal de ſon
mari. Elle envoya là deſſus un exprès à
Molion, c'eſt ainſi que le Gouverneur de
Daïla s'apelloit, pour luy ſignifier de ſa part
qu'elle deſiroit ardemment qu'il reconnût
ſon Epoux pour le legitime ſouverain de tout
ce que renfermoit le Cercle Polaire: avec
proteſtation néanmoins, qu'encore que ce fût
ſon devoir, elle ne laiſſeroit pas de luy en tenir conte, comme s'il n'avoit agi que pour
l'amour d'elle, & qu'elle ſauroit fort bien le
récom-

récompenſer d'ailleurs : au lieu que s'il étoit aſſez imprudent pour refuſer ce Monarque, il exciteroit ſa haine, & pourroit par là s'atirer de méchantes afaires ſur les bras. Molion reçeut l'Envoyé fort civillement, & luy donna toutes les marques d'eſtime dont il étoit capable : mais en même temps il luy fit comprendre que ce qu'on luy demandoit ne dépendoit point de luy, qu'il conſulteroit là deſſus ceux qui avoient part à la régence & qu'il conſentiroit volontiers à ce qu'ils voudroient. Il en parla cependant ſous main aux deux principaux de ſes Conſeillers, en ſuite il convoqua l'aſſemblée. Le nombre de ces Meſſieurs étoit petit, & l'afaire étoit de la derniére conſéquence ; on trouva qu'on ne pouvoit en conſcience, & ſans ſe rendre odieux au Public, y travailler que conjointement avec le Peuple, qui y étoit véritablement intéreſſé, puis qu'il s'agiſſoit de ſes priviléges. Tous les Péres de famille eurent ordre de paroître au Conſeil. Le Gouverneur leur propoſa la queſtion d'une maniére ſi indiférente, & avec tant de marques de desintéreſſement, qu'il étoit impoſſible aux plus ruſez d'entr'eux de pénétrer ſa penſée, & de ſavoir à quoi il ſe déterminoit. Ce grand flegme néanmoins, ne tempéra point l'ardeur des aſſiſtans, il n'y en eut pas un qui ne criât hautement qu'il ne reconnoiſſoit que Molion pour le Pére de la Patrie, qu'il vouloit vivre ſous ſa conduite, & qu'il aimeroit mieux mourir que d'en accepter un autre tant qu'il reſteroit en vie.

E 4

L'En-

L'Envoyé fut témoin luy même de cette déclaration, de forte qu'il se vit forcé malgré
luy de s'en retourner sans avoir rien pû obtenir à l'avantage de son Maître, si non qu'ils
étoient fort ses Serviteurs, & qu'ils le prioient
d'avoir la bonté de continüer à vivre
avec eux, à l'exemple de ses ancêtres, dans
une parfaite intelligence. Cette réponse ne
satisfit point le Roi, & la Reine en fut pi-
quée jusqu'à l'ame : elle ne pensa pas moins
qu'à s'en venger sur son propre frére, afin
d'intimider par là une poignée d'habitans,
qui prétendoient faire la loy à un homme
qui pouvoit les exterminer dans un moment,
ou les ranger à leur devoir lors qu'il en auroit l'envie. Pour exécuter sa pernicieuse
résolution, elle gagna un de ses vieux Domestiques, sous des aparences flateuses de le
bien mettre avec son mari, qui devoit l'élever aux plus hautes charges, & le porta à feindre qu'ayant été maltraité à la Cour d'Arbal, il avoit trouvé à propos d'en sortir, &
de se retirer sous la protection de son Ancien Maître, dans l'atente qu'il luy feroit
l'honneur de l'admettre au nombre de ses serviteurs, afin qu'étant toûjours auprès de luy,
il eût la commodité de l'assassiner quand il
voudroit. Cet homme, qui étoit hardi &
entreprenant, se disposa d'abord à exécuter
les ordres d'Elide, car c'est ainsi que se
nommoit l'épouse d'Arbal. Aussi tôt qu'il fut
arrivé à Daïla, il alla trouver le Gouverneur, & débuta par luy dire dequoi il étoit
question : mais voyant la maniére obligeante

avec

avec laquelle on le recevoit, & les ofres
qu'on luy faifoit de luy rendre de bons ofi-
ces, fa confcience fe réveilla, de maniére
que ne fe fentant pas affez lâche pour fe fouil-
ler du crime d'une noire ingratitude, & s'expofer au reproche qu'on auroit eu droit de
luy faire s'il avoit trahi un innocent, qui s'é-
toit déclaré fon bienfaiteur, il avoüa ingénument le fujet pour lequel fa fœur l'avoit
envoyé vers luy. Ce cruel atentat furprit
Molion, & fit horreur à ceux qui en eurent
la moindre connoiffance. Elide en aprit la
nouvelle, elle penfa crever de dépit, & dit
nettement à fon Mari que puifque les remontrances & les ftratagêmes avoient été
inutiles, il faloit qu'il employât la force, &
allât montrer luy même à ces téméraires
qu'on favoit bien les moyens de les ranger à
leur devoir. Avant que d'en venir à ces extrémitez, Arbal trouva à propos d'envoyer
un exprès à Molion, pour l'avertir encore
une fois que s'il ne vouloit pas fe mettre à la
raifon, il avoit réfolu fans diférer davantage, de mettre du monde en campagne, à
deffein de l'aller exterminer avec tous les habitans de Daïla. Le malheur voulut que ce
député n'étant acompagné que de quatre gardes, qu'on luy avoit donnez pour fon efcor-
te, fut affailli par une troupe de Bêtes fauvages, qui les mirent par morceaux, comme
les triftes reliques, que l'on en trouva peu
après, le témoignérent. On ne leur avoit
donné que le terme de dix jours, pour aller
& revenir. Arbal, qui s'impatientoit hor-

riblement de n'entendre aucune nouvelle de
ſes gens, ſe mit dans l'eſprit que Molion les
avoit fait maſſacrer, ou enfermer au moins
entre quatre murailles. Il fit aſſembler tous
les habitans de Cambul, & en choiſit dix mille des plus forts, qui avoient la réputation
d'être les meilleurs chaſſeurs de ſes ſujets, &
y ayant joint le Régiment de ſes gardes, ſe
mit à la tête de cette troupe tumultueuſe,
ſuivie d'un nombre prodigieux de goujats
chargez de proviſions, & de ce qu'on croyoit
leur être néceſſaire pour une ſemblable expédition. Ces gens, qui n'avoient jamais fait
la guerre, ſe rebutérent d'abord de cette
marche pénible; ils dirent franchement à Arbal que la queſtion qu'il avoit avec Molion
étant domeſtique, & n'intéreſſant nullement
le Public, ils ne croyoient pas d'un devoir
indiſpenſable de s'aller expoſer aux fatigues
d'un voyage de ſi longue haleine, & devoir
courir le haſard de périr en chemin, ſur
tout alors, que la ſaiſon étoit extrémement
avancée. Nous nous en retournons, pour-
ſuivirent ils, il ne tiendra qu'à vous de continuer votre route avec vos troupes réglées,
elles ſont payées pour la garde de votre perſonne, nous ne penſons pas qu'elles refuſent
de vous acompagner. Le Roi fut extrémement ſurpris de ſe voir ainſi traiter par des
gens en qui il avoit eu tant de confiance:
cela ne le rebuta pourtant point, il leur fit
entendre, que nonobſtant l'amour & le reſpect qu'ils luy devoient, il ne vouloit abſolument les forcer à rien, & que quand il n'y
                                          en

en auroit pas un qui fût assez courageux pour
aller ataquer avec luy les ennemis, il s'y en
iroit plutôt seul, que d'avoir la honte de s'en
retourner sans rien faire. Cependant les
Amis de Molion avoient dépêché en secret
quelqu'un pour l'aller avertir de ce qui se
passoit à son préjudice, afin qu'il songeât à se
défendre, & se donnât bien garde d'être surpris. Ce jeune homme, qui étoit grand,
bien fait de sa personne, adroit aux armes,
d'une force sans exemple, & d'un courage
inoüi, prit seulement avec luy cinq cents
Volontaires, & s'en vint au devant d'Arbal,
dont le nombre des combatans avoit diminué
jusqu'à environ deux mille. Aussi tôt qu'ils
se virent de loin, Molion détacha trois des
plus braves hommes de sa troupe, & les envoya à Arbal pour luy dire que puis que leur
diférent ne les regardoit qu'eux deux, il n'é-
toit pas juste que d'autres s'en mêlassent, &
hasardassent leur vie pour une cause, qui n'a-
voit que l'orgueil & la vanité de deux simples mortels pour fondement : qu'ainsi s'il
vouloit venir seul contre luy, ou amener même un ou deux des plus adroits de ses Soldats, il iroit seul à leur rencontre, afin de
terminer leur querelle par ce petit combat particulier. Arbal avoit du cœur, & il connut
par le silence de ceux qui l'acompagnoient,
que cette proposition ne leur étoit pas désa-
gréable, de sorte que devant prendre parti
sur le champ, il répondit qu'on n'avoit qu'à
luy aller dire qu'il couroit à luy. Son Lieutenant le voyant partir, luy jura qu'il ne per-

met

mettroit jamais qu'un homme délicat, comme il étoit, allât se commettre seul avec un simple Gouverneur, & qui outre cela, étoit d'une taille gigantesque. Il y eut de grands débats là dessus, parce que le Roi s'imaginoit que son honneur ne luy permettoit pas d'aller avec un second se batre contre un seul homme, quelque redoutable qu'il fût. Quoi qu'il pût dire pourtant cet Oficier ne voulut point l'abandonner, il aimoit mieux passer pour desobéïssant que pour infidéle. Dès que Mollon les vit venir il s'aprocha d'eux, & leur laissa tranquillement décocher leurs fléches, dont l'une luy perça la cuisse de part en part. Ce rude coup, auquel il ne s'étoit point atendu, le mit en fureur, de sorte qu'après avoir assommé le Lieutenant du Roi, d'un seul coup de sa massüe, qui étoit d'une énorme grandeur, il tira son cimeterre, en para le coup qu'Arbal luy vouloit donner du sien, & s'étant jetté sur luy, le saisit d'une main au colet, de l'autre il l'empoigna par une jambe, & le jetta par dessus son épaule à dix pas de luy, avec tant de roideur, qu'étant tombé de son long à terre sur l'estomach, le malheureux se creva. Aussi tôt qui le vit dans ce déplorable état, il le plaignit de sa destinée, & luy demanda s'il avoit encore quelques prétentions sur luy, ou sur les bourgeois de Daïla. Mais ne recevant point de réponse, & ne croyant pas qu'il fût besoin de fraper davantage un misérable, de la bouche duquel le sang sortoit à gros bouillons, & qui sembloit devoir expirer dans le
mo-

moment, il alla en boitant rejoindre ses gens, & reprit le chemin de chez luy, extrémement glorieux, nonobstant sa blessure, de la défaite de ses ennemis. Arbal fut aussi incontinent joint par les siens, qui le portérent à Cambul, où il ne vécut que le temps qu'il luy faloit pour faire des reproches sanglants à sa femme, de ce qu'au lieu de l'avoir exorté à la paix & à la concorde avec ses sujets & ses voisins, elle avoit flaté sa vanité, & l'avoit engagé dans une dispute, qui luy coûtoit son honneur & sa vie. Elide ne survécut pas deux mois à cette disgrace, elle en étoit tellement outrée, que si elle ne fût pas morte de dépit, elle n'auroit pas manqué d'employer des moyens violens pour se priver elle même de la lumiére. Cent quatrevingts sept ans après il se forma une nouvelle Colonie autour d'un Lac d'eau douce qui est à trente huit lieües de Daïla. Cette petite Mer qui a une lieüe & demie de circonférence, avec la forme d'une ovale, ne se géle jamais, & est extraordinairement poissonneuse. Il y a au milieu une Ile d'environ dix arpens de terre, au lieu qu'à une distance considérable de ses bord, régne une chaîne de colines d'une terre ferme, douce, & argilleuse, fort aisée à travailler. Il alla au moins quinse cents personne à la fois des deux Villes s'établir dans cet agréable lieu, il est vrai qu'ils eurent assez de peine au commencement à s'y poster, non obstant les secours continüels de leurs amis, qui voyoient avec plaisir jetter les fondemens d'une nouvelle retraite pour des animaux de leur espéce, mais enfin ils s'y ancrérent si bien que

E 7

leur

leur poſterité y eſt devenüe, nombreuſe & conſiderable à tous égards. L'eſpace qu'il y a
entre le Lac & les demeures qu'ils ſe creu-
férent eſt de plus de quinſe cents pas. Ils
trouvérent que c'étoient juſtement des tour-
biéres, je veux dire que la terre en eſt ſulfu-
reuſe, entremêlée de bitume & de ſalpêtre,
qui brûle parfaitement bien, & ne ſe conſume
preſque pas. Ils découvrirent immédiate-
mént après les hauteurs qu'ils habitoient, des
valées, au dela desquelles il y avoit de grands
bois, où il croiſſoit en abondance des racines
groſſes comme des béteraves, qui étoient
jaunâtres, d'aſſez bon goût, & qui pouvoient
tenir lieu de pain, lors qu'elles étoient cuites
à la braiſe. La venaiſon y étoit fort commune, en un mot, l'endroit en luy même,
à cauſe de ſa ſituation, enchantoit, & tout
ce qui y croiſſoit étoit charmant. Celuy qu'ils
élurent pour leur chef, s'acommoda de la petite Ile, il s'y logea, avec ceux qu'il crut luy
être néceſſaires dans ſa famille, le nombre en
étoit médiocre alors, mais il a bien augmen-
té depuis ce temps là. Comme ces trois Villes avoient continuellement beſoin l'une de
l'autre, tant que l'été duroit, les chemins
n'étoient guére ſans gens : les uns alloient
d'un côté, les autres voyageoient de l'autre,
de maniére que ce grand commerce donna
lieu à la découverte de bien des choſes, qui
ne leur avoient point été connües auparavant,
& qui étoient d'une grande utilité dans la vie:
outre que le Pays ſe nétoyoit de plus en plus des
animaux farouches, dont il avoit été rempli

avant

avant cela, & que par conféquent les paffa-
ges étoient beaucoup plus libres. Enfin le
nombre des habitans des endroits que j'ay
nommez, fe multiplia jufque là , que l'on
convint de fe décharger encore une fois d'u-
ne multitude de jeunes gens, qui témoignoient
eux mêmes du defir de quiter le lieu de
leur naiffance pour s'aller établir ailleurs.
Ils choifirent pour cela un endroit qu'ils
avoient déja remarqué aux extrémitez de leur
Continent, entre le fix & fétiéme degré du
Pole, fitué fur le bord de la Mer, & qui
faifoit face au Sud. Il avoit la figure d'un
croiffant, & s'élevoit en forme d'amphitéa-
tre , fur des colines d'une forte de pierre
brune , tendre comme du crayon , & qui
conféquemment n'étoit pas dificile à mettre en
œuvre. Tout ce terroir étoit entrecoupé de
petits ruiffeaux , qui fembloient avoir leur
fource fur le fommet des Montagnes qu'ils
baignoient : ce qui leur donna occafion de
pratiquer une multitude innombrable de fontaines publiques , aux carrefours des rües,
dans les marchez, fur les chemins, & une
infinité dans les principales maifons des particuliers : mais elles font toutes profondément en terre, & tellement environnées &
couvertes de tous côtez, pour empêcher
qu'elles ne fe gélent en hiver, qu'il faut y
tenir toûjours de la lumiére pour la commodité de ceux qui y vont querir de l'eau. Ils
trouvérent auffi quelques mines de fer , de
charbon de terre, & diverfes fortes de minéraux. Ce féjour eft préfentement le plus
con-

confidérable & le mieux peuplé des quatre,
dont mes mémoires font mention. Il s'apelle Méralde, comme le précedent a nom Per-
fae. Une des chofes les plus remarquables,
à l'égard de cette fameufe Ville, c'eft qu'ils
y nourriffent des chévres d'une grandeur ex-
ceffive, au lieu queles boucs n'y furpaffent pas
en hauteur les plus grands dogues d'Angleterre? Elles ont le poil long d'un demi pié
par tout le corps, ce qui les met en état de
réfifter aifément au plus grand froid. Dans
le commencement il y en avoit fort peu,
mais à préfent que les hommes s'y font établis, & que les monftres n'ont plus tant de
prife fur elles, leur nombre a tellement aug-
menté, que les habitans en tirent une quantité prodigieufe de lait, & qu'elles leur fervent à tirer leurs traineaux, à quoi elles font
éfectivement auffi propres que les meilleurs
chevaux de Prife. Leur nourriture ordinaire
eft une herbe féche & infipide, qui croît dans
les lieux montagneux de ce pays là, mais elles s'acommodent auffi fort bien de racines
de piths, de poiffon féc, & de la plupart
de ce que ceux qui les tiennent mangent, fans
pourtant être jamais altérées. On affure que
ces bêtes peuvent refter quinfe jours ou trois
femaines fans boire. Les mâles font affez
rares dans la Ville, on n'en tient fimplement
que pour couvrir les femelles, qui ne font
guére moins de trois petits à la fois, & rarement au deffus de cinq; mais peu ou beaucoup, le maître du bouc a toûjours le choix
d'un des chevreaux de la portée, & avec cela

un

un grand feau de lait, c'eſt le prix de ſon ſa-
laire.   Je parcourois cet endroit là des Annales de Ruſſal, lors que le Roi fut frapé d'u-
ne eſpèce d'apoplexie, & mourut ſi ſubite-
ment que peu de gens s'étoient à peine aperceus de ſon indiſpoſition.   Il avoit déja diſpoſé de la Couronne en faveur du puisnè de
ſes enfans, qui luy paroiſſoit avoir beaucoup
plus de génie, & être plus propre pour le
gouvernement que les autres.   La loy auto-
riſoit ce choix, c'eſt pourquoi il n'y eut aucune diſpute entre les fréres.   Comme il n'y
a que le Souverain & ſa famille, juſqu'à la
troiſiéme génération, qui ſoient brûlez après
leur mort, je n'avois point encore eu ocaſion de voir cette cérémonie.   Nous étions
au cœur de l'hiver, ainſi on ouvrit le corps,
on en tira les entrailles, & après avoir bien
ſalé l'un & l'autre, on renferma ce cadavre
dans une pierre creuſée, en forme de cercueil, juſqu'au printemps. La Reine, ſes enfans, avec les fréres & les ſœurs du défunt,
ſont obligez, ſuivant la coûtume, de le pleu-
rer pendant dix ans, tous les Périodes une
fois, durant l'eſpace d'une demi-heure; non
pas tant à cauſe de la proximité, qu'en viie
de faire reſſouvenir le Peuple de la perte ſen-
ſible qu'il a faite en la perſonne d'un Seigneur, qui avoit tant de ſi bonnes qualitez,
& qui gouvernoit ſi équitablement.   Un
mois après l'Equinoxe on tira le corps de
ſon ſepulcre avec beaucoup de cérémonies:
les larmes & les cris des aſſiſtans n'y furent
pas épargnez. Cela dura plus de deux heures,

res, après quoi on le mit fur une civiére,
que fix Oficiers emportérent jusque dans le
Sénat ou la grande cour du palais, où ils le
promenérent long-temps ; car après qu'ils en
eurent fait trois fois le tour, fix autres les
imitérent, ce qui fe continua jusqu'à quatre
fois. Quand cette proceffion fut achevée,
les parens montérent un à un ; Le Lieutenant de Roi fuivit immédiatement après : En
fuite vint le corps, qui étoit acompagné de
tous les Chioux, & des principaux bourgeois
de la Ville. Le convoi étant arrivé au bû-
cher, on pofa le cadavre nud fur une table,
que l'on y avoit renfermée, & ayant mis le
feu au quatre coins à la fois, fe retira qui
voulut. Comme il y avoit beaucoup de
houille, le feu dura plus de vingt-quatre heures avant que d'être entiérement éteint. Ce
fut alors que tous les cors fonnérent, comme à l'arrivée du Soleil. Le Collége des
Maîtres des quartiers s'affembla, ils s'en allérent en pompe à l'apartement du Succeffeur
de leur Monarque, & l'amenérent en public,
où ils le faluérent Roi, & l'exortérent à fuivre en toutes fes actions, l'exemple de feu
fon Pére, d'heureufe mémoire, & à maintenir es loix dans toute leur force & vigueur.
Luy à fon tour, harangua auffi fon Peuple,
mais avec tant de Majefté & de bonne grace,
que tout le Monde en fut charmé. La joye
étoit univerfelle, on eût dit que le pithfon
ne leur devoit coûter que la peine de l'aller
quérir au puis, on en but avec profufion, &
il n'eft pas jufqu'au beau fexe, dont la plupart

part n'en fût encore étourdi trois jours après.
Le lendemain, à conter à nôtre maniére,
deux de mes camarades & moy allâmes féli-
citer le nouveau Roi: il nous fit beaucoup
de caresses; & nous assura qu'il auroit pour
nous les mêmes égards qu'avoit eus son Pré-
décesseur. Il me fit même l'honneur de me
nommer avec son Lieutenant, deux Chioux,
& une Escorte de vingt Gardes, pour aller
annoncer aux autres Villes le décès de son
Pére, & son avénement à la Couronne, au
préjudice de son aîné; avec charge de les as-
surer de son amitié, & du desir qu'il avoit de
vivre avec eux dans une parfaite intelligence.
J'étois assis avec Bardan dans un char tiré
par quatre chévres: les deux juges étoient
ensemble dans un autre, un peu moindre,
tiré par trois de ces animaux, & les autres
avoient de petites voitures à deux bêtes.
Nous allions un fort bon train; dont la raison est que ces machines sont légéres, les
bêtes qui les tirent infatigables, les chemins
par tout droits, unis, & parfaitement bien
entretenus. Ils sont de plus divisez par demi-
lieues de quinze cents pas géométriques d'une
Ville à l'autre; ce qui me les faisoit paroître
plus courts qu'ils n'étoient éfectivement.
Quand nous eûmes franchi la quatriéme partie du chemin que nous avions à faire jusqu'à
la premiére Ville, nous arrivâmes en un lieu,
où il y a des demeures soûterraines, qui sont
assez bien éclairées, & où l'on a soin de tenir toûjours quelques vivres qui ne se peuvent gâter, pour la commodité des passagers,

ce qui se fait aux dépens du public. Nous
restâmes là sept ou huit heures, parce que
notre Ambassadeur avoit sommeil, & qu'il
nous vouloit procurer du repos ; à une pa-
reille distance de là, nous trouvâmes des logemens semblables aux précédens, & ainsi
de suite, jusques à Daïla. Lors que nous
fûmes parvenus au dernier logement, Bardan envoya deux de ses gens devant pour faire savoir son arrivée. Aussi tôt que le Gouverneur en fut averti, il sortit, & s'en vint
au devant de nous, acompagné de douse des
Principaux de la Ville, & de vingt cinq ou
trente archers. Du moment que nous le vimes, nous mimes pié à terre, & courûmes
droit à luy, comme eux de leur côté venoient
aussi à grands pas vers nous. Notre Ambassadeur avoit à ses habits une marque de
distinction, qui n'étoit pas inconnüe aux autres ; ainsi le Protecteur se jetta à corps perdu sur luy, & l'assura qu'il étoit le bien venu : en suite il me fit le même compliment,
après quoi il s'adressa aussi aux Chioux. Ces
cérémonies étant faites, il nous mena dans
son plus bel apartement : ce fut là où Bardan
luy rendit conte de son Ambassade. Tous
les habitans en furent incontinent avertis ; on
resta toute une révolution dans le silence &
dans l'inaction, ce qui marquoit leur deuil,
& le déplaisir qu'ils avoient de la mort d'un
Prince pour lequel ils avoient eu tant d'esti-
me. Au bout de ce terme, les instrumens
& les cris de réjoüissance se firent entendre
de toutes parts : on se divertit, & on témoigna

gna bien de la joye, de ce que Yomaha, qui
fignifie Dieu, avoit donné à Cambul un
Grin, c'eft à dire Roi, & à eux un allié, felon leurs fouhaits. A l'iffue de ces cérémonies, pendant lesquelles nous avions été
parfaitement bien traitez, nous partîmes pour
Perfac, fans prendre congé de perfonne,
parce qu'il nous faloit repaffer par là pour
nous en retourner chez nous. Il faut avoüer
que nous eûmes là bien du plaifir. La demeure du Gouverneur, qui eft, comme je
l'ay dit ailleurs, dans une Ile au milieu du
Lac, autour duquel demeurent tous les habitans, fur l'endroit où l'on nous logea.
Nous avions à faire à un bon vivant, qui
n'avoit rien de trop précieux lors qu'il s'agiffoit de régaler fes amis. Il avoit plus de
cent gondoles, faites de plufieurs façons, &
de diverfes grandeurs pour fe divertir entre
eux, lors que l'envie leur en prenoit. Il
nous affura que prefque tous les jours, tant
que la faifon étoit belle, luy, fa famille, &
fes Oficiers, ne ceffoient de fe fervir de ces
machines, fur l'eau, comme nous nous
fervous de nos chevaux fur la terre, &
d'inventer quelque nouveau carroufel. Il
y avoit des prix pour la nage, pour la pêche,
pour la courfe. Souvent ils faifoient de petits combats navals: enfin il n'y avoit forte
de paffetemps, qu'ils ne fe procuraffent par
le moyen de ces agréables voitures, qu'à l'ai-
de de deux ou de quatre rames, ils font aller
comme le vent. Nous fûmes quatre fois témoins de ces parties de plaifir. A la premiére

re ils avoient tendu une groſſe corde d'un bord à l'autre, au milieu de laquelle pendoit une Oye de douſe ou quinſe livres peſant, qu'on avoit trempée dans de l'huile, afin qu'elle gliſſât d'entre les mains de ceux qui voudroient l'empoigner, & qu'ils ne la puſſent tenir. Le Gouverneur avoit nommé douſe jeunes hommes, entre lesquels il y avoit un de ſes fils, pour atraper cet animal, qui étoit à ſix piez de diſtance de la ſuperfi- cie de l'eau. Chaque prétendant étoit mon- té ſur une gondole à quatre rameurs, aſſis deux à deux & etoit habillé à la légére. Le fils du Proᵗecteur paſſa le premier d'une rapidité inconcevable, non par aucun Privilége anexé à ſa perſonne, mais ſuivant le droit du ſort, qu'ils avoient jetté entr'eux : lors qu'il ſe vit ſous l'oiſeau, il s'élánça en l'air, l'ayant ſaiſi au travers du corps, il demeura là ſuſ- pendu l'eſpace de cinq ou ſix minutes ; mais quelques éforts qu'il fit, pour en emporter pié ou aîle, cela luy fut impoſſible, la bête étoit gliſante, elle luy échapa, & il tomba dans le Lac, d'où il fut d'abord tiré par ceux qui étoient commis à ſa garde, & qui l'avoient mené là. Le ſecond & le troiſiéme n'eu- rent pas plus de bonheur que luy, ils furent obligez de lâcher priſe ſans le moindre avan- tage, ſi ce n'eſt qu'il leur demeura quelques plumes aux mains. Le quatriéme en arra- cha une cuiſſe avec ſes dents ; le neuf ou di- xiéme une autre. Enfin je croi qu'ils avoient été ocupez au moins quatre heures, à ce pé- nible exercice, avant que celuy de la troupe,

qui

qui étoit un véritable Mopfus, luy rompît le
cou, & l'emporta. Toute la récompenfe
que le victorieux reçoit de fon action belliqueufe, confifte en un baifer qu'il faut que
la femme, les filles, & les niéces du Gouverneur, qui affiftent à ce fpectacle, luy donnent, & avoir la préférence à la première
courfe, s'il veut, le plus fouvent il ne le
prétend pas. J'avois bien ry pendant l'action,
mais je penfay étoufer lors qu'il s'agit
de diftribuer les prix. Madame la Gouver-
nante, qui n'étoit pas vieille, & qui avoit encore de fort beaux reftes, donna le fien de
très bonne grace, elle prefenta même la joüe
pour en augmenter la valeur du double; fa
timidité & le refpect furent caufe que le victorieux n'ofa en profiter. Mais lors qu'il
s'aprocha des demoifelles, il n'y en avoit pas
une qui ne le reçût avec un froid capable de
glacer le fang. Son vifage bourfouflé, fon
nez camus, & fes groffes joües pendantes,
leur faifoient peur, on eût dit qu'elles avoient
la fiévre. Il fe douta de la caufe d'un fi
grand férieux; & l'atribuant avec raifon,
plutôt à fa diformité, qu'à leur modeftie, il
les empoigna l'une après l'autre, & non ob-
ftant la réfiftance qu'elles faifoient, il les
tortilla fi bel & fi bien, que ce feul acte valoit la plus belle comédie que moliére ait jamais joüée à Paris. Je ne fçaurois exprimer
le plaifir que cela fit aux fpectateurs en général, & à notre Ambaffadeur en particulier:
ce n'étoient que huées continuelles, & éclats
de rire redoublez, que l'on entendoit de toutes

tes parts. Tantôt l'un étendoit les bras d'un
côté, tantôt l'autre frapoit en ses mains de
l'autre : & il est seur que tous ces diférens
gestes n'étoient pas moins divertissans, que
le sujet même dont ils tiroient leur origine.
La seconde action, dont nous fûmes témoins,
ne diféroit de la premiére, qu'en ce qu'au
lieu d'une oye, à laquelle on avoit eu à faire,
c'étoit un homme, qu'il faloit icy ataquer.
Un garçon de vingt cinq à vingt six ans,
grand, fort, & robuste, qui savoit voltiger
comme les plus habiles danceurs de corde de
France, s'étoit mis à caillifourchon sur la
corde tenduë, où il se donnoit des branles
continuëls, & ne manquoit pas à chaque allée & venuë, de faire la culbute. Comme
il se tenoit ferme des deux mains, que son
habillement consistoit en un pantalon de peau
fine, bien repassée, qui n'étoit fait que d'une
piéce, depuis les pieds jusqu'à la tête, & qui
reluisoit d'huile, dont il degoutoit de tous
côtez, il est aisé de comprendre qu'il étoit
de dificile accès. On ne l'osoit ataquer qu'un
à un ; souvent ceux qui passoient le manquoient, parce qu'il étoit adroit à s'esquiver,
& lors qu'il leur arrivoit de le saisir, ou par
un bras, ou par une jambe, il savoit si bien
se débarasser d'entre leurs mains, qu'on peut
dire à sa loüange, que le temps, & l'exercice continuël qu'il faisoit, furent plutôt ses
vainqueurs, que celuy qui le tira enfin dans
l'eau, où il se trouva si foible de lassitude,
qu'il se seroit infailliblement noyé, si on n'é-
toit pas venu promtement à son secours.
Le

Le troifiéme jour nous eûmes des Lanciers,
qui quoi qu'ils fuffent couverts de bons plaf-
trons, ne laifférent pas fouvent de fe faire
mal : ils culbutoient dans le lac à tout bout
de champ, mais ils étoient auffi ordinairement fi promts à s'en retirer, que fouvent
on ne s'apercevoit pas de leur chute. Ils ti-
rérent auffi la bague, & contribuérent beaucoup à nous rejouïr. Enfin au dernier fpectacle, on avoit ataché un Ours de dix mois
fur une table ronde, faite exprès pour cela,
qui avoit autour de trente pieds de circonférence. La corde qu'il avoit au cou, & qui
étoit atachée au centre de cette machine flotante, luy permettoit de s'étendre jufqu'à fes
bords, & pas plus loin. On lâcha fix chiens
barbets pour aller faire la premiére ataque :
un quart d'heure après on augmenta ce nombre de fix autres, & ainfi jufqu'à vingt quatre. Affurément je n'ay jamais vû un tel
combat : il fut long & fanglant, de forte
qu'il y eut onfe chiens, tant tuez, que bleffez, avant qu'ils fe fuffent rendus maîtres de
cette bête féroce, & ils y feroient tous péris,
fi l'un d'eux, plus hardi & plus opiniâtre que
les autres, ayant eu le bonneur de la faifir
au gofier, n'eût tenu ferme ne voulant point
lâcher prife qu'il ne l'eût premiérement
étranglée. Tant de diférens agrémens, joints
à lá bonne chére que l'on nous faifoit, avoient
pour moy des charmes, qui me faifoient
apréhender de quiter cet agréable lieu, & je
vous jure que fi cela avoit abfolument dé-
pendu de mon choix, j'y ferois refté toute

ina vie. Nonobſtant ces avantages, il falut
encore déloger de là, & prendre la route de
Meralde. Je fus ſurpris de nouveau de la ſituation de cet endroit là, où toutes les demeures ayant la vuë ſur la Mer, depuis le
haut de la montagne juſqu'en bas, ſont à l'a-
bri des vents de Nord, plus chaudes, & en
même temps mieux éclairées qu'ailleurs. Il
eſt inutile de raconter icy comment nous y
fûmes reçus & traitez, puis que les maximes
de ces Peuples Septentrionaux ſont à peu près
toutes ſemblables : ainſi il ſuffira de dire que
rien ne nous y manqua, qu'on eut pour nous
tous les égards imaginables, & que nous fûmes régalez de ce qu'il y avoit de meilleur &
de plus précieux. Pendant que nous étions
lá, les pêcheurs amenérent un Monſtre, qui
ne leur étoit pas tout à fait inconnu, mais
auquel je n'avois encore rien vû de ſemblable. Il avoit la tête de la forme d'une Olive, groſſe de cinq piéds huit pouces de cir-
conférencé. Sa gueule, qui étoit juſtement
au bout, étoit ronde, & s'ouvroit de la grandeur d'une aſſiéte ou un peu plus. A un pié
de là, tout à l'entour, il y avoit ſix yeux,
grands comme un écu de France, à une égale diſtance l'un de l'autre. Cet animal avoit
vingt quatre pattes, courtes & groſſes, tout
autour du corps, qui s'étendoient juſqu'à
une demi braſſe de la nuque, de manière qu'il
étoit preſque indiférent de quel côté il ſe
trouvât pour marcher. Le reſte, depuis le
nombril juſqu'au bout de la partie inférieure,
qui pouvoit paſſer pour la quëuë, étoit uni

&

& gluant, comme la peau d'une anguille, &
alloit toujours en diminuant jusqu'à l'extrémité, où il y avoit une nageoire, qui avoit
proprement la figure d'une cloche, qu'il aron-
diſſoit ou épanouiſſoit & aplatiſſoit comme il
vouloit: ce poiſſon avoit en tout vingt cinq
pieds de long. Comme il étoit bon à manger, le Gouverneur le fit aprêter tout entier,
afin de nous donner occaſion de goûter de
toutes ſes parties, qui ſont en éfet extrêmement différentes. La tête a proprement le
goût du mouton, les pattes ont beaucoup de
raport à nos pieds de veau, le corps a la chair
ſemblable à celle qui eſt renfermée dans les
ſerres des écreviſſes, & la queüe ne difère
preſque point de nos congres, qu'en ce
qu'elle n'eſt pas tout à fait ſi graſſe. Cet
animal n'a point de dents, ce qui me fait
croire qu'il ne vit que d'eau, & de quelque
petit poiſſon molaſſe, qu'il avale ſans mâ-
cher. Les pêcheurs nous aſſurèrent que ſuivant la multitude de leurs œufs, il devroit
y en avoir une quantité prodigieuſe, mais
que les balenes leur donnent éternellement
la chaſſe, & en exterminent autant qu'elles en
rencontrent, à moins qu'ils n'ayent eu le bonheur de parvenir juſqu'à cette groſſeur que la
petiteſſe de leur goſier ne leur permette plus
de les engloutir, mais c'eſt ce qui arrive rarement, où les exterminé preſque tous avant
même qu'ils ſoient éclos. En partant de là
nous fûmes honorez de chacun un habit complet, & l'on nous chargea de deux autres
pour le Roi, qui étoient faits des peaux les

plus fines & les plus précieufes qui fe trouvent dans cette contrée, avec des bonnets
conftruits d'une maniére fort artifte.   Nous
reçumes des préfens femblables, dans les autres
Villes, où nous ne fimes, pour ainfi dire
que paffer.   A mon retour je trouvay un de
mes Camarades Holandois mort, & jetté à
la voirie, fuivant la mode du Pays, afin de
donner par là à manger aux bêtes féroces,
qui autrement, à ce qu'ils s'imaginent, les
perfécuteroient encore davantage.   Le bruit
couroit qu'il avoit été enforcelé, de forte
que le Maître du quartier en faifoit faire par
tout des enquêtes : plufieurs furent acufez
comme coupables, & menez au juge pour
être examinez à la rigueur, mais ils niérent
le fait, & furent relâchez.   Enfin on fe faifit d'une bonne femme, agée de plus de quatrevingts ans, que fes voifins, qui la foupçon-
noient depuis long-temps, proteftoient avoir
vû entrer dans la chambre du défunt avec un
bâton fourchu à la main, qu'elle avoit four-
ré fous la couverture de fon lit, comme un
des pernicieux inftrumens dont elle fe fervoit
ordinairement pour exercer fes maléfices, fur
quoi le Holandois étant revenu fatigué de la
chaffe, s'étoit allé coucher, pour prendre un
peu de repos, & qu'il avoit été incontinent
faifi d'une fiévre violente, qui l'avoit empor-
té le lendemain.   Cette déclaration faite dans
les formes, avec toutes fes circonftances, &
apuyée de divers exemples, parut fi forte,
que nonobftant tout ce que la bonne vieille
put aléguer pour fa défence, dans le trouble
qui

qui l'agitoit, on étoit prêt à luy faire fon pro‑
cès, & à la mener au fuplice, fuivant les
Loix de la nation, qui ordonnent de faire
mourir les forciers & les meurtriers. L'a‑
préhention où j'étois qu'on n'exécutât cette
rigoureufe fentence, me fit aller parler au
Roi, je ne l'avois encore vû qu'en vifite de
cérémonie à mon retour de l'Ambaffade :
ma préfence fembloit luy faire plaifir, il me
commanda de prendre place auprès de luy,
& de luy reciter au jufte ce qui nous étoit ar‑
rivé à notre voyage. Après l'avoir en quel‑
que façon fatisfait, je le jettay infenfiblement
fur le chapitre de cette malheureufe femme,
& luy demandai s'il n'y avoit pas moyen de
l'exemter de la mort. Mais comment la dif‑
culper, me dit il, fi elle a mérité d'être pu‑
nie ? Il eft néceffaire que la juftice ait fon
cours : Sire, repris-je, mais auffi il faut qu'il
y ait des raifons fufifantes qui en autorifent
la févérité. J'ay examiné la chofe de près,
cette vieille matrone ne nie point qu'elle ait
été dans l'apartement de mon ami, ce n'é‑
toit pas la premiére fois, elle l'alloit voir af‑
fez fouvent pour l'entendre caufer fur mille
faits diférens arrivez en fon pays, qui luy
étant nouveaux & inconnus, la charmoient,
& excitoient fa curiofité à en venir tous les
jours entendre d'autres : Cette feule raifon
fufiroit, ce me femble, pour la juftifier. En
éfet, je fay qu'elle l'aimoit, & que fon dé‑
cès l'a plus touchée qu'aucun de nous. Et
pour ce qui eft de ce que l'on a trouvé dans
fon lit, vous favez Sire, continuai-je, que

les perſonnes oiſives ſont icy inſuportables,
il n'y a perſonne qui ne les regarde de mau‑
vais oeil. La pauvre femme étant extréme‑
ment âgée, mais vigoueruſe, s'ocupe, pour
éviter la haine du public, à filer des cordes
de boyau, à couper des bâtons fourchus, &
à conſtruire des lignes dormantes. Elle
vient voir ſon enfant, car c'eſt ainſi qu'elle
l'apelloit, avec des matériaux à la main,
pour ne point perdre de temps, & après
avoir apris, qu'à en juger par les aparences,
il devoit immanquablement bien tôt revenir,
elle cache ſon ouvrage ſous ſa couverture,
de peur qu'il ne s'égare, dans le deſſein de
venir le reprendre un moment après, &
de travailler une heure ou deux auprès de
luy. Là deſſus on trouve prétexte de l'acu‑
ſer, & le juge, qui ne ſait pas que ſes acu‑
ſateurs ſont ſes ennemis jurez, à cauſe que
c'eſt une femme pieuſe, qui s'ingére ſouvent
de les corriger & de leur donner des leçons,
ſans examiner à fond leurs dépoſitions, la
condamne, & voudroit bien que vous
aprouvaſſiez la ſentence qu'il a prononcée
contre elle. Puis‑je faire état ſur ce que
vous me dites, interrompit le Roi? Cela eſt
à la lettre, Sire, luy répondis‑je, & j'oſerois
faire ſerment que cette pauvre femme eſt
auſſi peu coupable que moy. Mais, Sire,
continuai‑je, quand les preuves de ſon in‑
nocence ſeroint moins évidentes que je n'ay
tâché de vous l'inſinuer, & que les dépoſi‑
tions, que l'on a eu ſoin d'envenimer, ſe‑
roient plus fortes & plus convainquantes,
                              qu'el‑

qu'elles ne me paroiſſent, faudroit il pour
cela priver de la vie une créature raiſonnable
créée à l'Image de Dieu. Comment, dit
alors Bénédon, laiſſeroit on vivre un ſorcier? A l'air dont il me fit cette demande,
je ne pus m'empêcher de rire: qu'enten-
dez vous donc par ſorcier, pourſuivis-je?
J'entens, me répliqua-t-il un malheureux,
qui s'eſt donné luy même à Démiotan, c'eſt
à dire au Diable, pour pouvoir plus impunément tourmenter & affliger les autres hommes, agir avec ſubtilité, & en feignant de
faire le bien, ne s'apliquer qu'à toutes ſortes
de maux. C'eſt une erreur, luy dis-je, qui
par ſucceſſion de temps s'eſt repandüe par
tout le monde, mais dont bien des Peuples
ſont revenus, & de laquelle on commence même à ſe moquer ouvertement dans la pluſpart
des endroits où j'ay été. Nous ne pouvons
pas bien nier qu'il n'y ait point de Diable, parce que le livre de nos Loix en fait mention,
quoi que les Docteurs ne ſoient pas d'acord
à tous égards de ce qu'il faut entendre par
ce terme là dans la langue originelle; mais
ſupoſé qu'il y en ait un, comme la Religion
dont je fais profeſſion m'engage à le croire,
je doute fort que l'auteur de toutes choſes
luy ait donné la puiſſance & les facultez néceſſaires à le pouvoir préſenter à nous, ſe
rendre viſible, & nous porter à nous donner à luy; & je nie que jamais homme bien
ſenſé ait eu la penſée & la volonté de le faire. C'eſt à dire, dit le Roi, que vous ne
penſez point qu'il y ait de ſorciers. Au ſens

que vous le prenez, non, répondis-je, mais
ß par ce mot vous vouliez ſimplement déſig-
ner des larrons, des empoiſonneurs, des
meurtriers, & en un mot, des miſerables,
enclins à commettre ce qu'il y a de plus haiſ-
ſable dans la ſociété, ouy. Les expreſſions
n'ont que la ſignification qu'on leur donne,
& on pourroit auſſi tôt luy donner celle là qu'à
un autre. Mais ſi l'on vous prouve, interrompit Bénedon, avec emportement, qu'on
en a fait mourir icy des milliers qui avoüoient
eux mêmes qu'ils l'étoient de la maniére que
je l'entens, & qu'ils alloient tous les jours au
Sabat: que direz vous? Je diray, Sire, répondis-je, que les tourmens ſont capables de
faire dire tout ce que l'on veut à un innocent,
qui aime mieux mourir tout d'un coup que
d'être mis peu à peu par morceaux: ou que
ceux à qui cela eſt arrivé avoient l'eſprit en
écharpe ; c'eſt une vérité que je pourrois
confirmer par des exemples inconteſtables,
inventez à deſſein, ou découverts par haſard,
dont je ne doute pas que vous ne convinſſiez
aiſément. On ne ſauroit nier que nous nous
atachons naturellement à ce qui a du merveilleux: Les Hiſtoires prodigieuſes & extraordinaires, que l'on nous fait d'une puiſſance inviſible, & de la malice des ſorciers
nous plaît, quoi que notre eſprit en ſoit
ſouvent tout éfarouché. Une force à laquelle nous ne ſaurions réſiſter, eſt capable
de tracer dans le cerveau de bien des gens,
ſur tout lors qu'ils ſont ignorans ou jeûnes,
des veſtiges que le temps n'éface jamais. Nous

ſomfommes affez foibles pour ajouter foy aux contes que l'on nous en fait, principalement quand cela eft confirmé par des perfonnes d'autorité, d'âge, & aufquelles nous avons de la confiance. Cela étant j'ofe foutenir que s'il y avoit feulement un forcier d'imagination dans toute une Ville, il ne feroit pas impoffible qu'il y en eût mille avant que cinquante années fe paffaffent, fans pourtant que le Diable s'en mêlât. Vous me furprenez dit Bénédon, & vous m'obligerez d'éclaircir cette matiére par des argumens affez forts pour m'empêcher d'en plus douter : Reprefentez vous, s'il vous plaît, repris-je, un Pére de famille, qui s'eft mis en tête d'être forcier, comme il s'en eft trouvé qui s'imaginoient d'être Dieu, ou d'avoir des cornes au front, il eft évident, Sire, qu'il fe fera un plaifir de raconter à fa femme & à fes enfans, ce qu'il a vû au Sabat, où fon imagination bleffée luy fait croire qu'il affifte. Il leur dira par exemple, que cet endroit eft un palais, dont la fplendeur & la beauté vont tellement au dela du naturel, qu'il eft impoffible de l'exprimer. Que celuy qui y préfide eft grand, fort, robufte, velu par tout le cors, avec des cornes à la tête, qui le rendent redoutable, des oreilles d'un pié de long : qu'il a une queüe retorfe & toufue, qui imprime du refpect, des jambes menües, des pieds de cheval, & en un mot, à peu près de la forme d'un Satyre. Qu'il eft affis fous un dais magnifique, dans un fauteuil d'un ouvrage exquis, relevé d'un marchepié porté par qua-

tre grifons, qui eſt ſur un pivot, lequel ne
fait que tourner, afin que ce Prince Majeſ-
tueux puiſſe examiner l'un après l'autre, ſes
fidéles ſerviteurs, qui l'environnent de tous
côtez, & qui luy viennent baiſer les uns les
pieds, les autres les cuiſſes, & les plus hardis
le derriére, avec la plus grande vénération
du monde : & quantité d'autres circonſtances
qu'il ne manquera pas d'ajouter à ce conte
fabuleux. La diſpoſition où ſont ces inno-
centes créatures pour entendre traiter un ſujet ſi ſurprenant, ne ſauroit manquer de donner lieu aux images les moins vives, qui leur
ſont repreſentées, d'imprimer dans leur foible
cerveau, des traces d'une profondeur exceſſive : elles en ſont ſaiſies de frayeur. L'a-
mour & le reſpect que ces membres dépen-
dans & ſoûmis portent à leur chef, ne leur
permettent pas de douter du moindre des faits
étonnants, dont il aſſure qu'il a été le témoin. On frémit de l'entendre, cependant
on y prend du plaiſir, & on s'y accoutume
tellement, que s'il oublie à en venir à de fréquentes répetitions, on a un ſoin tout particulier de l'en faire reſſouvenir. Les audi-
teurs en reçoivent toûjours des traces plus
profondes, la matiére leur devient inſenſiblement familiére, & enfin la curioſité d'aller
auſſi à ce Sabat imaginaire les prend. Ils ſe
frotent de la même graiſſe dont ils ont remarqué que leur Maître ſe ſert, là deſſus ils
ſe couchent, & s'endorment. L'agitation où
ils ſont les échaufe, les veſtiges, que les
eſprits animaux ont eu le temps de former à
l'oüie

l'oüie de tant de recits merveilleux, s'ouvrent,
& leur font voir clairement les mêmes objets
& les mêmes cérémonies, dont on les avoit
entrenus autrefois : comme il nous arrive affez fouvent de voir en fonge les chofes aufquelles nous avons penfé pendant la veille,
fur tout lors que les organes de nos fens en
ont été vivement frapez. Et ce que je dis,
Sire, continuai-je, eft fi véritable, que l'on
a trouvé de ces forciers, qui nonobftant
qu'on les eût veillez tandis qu'ils dormoient,
& que l'on étoit bien perfuadé qu'ils n'a-
voient pas bougé de leur place, faifoient des
fermens exécrables qu'ils avoient été en corps
& en ame au Sabat, dans des endroits fort
éloignez de la maifon où ils demeuroient,
De forte que le meilleur moyen de n'avoir
point de forciers dans un pays n'eft pas de les
perfécuter, & de les exécuter à mort, mais
de les faire paffer pour des fous. Mille gens
ne fe formaliferont pas extraordinairement fi
on les apelle fcélerats, facs à pirhfon, brê-
landiers, paillards, libertins, athées ; qui
fe croiroient fort ofencez fi on les traitoit de
vifionnaires. Ce que vous dites là, reprit le
Roi, me paroît affez vrai-femblable ; je
m'en vay toûjours par provifion, faire relâcher la perfonne dont vous avez fi bien plai-
dé la caufe : & pour ce qui regarde le refte,
nous y aviferons une autre fois. Quelque
temps après le Roi époufa Triola, fille de
fon oncle : cela fe tolére parmi eux, il n'y a
qu'une Mére ou une fœur à laquelle il n'eft
pas permis de fe marier. Nous étions alors

au commencement de l'hiver, qui eſt la ſaiſon en laquelle tout le monde ſe renferme.
Je repris l'Hiſtoire de Ruſſal, que je conti-
nuay juſqu'à Varinoul, qui vivoit il y a environ huit ſiécles.. On peut dire que ce Roi
là a été un des braves Princes qui ait jamais
gouverné. Il étoit beau, bien fait, ſavant,
inventif, judicieux, & parfaitement bon politique. Il ordonna que le tour des Chioux
rouleroit, & qu'il s'en aſſembleroit ſept toutes les révolutions, au premier ſon du grand
cornet, pour adminiſtrer la juſtice, & réſo-
lut d'aſſiſter ſouvent luy même à ces aſſemblées, qu'il convoqueroit quand il voudroit,
afin de voir comment tout s'y paſſoit. Et
d'autant que l'on ne ſe peut ſervir là de quadrans au Soleil que durant l'été, il inventa
une machine hidraulique, pour la diviſion
des temps, que je trouvay admirable. Il
avoit remarqué que les meules étoient faites
d'une pierre extrémement poreuſe, il en fit
creuſer une, & il ſe trouva, ſuivant ce qu'il
en avoit conjecturé, que l'eau, qu'on mettoit dans ce vaiſſeau, le pénétroit, & en diſ-
tiloit par deſſous, goute à goute : & afin qu'il
n'en ſortît pas plus en un temps qu'en un autre, on l'avoit garni de fer en dedans, juſqu'à deux doigts du fond, ce qui étoit fort
bien imaginé, puis qu'autrement il eſt viſible
que la pierre étant par tout également pleine
de petits trous, il ſe feroit fait une plus grande diſſipation lors que la machine auroit été
remplie, que quand il s'en feroit écoulé une
bonne partie. Il fit auſſi faire un vaſe d'autre
ma-

matiére, en forme de calebaffe, ou de cône,
large en bas, & qui alloit toûjours en étré-
ciffant vers le haut: puis ayant remarqué l'endroit, jufqu'où l'eau qui tomboit du vaiffeau
poreux, y montoit, dans l'efpace d'un jour
naturel, ou d'une révolution du Soleil d'O-
rient en Occident, ce qu'il étoit aifé d'obferver dans la belle faifon, par le moyen d'une
ligne méridionale : il fit un trou à cette hauteur, où l'on enfonça un petit tuyau, afin
que la liqueur qui tomboit d'enhaut, fût for-
cée de couler par là fur le lumignon d'une
lampe, laquelle correfpondoit droit deffous,
& qui s'éteignoit ainfi dans le moment. Cette nouvelle invention fut reitérée & confron-
tée avec les quadrans au Soleil, jufques à ce
que l'on trouvât que ces horloges hidrauli-
ques étoient parfaites. Varinoul donna ordre qu'on en plaçât une devant chaque efcalier de la cour du palais, & à côté une Sen-
tinelle, des deux cents hommes qui mon-
toient tous les jours la garde. Ces gens
avoient foin d'empêcher les defordres, & de
fonner du cor à l'inftant que leur lumiéres
s'éteignoient. Cela duroit environ un demi
quart d'heure; il y avoit d'autres Sentinelles
à une grande diftance de là, qui leur répon-
doient, afin que toute la Ville aprît en même temps l'heure qu'il étoit, & que les juges
fçuffent lors qu'ils devoient paroître au Sénat, pour y prendre connoiffance des diférens qui pouvoient être furvenus entre les habitans. Ce même Prince abolit pour jamais
la Poligamie, qui avoit encore toûjours eu

F 7

cours,

cours, & ordonna que chaque homme auroit
sa femme en propre, & chaque femme son
mari, pour éviter la confusion & la jalousie.
Il fit une Loy au sujet du larcin, par laquelle celuy qui avoit dérobé, quoi que ce fût,
étoit obligé d'aporter le double de sa valeur
à l'assemblée des juges, qui luy faisoient une
rude réprimande, en presence des assistans.
A la seconde fois le larron passoit pour infame : & à la troisiéme, il étoit bani de toutes
les compagnies, & ceux qu'il aprochoit de
deux pas luy pouvoient donner impunément
un soufflet, ou un coup de bâton sur le dos.
Une autre loy portoit que les orfelins seroient
élevez par leurs plus proches parens, ou à
faute de ceux là, aux dépens du public, c'est
à dire par le moyen du tribut que les habitans
devoient donner au Roi, pour l'entretien de
sa famille, de ses gardes, bâtimens, & autres choses semblables. Les acouchemens,
l'impofition des noms aux enfans, aussi bien
que les mariages se devoient faire en presence
de quatre témoins des plus proches voisins,
sans conter les parens, afin d'empêcher les
desordres & les abus dont on avoit eu de fâcheux exemples. Et lors que quelqu'un mou-
roit, non seulement les voisins y devoient as-
sister, ils étoient outre cela d'obligation in-
dispensable de le porter gratis, ou à l'eau, ou
à la voirie, pour être là dévoré par les pois-
sons ou les bêtes des champs. Personne ne
devoit porter que des habits uniformes, sans
aucunes bigarures ou mélange de couleurs,
les hommes d'une sorte, les femmes d'une

autre

autre, hors mis le Roi feulement, qui étant
Souverain, devoit être diftingué de fes fujets. Par raport aux malades, infirmes, &
perfonnes âgées, tant à l'égard du travail,
que chacun devoit faire, qu'au fujet des autres actions de la vie, il y avoit des réglemens & des ordonnances, qu'il n étoit pas
permis d'outre paffer fans encourir les cenfu-
res, ou les châtimens qui y étoient joints.
Toutes ces Loix & plufieurs autres, qui ont
beaucoup de raport aux notres, & que je ne
croy pas néceffaire de raporter icy, parurent
fi juftes & fi raifonnables, que tout le monde fans diftinction y aplaudit, & promit de
les obferver avec toute l'exactitude imaginable. Auffi n'a-t-on jamais vû de régne plus
heureux & plus long que fut celuy de ce Monarque. Il eut quatre femmes, vingt huit
enfans, dixfept garçons & onfe filles, dont
le plus jeune avoit dixhuit ans quand il mourut, qui fut à l'âge de cent feife ans, après
en avoir gouverné plus de foixante. Son
Hiftoire porte que lors qu'il fut queftion de
le brûler, on le mit dans un cercueil de pierre, afin que rien de fon corps ne fe perdît:
Le peu de cendre qui en réfulta, fut renfermé dans une boëte, & quand quelqu'un étoit
ataqué d'une maladie inconnüe, & que l'on
ne pouvoit guérir, on luy en donnoit à prendre la centiéme partie d'un grain, qui à leur
dire, ne manquoit guére de faire un éfet admirable, & de rendre la vie au mourant,
pour peu qu'il y ajoutât foy. Son Succeffeur fuivit fes traces, & fut exact à faire obferver

ferver les Loix à la rigueur ; jusque là qu'il fit
un jour marquer au front, d'un fer chaud,
un jeune homme pour avoir refufé d'aider à
élever une petite fille de deux ans, que fon
propre frére avoit laiffée Orfeline. Mais il
s'en falut bien que le fils de celuy-cy imitât
le Pére & l'ayeul : autant que ceux-là avoient
tâché de fe faire aimer du Peuple, autant ce
fier ennemi du genre humain travailloit il à
s'atirer la malédiction de tous les vivans.
On le foupçonnoit d'avoir empoifonné fon
propre Pére, afin de monter d'autant plutôt
fur le trône ; d'avoir commis deux ou trois
inceftes, & d'être même nécromancien, mais
on n'en avoit point de preuves convainquantes. Ce que l'on favoit de certain, c'eft
qu'il étoit d'une cruauté à faire dreffer les
cheveux de ceux qui lifent les actions tirani-
ques qu'il a faites. Il étoit grand amateur de
la chaffe & de la pêche, mais malheur à ceux
qui étoient avec luy s'il ne prenoit rien en y
allant, & tant qu'il s'éloignoit de Cambul,
ils devoient être affurez que s'ils rencon-
troient quelque bête furieufe à fon retour,
ils feroient obligez de la combatre fans armes, & de la terraffer, ou d'en être déchirez. Un jour qu'il luy étoit arrivé de ne
rien atraper, il avifa en revenant trois Ours
prodigieux, qui avançoient de compagnie.
Cet afpect luy donna de la joye. Allons,
mes enfans, dit il alors à fes gens, vous favez ma coutume, c'eft une maxime que je
ne changerois pas pour tous les hommes du
monde ; les armes ne font point icy de faifon,

il

il faut mourir ou il faut vaincre; je prétens pourtant être le dernier. Si vous avez le malheur de fucomber tous, vous voyez bien qu'il n'y aura pas moyen que j'en échape; je hafarde par conféquent autant que vous. Là deffus il détacha vingt hommes, & leur commanda de fe jetter à corps perdu fur l'ennemi. On peut juger du carnage que firent ces animaux impitoïables de tant de foibles créatures. Les couteaux, les fourchettes, & tout ce qu'ils portoient de caché fur eux, fut incapable de les fauver. Ils leur donnérent à la vérité quelques legéres taillades; l'un eut une oreille emportée, l'autre un oeil crevé, le troifiéme, la patte droite de devant tellement percée, qu'il ne pouvoit marcher fans boiter, mais toutes ces playes étoient bien éloignées d'en faire enfemble une mortelle. Le Tiran regardoit ce combat avec plaifir; tantôt l'un étoit jetté à dix pas de là, un moment après on emportoit un bras à un autre; les uns baignoient dans leur fang d'un côté, il y en avoit de tout déchirez qui agonifoient de l'autre; enfin les pauvres gens étant ou morts, ou hors de combat, le Roi y en envoya vingt autres. Il faloit obéir, fous peine de paffer pour rebelles, ce qui étoit un crime capital parmi eux. Dieu voulut que, comme ces derniers aprochoient, en faifant des cris épouvantables pour les intimier, les Ours eurent en éfet peur & s'enfuirent. Une partie des hommes bleffez guerit, neuf y perdirent la vie. Cette action fit beaucoup de bruit; bien des honnêtes gens en murmuroient,

roient, & cela manqua de caufer quelque révolution extraordinaire. La chofe n'alla
pourtant pas plus loin, perfonne n'ofa luy
en parler, perfuadé que l'on étoit qu'il n'en
feroit ny plus ny moins. Deux ans après il
eut une avanture en quelque façon femblable
à la précedente : il revenoit de même fans
avoir rien pris, & par conféquent chagrin,
& de fort mauvaife humeur. Ils n'étoient pas
loin de la Ville, qu'ils virent proche d'un
Marais un Bings, qui venoit auffi directement à eux, comme s'il s'étoit agi d'un défi.
L'un des dix, qui furent détachez pour l'aller ataquer, s'étoit précautionné, il avoit fait
faire un fer d'un demi pié de long, qui avoit
deux pointes égues à chaque bout, diftantes
de près de deux pouces l'une de l'autre, &
qu'il portoit toûjours fur luy pour s'en fervir
au befoin. Auffi tôt qu'il le vit à dix pas de
ce furieux animal, qui de fon côté venoit la
gueule béante, & d'un air menaçant, capable de faire frémir l'homme du monde le
moins craintif, il empoigna fon éguillon, &
le tenant couché le long de fa main, luy
préfenta fon bras étendu, & l'excitoit afin
qu'il s'avançât pour le mordre. Le Dragon
avide de proye, alonge le cou, & englou-
tit le bras du Soldat : mais il fut bien atrapé
lors que voulant tout d'un coup ferrer les
machoires, il fe fentit entrer haut & bas dans
la chair, les pointes afilées du fer, que l'intrépide chaffeur avoit fceu lever au moment
qu'il s'étoit vû en danger d'avoir un de fes
membres coupez par un ratelier de dents
lon-

longues & pointües comme des alénes. L'embaras où ſe trouvoit cette furieuſe bête ne ſauroit bonnement s'exprimer, elle fit cent tours
& contorſions de corps pour marquer ſa peine: Elle ſe fourroit les pattes dans la gueule,
pour en tirer cette épine fâcheuſe, qui s'en-
fonçoit à meſure qu'elle ſe remuoit. Ses
ennemis cependant ne ſe tenoient pas les bras
croiſez, les couteaux marchoient d'importance, & les cailloux luy pleuvoient dru comme la grêle ſur le corps. Le Roi voyoit cette farce de loin avec étonnement, il ne pouvoit pas concevoir comment un monſtre épouvantable, tel que celuy la étoit, ſe laiſſoit
abîmer de coups ſans faire d'autre mine de ſe
défendre que de tenir éternellement la gueule
ouverte. Mais enfin il fut ſaiſi de confuſion
quand il vit le Dragon tout en ſang, faire
volte face, & ſe retirer avec précipitation
dans ſon Marais fangeux, & vers le milieu
duquel il y avoit un étang d'une profondeur
extraordinaire, où il étoit impoſſible de le
ſuivre. Un honnête homme auroit été charmé de l'invention, & de la bravoure de celuy
de ſes gens qui venoit de faire une action véritablement Héroïque; le Tiran au contraire, en parut ſi outré, qu'il héſita plus d'une
fois s'il devoit luy même luy ôter la vie: il
ſe contenta pourtant de leur dire bien expreſ-
ſément à tous que ſi jamais il leur arrivoit
une autre fois, ſuivant la défenſe qu'il en
avoit faite, de ſe ſervir de quoi que ce fût,
ſi non de leurs armes naturelles, de pierres,
ou de ce qu'ils trouveroient en leur chemin,
pour

pour combatre les bêtes féroces qu'ils ren-
contreroient au retour d'une chasse malheu-
reuse, il les hacheroit en piéces de ses propres mains. Quoi qu'il traitât les bourgeois
un peu plus humainement que ses Soldats, il
ne leur pardonnoit pourtant rien. Lors que
quelqu'un laissoit éteindre, faute d'huile, la
lampe qui étoit devant sa porte, qu'il jettoit
des immondices à la rüe, qu'il négligeoit de
se plaindre quand on luy avoit fait tort, ou
faisoit la moindre démarche qui donnât sujet
à ce Prince d'exercer sa félonie, il étoit as-
suré d'être puni sévérement. Le châtiment
qu'il exerçoit le plus souvent, & auquel il
prenoit un singulier plaisir, étoit de faire as-
seoir le patient sur une corde, dont les deux
bouts étoient attachez au planché, à deux pieds
l'un de l'autre, & le milieu de laquelle dé-
cendoit jusqu'à une semblable distance de terre, de luy lier les jambes & les bras ensemble, afin de pouvoir le branler luy même
aisément, & le pousser avec roideur, à chaque allée & venüe, contre la muraille, plus
ou moins pourtant selon qu'il s'imaginoit que
la faute qu'on avoit commise étoit grande,
ou que sa passion le dominoit. Voila comme ce méchant Roi traita son Peuple pendant neuf ans consécutifs qu'il régna, après
quoi il eut luy même une fin tragique. Il
étoit allé à la pêche de la baleine, où il avoit
déja pris plusieurs monstres, lors qu'il arriva
que comme ses gens étoient ocupez à en tirer un à terre, un Dragon marin sortit de
l'eau, le prit par une jambe, & l'emporta

avant

qu'il eût le temps d'apeller à fon fecours.
Plufieurs virent ce fpectacle de loin, mais il
leur fût impoffible d'y remédier. La bête,
qui s'étoit faifie du Tiran, l'emporta au fond
de la Mer, & s'en fervit aparemment de pâ-
ture, du moins on ne le vit plus du depuis.
Perfonne ne le regréta, fa propre femme parut ravie d'en être délivrée. Comme il n'a-
voit point d'enfans mâles, fon frére luy fuccéda à la couronne. L'exemple de fon pré-
décesseur l'avoit rendu Sage, & l'on eut tout
fujet de fe-loüer de fes maniéres d'agir. On
peut même dire qu'il paffa d'une extrémité à
l'autre, en ce qu'il étoit trop bon, ou du
moins qu'il vivoit trop familiérement avec
les habitans de la Ville. Il fe paffoit peu de
jours qu'il n'allât voir luy même dans les
maifons des particuliers ce qu'ils faifoient;
il mangeoit avec eux, il les faifoit venir chez
luy, & les traitoit la plupart du temps comme fes femblables. Cela faifoit un merveilleux éfet dans l'efprit des honnêtes gens,
mais il s'en trouvoit de moindre calibre, qui
abufant de fes honnêtetez, luy perdoient entiérement le refpect, & fembloient avoir du
mépris pour fa perfonne; tant il eft vray que
l'on peut auffi bien pécher dans le défaut que
dans l'excès; il y a par tout un milieu, mais
tout le monde n'eft pas capable de le trouver.
Quoi qu'il en foit, ce fage Roi fut heureux
depuis le commencement de fon régne jufqu'à la fin, & gouverna autour de quarante
ans, fans avoir fenti aucun revers de la fortune. Pendant que je m'ocupois à la lecture

de

de cette Hiſtoire, le Roi ne manquoit guére
de m'envoyer querir pour cauſer avec moy,
il vouloit que je luy rendiſſe conte de la moindre circonſtance des choſes que je voyois.
Comme je luy faiſois un jour le recit de la
vie de Mérac, Succeſſeur de Varinoul, vous
avez en cet homme là, me dit il, un exemple de vertu, qui n'a point eu de ſemblable,
quoi qu'à proprement parler, il n'ait rien fait
digne d'être remarqué, il ne laiſſe pas d'être
connu par ſa bonté extraordinaire, qui fera
qu'on parlera de luy juſqu'à la conſomma-
tion des ſiécles : mais ce qui contribüe le plus
à en conſerver la mémoire, c'eſt un fait qu'on
prétend qui eſt arrivé de ſon temps, qui eſt
autant ſingulier que vous en ayez ouy de votre vie : il faut que je vous en faſſe part d'un
bout à l'autre. Ce me ſera bien de l'honneur
Sire, repartis je, ſi vous voulez vous
en donner la peine, je vous écouteray avec
plaiſir.   On étoit vers la fin de l'hiver, reprit le Roi, & il faiſoit un froid inſuportable, comme c'eſt l'ordinaire en ces quartiers, lors que tout d'un coup, chacun demeura ſurpris d'entendre heurter avec beaucoup de force à une des portes du palais, &
jetter des cris épouvantables, comme d'une
perſonne extrémement en peine, & qui paroiſſoit en danger de périr, ſi on ne couroit
promtement à ſon ſecours. L'Oficier qui
étoit de garde vint en avertir le Roi Ce
Prince débonnaire donna ordre que l'on allât promtement voir ce que c'étoit. Ceux
qui furent le reconnoître, le trouvant roide
de

de froid, ne crurent pas qu'il fût temps de
luy faire de longues interrogations; ils commencérent par luy aider à décendre, à peine
pouvoit il plus parler. Aussi tôt qu'il fut entré dans le corps de garde, & qu'il eut pris
place auprès du feu, on le reconnut pour un
des habitans de la Ville, qu'on avoit cru
mort il y avoit sept ou huit mois. On en fit
le raport à Mérac, qui l'ayant fait venir dans
sa chambre, luy fit donner une tasse de pithson, & l'exorta à se chaufer, & à reprendre
courage, car pour de manger il n'en pouvoit point encore entendre parler. Le soin
qu'on eut de ce pauvre homme le fit entiérement revenir à luy: d'abord que le Roi s'en
aperceut. He bien, luy dit il, comment
vous trouvez vous presentement? Le mieux
du monde, repondit il, je ne pensois pas,
Sire, avoir l'honneur de vous revoir, car
encore que je fusse en assez bon état, lors
que je suis venu à la barriére, je voyois tant
de dificulté à y grimper, que si Dieu, par
une grace toute particuliére, ne m'eût donné de la force & porté pour ainsi dire, luy
même, jusque par dessus, je devois y périr
mille fois pour une. Mais d'où venez vous
donc dans cette saison, interrompit Mérac?
pendant laquelle on ne sauroit ny entrer ny
sortir? Je ne le sçay pas moy même, Sire,
répondit il: ce n'est pourtant point un songe
que j'ay eu, l'avanture est tout à fait merveil-
leuse, je l'avoüe, mais je trouve tant de raison dans son contenu, que je ne saurois
m'empêcher d'y ajouter foy, & de me per-

suader

fuader qu'il n'y a rien que de véritable. Dites moy donc ce que c'eſt reprit le Roi, je
m'impatiente de le ſavoir, vous avez déja
trop tardé à me l'aprendre. Il eſt, impoſſible,
Sire, pourſuivit il, que je détermine aucun
temps, dans le détail des avantures qui me
ſont arrivées, le Pays d'où je viens n'en con-
noît point : ce que je puis dire de plus précis
c'eſt que le Ciel étoit ſerain, & la ſaiſon la
plus agréable de l'année, lors qu'étant ſorti
avec quinſe de mes voiſins, tous gens du
quartier de Serdion, qui avoient fait une partie de chaſſe, nous batîmes la campagne
pendant un demi jour au moins, ſans avoir
pris que fort peu de choſe, enfin ayant découvert un Eumale, je me mis à le pourſui-
vre de toute ma force : mes camarades ſe
trouvérent en même temps ataquez par deux
Ours afamez, j'en entendis incontinent le
bruit, mais d'un côté, ne pouvant pas bien
me réſoudre à abandonner un animal rare,
& deſtiné à l'uſage de votre Majeſté, & m'i-
maginant de l'autre, que le nombre de nos
chaſſeurs ſufiſoit pour aterrer ces deux lour-
des bêtes, je pouſſay ma pointe, & m'écar-
tay ſi fort de mes gens, que la proye ayant
tout d'un coup, je ne ſai comment diſparu,
& moy fait un peu de réflexion ſur ce qui
ſe paſſoit, je m'aperçeus que je ne les entendois plus. La deſſus la peur me ſaiſit, je
n'ignorois pas le danger qu'il y a de ſe trouver icy ſeul au milieu d'une campagne deſer-
te ; & outre cela, on eût dit que j'avois un
preſſentiment de ce qui me devoit arriver.
En

En éfet, je n'eus pas fait deux cents pas, que la vüe d'un monſtre formidable, qui ſe preſenta devant moy, comme s'il étoit ſorti du fond de l'abîme, me glaça le ſang, juſqu'à ne me pas permettre de porter un pié devant l'autre. Par bonheur il demeura là planté comme un piquet, ſans bouger de ſa place, & ſe contenta de me grincer les dents, & de me lancer, de ſes yeux étincelants, des regards furieux, qui auroiént intimidé l'homme le plus intrépide. Cet intervale de temps, qui devóit naturellement achever de me démonter, me donna lieu de me remettre, la force me revint avec le courage, & ayant bandé mon arc je me mis en poſture de luy décocher un rude trait, ſi l'envie luy prenoit de me vouloir voir de plus près. Les mouvemens que je me donnois, paſſérent dans ſon eſprit pour des menaces, & excitérent ſon couroux: il alongea le cou, il écuma de colére, & ſans diférer d'un moment l'exécution de ſon pernicieux deſſein, il s'en vient à moy en grondant pour me déchirer & me manger juſqu'aux entrailles. Je ne crus pas luy devoir donner le temps de ſe précipiter ſur moy, auſſi tôt qu'il fut à portée, je lâchay mon coup avec beaucoup de violence, parce que mes armes étoient bonnes, & le perçai au travers du corps. Cette playe, qui vrai-ſemblablement auroit dû le rebuter, l'anima encore davantage: il avance avec plus de viteſſe, quoi que ce fût en boitant, parce qu'il étoit bleſſé ſur le derriére. Je n'étois pas oiſif cependant, j'avois de nouveau bandé mon arc, avant qu'il fût aſſez

près de moy pour exercer sa vengeance; je
tiray une seconde fois, le malheur voulut
que je ne le touchay point. Je n'ofois pourtant tourner le dos à cette bête monftrueufe,
je me batois en retraite, & fuyois toûjours
à reculons, au lieu qu'elle avançoit à grands
pas, & alloit plus vîte que moy. Enfin comme je me préparois à luy lâcher un dernier
coup, & à tâcher de l'éviter par la courfe,
s'il m'arrivoit de la manquer, la terre me
manqua fous les pieds, je tombay dans un
précipice épouvantable, qui avoit néanmoins
affez de pente pour me permetrre de rouler,
de forte que quand je fus en bas, je trouvay
que la peur étoit ce qui m'avoit fait le plus
de mal. Cela étoit confolant d'un côté, &
il l'étoit d'autant plus que j'avois infailible-
ment évité par cette chûte d'être dévoré d'u-
ne maniére impitoïable; mais de l'autre, le
cas étoit défolant, en ce que je ne voyois
aucun moyen humain pour remonter. L'a-
bîme étoit d'une profondeur immenfe, & les
hauteurs qui l'environnoient, me paroiffoient
par tout également efcarpées. J'en fis le
tour plufieurs fois avec la fueur de la mort
fur le front, fans trouver aucun endroit qui
en favorifât la fortie. Mon Dieu, qu'as tu
fait, me dis-je alors à moy même, pour
t'être attiré ce févére châtiment ? Ai-
je ofencé mon Roi, ou fait tort à mon prochain de la moindre chofe? non. Le Ciel
eft jufte, il faut pourtant que ce foient mes
péchez qui en foient caufe. Encore fi ma
chére femme & mes pauvres enfans le fa-

voient,

voient, peut être avec le temps s'en pourroient ils confoler; mais que penferont ils
que je fuis devenu, & qu'eft ce que mes camarades ne diront pas de mon imprudence? La
faute eft faite, il n'y a point de reméde, & il
m'en doit couter la vie à moins que la Providence ne fafle évidemment un miracle pour
me tirer de ce mauvais pas. Comme rien
n'échapoit à mes recherches, & que j'exami-
nois à la rigueur tous les objets qui fe prefentoient à ma vûe, je remarquai des trous,
qui me paroiffoient percer de niveau & en
droite ligne ces inacceffibles terraffes, qui faifoient obftacle à ma liberté. J'en vifitay plufieurs les uns après les autres, fans y rien découvrir qui parût favorifer ma fortie, mais
après tout, que ne fait on pas, lors que le
danger femble inévitable, on tente l'impoffible par defefpoir. Me reprefentant déja l'image de la mort devant les yeux, je crus qu'il
valoit autant m'enterrer vif que de furvivre à
une telle difgrace, & que le pis qu'il pouvoit
m'arriver, en me fourrant dans l'une de ces
cavitez, étoit de hâter mon décès de quelques jours, que je ne devois auffi bien paffer
que dans un deuil profond, & une mifere
inexprimable. L'embouchure de celle que je
choifis étoit à la vérité fort étroite, mon
corps eut toutes les peines du monde à y entrer, & mes jambes étoient à peine dedans
que je commençay à me repentir de m'être
engagé dans un fi lugubre paffage. J'avois
fait des efforts fi grands, que mes forces étoient
épuifées; je reftay abfolument immobile, &

fans

fans me pouvoir feulement remüer. Quand
j'eus un peu repris haleine, je voulus re-
brouffer chemin, dans l'efpérance de faire
quelque meilleure découverte ailleurs, mais
trouvant que cela étoit impoffible, & fentant
que cette voye alloit en élargiffant je fis une
nouvelle tentative, & avançai environ autant que j'avois fait la premiére fois. Quoi
que cela s'exécutât avec beaucoup moins de
travail, il y avoit fi long-temps que je n'a-
vois pris de repos, que je me laiffay aifément emporter au fommeil. Je dormis tranquilement jufques à ce que je fus éveillé par
une voix de tonnerre qui me dit deux fois,
en diférens termes. Raoul, Raoul, que fais
tu là, ne fens tu pas que tu es prêt à défail-
lir, paffe outre, avance, & tu arriveras enfin dans le féjour des bienheureux? Ce langage me furprit, je ne favois au monde qu'en
conclure : tantôt j'attribuois ce bruit à une
caufe furnaturelle; quelque fois je le prenois
pour un éfet de mon inquiétude, ou d'une
forte imagination, qui pouvoit aifément fe
former des chiméres capables de me flater
d'une prompte & agréable délivrance. Il me
venoit auffi fouvent dans l'efprit que le féjour
des bienheureux devoit proprement fignifier
l'état où les hommes fe trouvent au fortir de
cette vie, & auquel ma fatale deftinée m'a
pelloit, pour aller groffir le nombre infini
des trépaffez. Pendant que je me donnois la
gêne à former des conjectures fur l'avenir,
une odeur douce & qui embaumoit toute la
caverne, fe fit fentir fi agréablement, que je
chan-

changeay incontinent de ſentiment, & conceus de favorables eſpérances. Ainſi je commençai de nouveau à me traîner avec plus de courage que jamais ; j'avançois conſidérablement, & je ne penſe pas que j'euſſe fait un demi quart de lieüe de chemin que je me trouvai tout à fait au large ; je pouvois aiſément me tenir ſur les mains & ſur les genoux. Me ſentant moins gêné qu'à l'ordinaire, je levay la tête, & Dieu ſait de quel étonnement je fus frapé lors qu'une foible lumiére ſe préſenta tout d'un coup à mes yeux : la joye que j'en reſſentis eſt aſſurément inexprimable. Je ne doutay nullement, continua toûjours Raoul, que ce que je traverſois ne fût une montagne, qui étoit percée à jour, & je le crus d'autant plus aiſément, que le pays étant rempli de toutes ſortes d'animaux forts & induſtrieux, il étoit aſſez vrai-ſemblable que quelques uns d'entr'eux s'étoient ouvert ce paſſage, tant pour acourcir leur chemin, que pour avoir une retraite contre d'autres plus méchants qu'eux, ou pour ſe mettre à couvert des injures de l'hiver. Un objet ſi agréable & ſi peu atendu, redoubla mes forces, tout courbé que je me tenois, je ne laiſſois pas de faire bien du chemin. La clarté que j'avois vue augmentoit à chaque pas que je faiſois : enfin je ſortis de ce long & ennuyeux antre. Mais ô Ciel ! quelle fut de nouveau ma ſurpriſe quand je me vis dans un lieu enchanté, où le moindre des objets qui ſe préſentoient à mes ſens, avoit des charmes inconcevables. Ce raviſſant ſéjour étoit

G 3

d'une

d'une étenduë qui alloit beaucoup au dela de
la portée de mes yeux. Son pavé n'étoit
qu'un tiſſu de toutes ſortes de pierreries fines
& brillantes, que je ne connoiſſois pas ſeulement par leur nom. La voûte en étoit enrichie de perles précieuſes d'une groſſeur extraordinaire, & auſſi rondes que ſi elles
avoient été jettées en moule. Au milieu il y
avoit un Globe de feu ſuſpendu, qui rendoit éclatant tout ce que l'on apercevoit dans
ce beau lieu: & ce que je trouvois de plus
remarquable, c'eſt qu'il étoit habité par un
nombre innombrable de petites créatures à
figure humaine, nuës comme la main, &
éparces haut & bas, en l'air, dans l'eau, &
ſur la terre. Ma préſence effaroucha toutes
celles qui ſe trouvérent là aux environs, elles s'écartérent juſqu'à une diſtance de plus
de deux cent pas avant que de s'arrêter,
mais s'étant alors retournées, & m'ayant
conſidéré avec aplication, une bande de deux
ou trois cents ſe détacha des autres, & s'en
vint voler juſqu'à moy. Leur nombre ne
m'épouvanta pas; des gens d'environ deux
piés de haut, ſans vêtemens, dénuez d'armes offenſives & défenſives, gais, agréables, riants, n'étoient, ce me ſembloit il
pas capables de me donner de la crainte:
auſſi tôt qu'ils m'eurent joints. Qui êtes
vous, mon ami, me dit le plus avancé.
Je ſuis honnête homme, mon bel enfant,
luy répondis-je; Un des habitans de Cambul, je ſuis votre ami, votre ſerviteur, votre eſclave; je ſuis ce que vous voudrez.
De

De grace Sire, interrompis-je, l'Histoire est
elle comme vous me la racontez, ou y ajoû-
tez-vous quelque chose du votre? A vous parler
ingenûment ce dialogue m'est un peu suspect :
j'ay de la peine à croire que des gens d'un état si
different puissent s'entendre, c'est sans doute
pour embellir le conte, & le rendre plus intelligible qu'on leur fait parler un même langage. Je
vous raconte mot à mot ce qui en est, me répondit le Roi, quand tous les habitans de Ruffal
vous en feroient le récit, chacun en particulier,
ils ne differeroient pas d'une silabe, ce seroit un
crime dont ils seroient responsables. Ce que l'on
peut dire là dessus c'est qu'en de semblables
conjonctures, si tant est que cela soit arrivé plus
d'une fois, les bienheureux qui aparemment
n'ignorent rien s'accommodent aux foiblesses
des mortels, & qu'entr'eux ils s'expriment d'u-
ne autre maniére; mais laissez moy continuer.
De tout mon cœur, Sire, luy dis-je, aussi bien, ce que j'en ay dit n'étoit que pour
rire. Vous êtes le très bien venu dit l'autre,
reprit le Roi, mais je ne comprens pas comment un géant, un homme grossier & couvert de poil comme une bête feroce, a été
introduit parmi nous? qui est ce qui vous a
amené icy? C'est un mistére, mon cher enfant, continua Raoul. De votre aveu, il
vous est caché, je vous jure de même que je
l'ignore, & je doute fort que j'y comprenne
jamais rien. Je sçay bien que je suis parti en
compagnie de chez moy, pour aller à la chasse, que je me suis écarté de mes camarades,
qu'une bête épouvantable m'a fait peur, &
m'a

m'a poursuivi jusques à ce que je suis tombé
dans un précipice, où ie ne croyois point
trouver de fond, & qu'après y avoir cherché
inutilement un endroit pour en sortir, j'ay
enfin trouvé un trou, où le desespoir m'a
fait fourrer, & par lequel je suis parvenu dans
ce superbe Palais: mais de dire par qui tout
cela a été dirigé, ny pour quelles fins, c'est
ce qui n'est pas en ma puissance. Mais vous
poursuivit il, qui êtes vous vous même,
afin que je vous connoisse, & quel nom
donnez vous à ce lieu-cy? Belle demande reprit l'autre, ne le voyez vous pas, ou du
moins ne le sauriez vous conjecturer? Nous
sommes des hommes glorifiez, des Elus de
Yomaha, & voicy l'heureux séjour, où nous
devons vivre éternellement ensemble; c'est
proprement le Palais de la gloire. Comment,
vous êtes des hommes, dit Raoul? je vous
prenois de bonne foy pour des enfans, &
même pour des enfans un peu diformes?
Qu'apelez vous diformes, repliqua le saint?
Vous imaginez vous que se soit la grandeur
& l'arrangement des parties du corps, qui
fassent l'homme? c'est la forme, mon ami,
qui constitue véritablement son essence. Nous
avons aussi été autrefois des bourgeois de
Cambul, ou des autres Villes circonvoisines,
& de stature égale à la votre: presentement
nous sommes petits, & habitans de cet endroit icy. La Providence est sage, elle fait
tout dans la perfection, ses ouvrages sont
toûjours proportionnez aux fins & aux usa-
ges, ausquels elle même les a destinez. Lors
que

que nous étions mortels, fujets à mille diférentes infirmitez; que les fonctions naturelles ne fe pouvoient fouvent faire fans aplication, fans foin, fans travail, fans peine,
nous avions befoin de parties fortes, grandes, robuftes, & d'organes convenables à ce
que la nature exigeoit indifpenfablement de
nous pour notre exiftence: aujourd'huy qu'il
ne s'agit que de joüir des délices d'une béatitude éternelle, cette groffe maffe de chair
nous feroit plus nuifible qu'avantageufe. Notre petit corps, leger, compofé de parties
poreufes & délicates; nos mains deliées, nos
pieds courts, larges & à longs doigts, joints
l'un à l'autre par une petite peau, comme
ceux des oyes; Ces membranes repliées en
forme de bourlet, que nous portons, l'une
autour de la tête, l'autre du corps, à l'endroit de la ceinture, la derniére à la cheville
du pié, & qui étant déployées, s'étendent
jufqu'à un demi pié, plus ou moins, à la ronde: l'air groffier que nous refpirons; tout
cela nous met en état de marcher, de nager,
& de voler, avec une égale facilité. Si vous
reftez icy quelque temps, vous en verrez des
miliers affemblez autour du Simulacre de Yomaha, de l'image de la Providence, de ce
beau Globe flamboyant, dont les rayons pé-
nétrants s'étendent jufqu'à une diftance infinie. D'autres iront fe baigner dans les ruiffeaux d'eau vive & argentine, dont ce charmant féjour eft entrecoupé en un nombre innombrable d'endroits. Vous pourrez vous
divertir à confidérer les uns, prendre du

G 5

plaifir

plaifir à la promenade, à la lute, à la courfe, ou à des exercices femblables. Vous en
verrez d'autres ocupez à conftruire des guir-
landes, ou à faire des bouquets rares & odorans des fleurs les plus exquifes & les plus
belles du monde, dont nos parterres font en-
richis en tout temps.   Si vous aimez la Mufique, vous ferez ravi en extafe d'entendre la
mélodie de toutes fortes de voix fortes &
nettes, qui contrefont tous les inftrumens
que jamais les hommes ont pû inventer; de
forte que vous aurez lieu d'être entiérement
fatisfait de ce que vous preniez tantôt pour
de petites figures mal bâties Ce reproche
donna de la confufion à Raoul, vous m'a-
cufez d'un péché, heureux inconnu, luy dit il
dont je fuis entiérement innocent: peut être
m'eft il échapé quelque terme qui donne lieu
à votre mécontentement, mais je vous affure que ç'a été fans malice; je n'ay rien con-
ceu de vous à votre desavantage. Ne vous
excufez pas, luy répondit il, j'avoüe que
vous ne vous êtes pas entiérement expliqué
de bouche fur ce chapitre là, mais vous en
avez eu la penfée; je vous tenois alors la
main, & je m'en fuis aperceu par le bate-
ment de vôtre poux, qui eft un des moyens
dont nous nous fervons pour nous entretenir
de ce que vous avons à nous communiquer
en fecret. Pardonnez moy, Sire, interrom-
pis je, fi je viens ici à la traverfe pour vous
dire que j'ay leu chez nous plufieurs livres
de voyageurs, qui affurent unanimement que
les médecins de la Chine ne paffent point du
                                        tout

tout pour experts, à moins qu'au poux de
leurs patiens, ils ne voient clair dans toutes
les partiës de leur intérieur, & ne fachent
faire fur le champ un détail jufte de leurs infirmitez, & de leurs maladies, même de ce
qu'ils ont mangé le jour d'auparavent fans
qu'ils les obligent à parler, comme ils ont
acoutumé de faire dans tous les Pays de l'Europe. L'un & l'autre me paroîr fujet à caution, reprit le Roi, & il faudroit que je le
viffe, & que je l'examinaffe de bien près pour
le croire. Mais revenons à notre Hiftoire.
Si j'ay eu la penfée que vous m'atribuez, dit
Raoul, je n'y ay point fait de réflection, &
elle s'eft formée fans nul deffein de vous cha-
griner, comme je vous l'ay déja fait comprendre, & au moment que je vous ay vûs
d'une autre taille, & un peu autrement faits
que ne font d'ordinaire les hommes; mais dites moy, je vous prie, pourfuivit il, favez
vous combien de temps il y a que vous êtes
icy, & fi l'on refte peu ou beaucoup, avant
que l'on y foit introduit, lors que la mort
nous enléve de l'autre monde? Nous n'a-
vons point de machine, répondit le faint perfonnage, capable de mefurer le temps, ainfi
il m'eft impoffible de répondre pofitivement
à votre demande, par raport au premier point,
peut être n'y a il qu'un jour, pour parler à
votre maniére, il pourroit auffi y avoir dix
mille ans: nous ne nous ennuyons à rien,
les plaifirs ne nous lâffent jamais, & néanmoins il n'en eft point de nouveaux, dont
nous ne foyons avides: & pour ce qui eft de

 l'aul'autre, il y a beaucoup d'aparence qu'il n'y a aucun intervale entre la séparation de l'esprit & du corps sensuel, & la jonction du même esprit avec un corps glorifié, tel qu'est celuy que vous me voyez; du moins je ne me suis point aperceu que mon ame ait été un seul moment sans corps. Elle est faire pour agir par le moyen de diférens organes, il n'est pas vrai-semblable qu'elle puisse s'en passer: mais aussi il est inutile de la vouloir toûjours atacher aux mêmes; elle est tellement acoutumée à voir faire au corps de nouvelles évacuations, & des pertes considérables par la transpiration, qu'il est forcé de réparer par le boire & le manger: les changemens & les renouvellemens, ausquels il est sujet, luy sont si bien connus, & elle ignore si peu que lors qu'elle l'a habité cinquante ou soixante ans, peut être n'y est il pas resté la moindre partie de celles qui en composoient la mâsse, lors qu'elle y fut introduite, ou même dans le moment qu'il parut au jour, que ce nouveau changement ne luy peut faire aucune peine: au contraire, je suis persuadé que cela luy doit être indiférent. Puis que vous dites, reprit Raoul, que vous êtes de Cambut, c'est une marque que vous vous souvenez d'avoir été dans notre monde, ne savez vous pas de même si vous en avez vû arriver depuis peu que vous connoissiez, & dont le nom vous soit familier: car si cela étoit, & qu'ils fussent aussi de ma connoissance, sachant quand ils sont décédez, je pourrois d'abord me satisfaire par le calcul.

Je

Je vous ay déja fait entendre, répondit le bienheureux, que peut être suis-je ici depuis un temps immémorial, mais quand il n'y auroit que trois jours, ou fi vous voulez que trois minutes, je n'en faurois ny plus ny moins. Notre joye eft fi parfaite, & nous fommes fi fort remplis des plaifirs que chaque inftant nous fournit, que nous ne fommes pas capables d'une affez grande diftraction pour penfer, ny à vous, ny à ce que nous avons été autrefois nous mêmes; outre que les impreffions que les objets avoient faites fur nos fens pendant l'autre vie, font fi ufées, qu'il n'en eft prefque refté aucune trace. Et comment ne le feroient elles pas, le cerveau luy même, & toute la machine, dont il ne faifoit qu'une partie, eft détruite. Nous en avons une autre, qui eft une véritable table rafe, où nous ne fongeons qu'à graver les images des chofes, qui fe préfentent icy à nous. Je n'ay rien à répliquer à cela, continua Raoul, c'eft un fait que vous favez par expérience, ce qui me confole c'eft que j'en fauray un jour autant que vous, quoi que préfentement je n'y connoiffe rien. Une autre dificulté qui me furpaffe, eft que l'on affure que le Globe terreftre eft fi grand, qu'il contient un nombre innombrable d'hommes, & que l'on ne fauroit exprimer fa durée; & qu'à proportion de l'un & de l'autre je trouve icy très peu de gens. Cette queftion eft aifée à réfoudre, luy dit le faint, fi la terre eft grande, l'univers qui la contient l'eft infiniment plus, & comme dans une Ville il y a non

G 7

feu-

feulement des rues, mais auſſi des maiſons,
dans chacune deſquelles une famille a coutume de ſe loger; de même, il eſt aiſé à la
Providence de loger dans la grande Cité,
qui s'étend depuis le fond de l'abîme juſqu'au
plus haut Ciel des cieux, chaque nation en
particulier, ou même de ne mettre dans une
ſociété que les habitans d'une ſeule Ville,
ſans que les autres s'en aperçoivent: & à vous
parler franchement, je ſerois fort trompé ſi
cette republique n'eſt compoſée des ſeuls habitans de Cambul, ou au plus des Villes ren-
fermées dans l'enceinte du cercle polaire. En
quelque endroit que l'on ſoit, ſur la route du
firmament ou au centre de la terre, la joye
eſt toûjours égale parmi les Elus, nous ne
ſavons ce que c'eſt que de chagrins, de ſoucy,
de melancolie, de ſoin: & cet état tranquile où nous nous trouvons, eſt proprement
ce qui fait notre bonheur. Mais atendez, interrompit Raoul, ne m'avez vous pas dit tantôt que le Globe de feu, qui éclaire ce lieu
de délices, eſt un ſimbole de l'auteur de l'U-
nivers? S'il y a donc pluſieurs ſéjours ſemblables, éloignez de celuy-cy, ce même Globe que nous voyons, peut il auſſi leur communiquer ſa lumiére. Quelle demande, répondit le bienheureux: le Soleil & les étoiles
qui vous éclairent, ne ſont ils pas autant de
ſimulacres, ou d'images, comme il vous plaira de les ſpeller, de celuy qui eſt la ſource
de la véritable lumiére, ne peut il pas en faire autant qu'il luy plaît? Cela eſt vray, reprit
Raoul, je n'y penſois pas, il faut attribuer

la

la caufe d'une interrogation auffi puérille à
mon ignorance; il n'eſt pourtant pas plus ſurprenant, ce me ſemble, qu'un mortel ignore l'état où il doit être après la mort, que de
ne pas ſavoir celuy dans lequel il s'eſt trouvé
avant le moment de ſa naiſſance. J'avois
cent fois ouy parler, comme d'une choſe
douteuſe, ou d'une fixion de pöete, inventée exprès pour tenir les Peuples dans le devoir, d'une ſeconde vie, & d'un ſéjour des
bien-heureux, mais je ne me l'étois pas fi-
guré comme celuy-cy. Je croyois, au cas
qu'il fût réel, qu'il devoit être vaſte, & commun à tous les vivans: Que Dieu luy même
s'y voioit, au lieu d'un Simbole, & que c'é-
toit en éfet ſa preſence qui faiſoit là toute la
félicité des aſſiſtans. Cette penſée eſt matérielle, dit le ſaint; vous ſavez ſans doute
bien que Dieu eſt un être ſimple, ſpirituel,
& infini à tous égards; infiniment ſage, infiniment parfait &c. Il eſt par tout, il remplit tout, il eſt en tout, luy même eſt tout;
hors de luy, & ſans luy, il n'y a abſolument
rien qui exiſte. S'il eſt tout, on le voit donc
en tout, & par tout; Il eſt par conſéquent
impoſſible d'imaginer un ſeul endroit au monde, où il ſoit plus préſent qu'en un autre.
Cela étant, il eſt indiférent où l'on ſoit, il
ſuſit d'être dans l'état où l'on ſe doit trouver
quand on porte le caractère de bien-heureux.
Ils en étoient là lors que tout d'un coup ils
ſe trouvérent environnez d'une troupe nombreuſe d'Elus, qui ſe tenoient par la main,
& qui, au ſon d'une agréable ſimphonie,

com-

commencérent à dancer, & à caprioler, autour d'eux. Vous aviez entamé là une matiére, Sire, dis-je au Roi, que j'aurois bien
voulu qu'on eût pouſſée un peu plus loin: il
ſemble quaſi qu'on peut inférer de ce que
vous venez de faire dire à ce ſaint, que Dieu
eſt ſimplement la cauſe immanente, & non
pas diférente & diſtincte de tous les êtres,
comme nous ſommes obligez de le croire;
d'où il s'en ſuivroit que la matiére ſeroit éternelle, auſſi bien que Dieu. Il eſt dificile,
me répondit Bénédon, qu'une créature finie
ait une juſte idée d'un être infini. Pour moy,
quand j'examine cette queſtion de près, je
trouve que Dieu n'eſt pas moins de toute
éternité une cauſe néceſſaire de ſes ouvrages,
que de ſon eſſence. Je ſay bien que l'on trouve de la dificulté, & même de la contradic-
tion, à acommoder deux infinis, mais cela ne
vient, ſi je ne me trompe, que de ce que
l'on enviſage ces deux choſes comme inde-
pendantes l'une de l'autre, au lieu qu'on dévroit ſe les repreſenter comme des parties
d'un tout, qui ſont au fond inſéparables en
elles mêmes, & qui ne ſe peuvent diviſer que
comme l'on diviſe l'infinie puiſſance de Dieu,
de ſon infinie bonté, ou de ſa clémence infinie, qui ne ſont, l'une & l'autre, que des
atributs qui luy apartiennent également. Je
conçois un Dieu qui penſe, un Dieu qui s'é-
tend juſqu'au delà des bornes de l'univers
un Dieu qui eſt tout, & qui fait tout: de cette maniére je conçois un Dieu qui eſt quelque choſe; au lieu qu'il me ſemble que les

autres

autres fe font un Dieu, qui lors qu'on l'examine de près, n'eft au fond qu'un fantôme,
une chimére, une illufion toute pure. Mais
laiffons cette matiére, je vous en prie, elle
eft au deffus de notre portée, voyons plutôt
ce qu'eft devenu notre pélerin. Vous l'avez
laiffé au milieu d'une bande de danceurs,
Sire, luy dis-je. Cela eft vray, pourfuivit
le Roi; on vouloit qu'il danfât & chantât
comme les autres, mais il n'entendoit, ny la
cadence, ny la mefure de ce Pays là. Qui fait, Sire, repris-je, fi l'octave qui eft double dans ce
monde icy, n'eft pas triple dans l'autre, & fi
nos Muficiciens, qui prétendent que la quinte
eft comme trois à deux, & la quarte comme
quatre à trois, ne feroient pas fiflez parmi
ces gens là. La mufique n'eft qu'un jeu
d'enfant, au prix de ce qu'elle a été du temps
d'Orphée, c'eft le fentiment de bien des favans dans cette profeffion : il ne faut même
que paffer de France en Italie, pour y trouver une prodigieufe diférence : il ne feroit pas
furprenant fi du lieu de la corruption à celuy
de l'immortalité & de la gloire, il y en avoit
une infinie & inexprimable. Ce font lettres
clofes, dit Bénédon, il faudroit y avoir été
pour en raifonner avec fondement, & encore feroit on peut être fort embaraffé fi l'on
étoit obligé de s'en expliquer à fon retour.
Ce que vous dites là, Sire, continuai-je, fe
confirme par le fincére aveu d'un faint Apô-
tre, qui après s'être vanté d'avoir été ravi
jufqu'au troifiéme Ciel, qui eft felon nous
le fuperbe palais des Elus de Dieu, avoüe
in-

ingénument que les chofes qu'il y a vûes &
ouyes font fi admirables, & tellement diférentes de celles qu'il avoit entendües & con-
fiderées ailleurs, qu'il n'eft pas en fa puiffance de nous en donner la moindre idée.
Raoul s'étant débaraffé de ces agréables im-
portuns, dit le Roi, rejoignit le premier qui
luy avoit parlé, & le pria de faire avec luy une
petite promenade, afin d'en tirer toutes les
inftructions dont il auroit befoin, dans l'examen qu'il fe propofoit de faire de toutes chofes. En éfet, il n'y avoit rien qui ne fût
digne de remarque, chaque nouvel objet qu'il
découvroit, redoubloit fon admiration. Les
allées où ils paffoient, étoient tirées à la ligne, & bordées de petits arbres chargez de
toutes fortes de fruits, beaux, agréables, &
qui paroiffoient être d'un goût excellent.
Entre deux de ces arbriceaux, il y avoit un
rocher de pierres exquifes, en forme de piédeftal, avec un magnifique pot, enrichi de
figures en relief, rempli de fleurs diférentes
des autres, d'une odeur qui furpaffe l'imagination: & fous ces vafes, on voyoit couler
un petit filet d'une liqueur, ou rouge, ou
jaune, ou claire, ou verte, ou de quelque
autre couleur, qui fembloit avoir des charmes capables d'exciter l'ame la plus infenfible à la convoitife. Tout cela eft admirable, tout cela eft charmant, dit il à fon Conducteur; mais à quoi bon cette abondance
de biens, & de rafraîchiffemens délicieux,
puis qu'il n'y a perfonne parmi vous qui en
ufe. Vous vous trompez, replique le bien-
heu-

reux; nous ne mangeons ny ne beuvons, je
l'avoüe, mais nous ne laiſſons pas de tirer
un grand avantage de tout ce qui remplit notre ſejour. Le principal uſage que nous faiſons de toutes ces choſes, conſiſte à les
voir, à les conſidérer, & à admirer en elles les ouvrages de la Providence. Le
plaiſir que vous en recevriez, à votre maniére, ſeroit paſſager, & extrémement borné,
au lieu qu'en chacun de nous il eſt perma-
nent, & infini de toutes les maniéres. Nous
ne nous bornons pourtant pas toûjours à les
regarder, nous cueillons des uns, nous nous
lavons & frotons des autres. Quelquefois
nous nous amuſons à treſſer des braſſelets &
des coliers, où les fruits & les fleurs mêlez
enſemble, trouvent lieu: ces ouvrages artiſ-
tement conſtruits, nous ſervent à badiner;
nous en atachons aux piédéſtaux, au tronc
des arbres, ſouvent nous nous en ornons
nous mêmes, ou nous nous en faiſons des
preſens. Cela auroit quelque fondement
parmi nous, reprit Raoul, où la galanterie
eſt en vogue, & où la diférence de ſexe fait
agir par un principe d'amour: outre qu'il ſe
trouve de certains objets, auſquels on ſe fait
un ſingulier plaiſir de donner des marques
d'eſtime & de diſtinction, & qui ſont bien
aiſes d'avoir par tout la préférence. Icy, où
je ne vois perſonne qui ne ſoit abſolûment
fait comme les autres, puiſque tout eſt égal,
& que les paſſions ne ſont pas mêmes con-
nuës, je ne comprens pas quel eſt le but
que vous vous propoſez dans ces petits jeux.

Il

Il eſt vray, dit le bien-heureux, que l'on ne
fait icy ce que c'eſt que de mâle & de fémel-
le , nous nous reſſemblons tous en toutes
choſes. Etant dans l'entiére poſſeſſion d'une
vie ſans bornes , nos vües principales ſont
d'en profiter par des divertiſſemens ſimples &
innocents, qui ſe font à l'unique gloire du
Souverain Maître du monde. C'eſt à dire,
continua Raoul, que votre félicité conſiſte à
être continuellement dans une eſpèce d'indolence, à avoir l'ame toûjours dans une même aſſiéte, ne ſentir aucune agitation, être
exempts de mal, & à prendre du plaiſir à tout ce
qui ſe preſente à vos ſens : L'état eſt heureux,
je l'avoüe, mais j'ay connu des gens parmi nous,
qui croyoient n'être guére éloignez de cet état
là. A vous dire vray, reprit le ſaint, je ne nie pas
qu'on ne puiſſe commencer à avoir dans votre
monde les avants goûts de la béatitude éternelle : & pourquoi cela ne ſe pourroit il pas, le même Dieu qui gouverne là, a auſſi ſon empire icy:
nous ſommes par tout ſes creatures, & par
tout il veut que nous ſentions les tendres éfets
de ſa bonté. Quand il fait la grace à un homme d'être d'une complexion forte & robuſte,
d'avoir toutes les parties de ſon corps dans
une juſte proportion, ſaines, entiéres, en
bon ordre : que ſes organes & ſes ſens font
parfaitement bien leurs fonctions ; qu'avec
cela il eſt abondamment pourvû dés biens de
la fortune, qu'il tient un rang honorable
dans la ſociété, qu'il a dequoi ſe nourrir,
ſe vêtir & ſe loger honnêtement & commo-
dément, qu'il n'eſt ſujet à aucunes paſſions :

je

je veux dire que, ny les adverſitez, ny la
proſpérité, ny la perte d'une partie de ſes
biens, ou de ſes plus chers amis, ne ſont
pas capables d'aporter de l'altération dans
ſon ame; ou que nonobſtant la privation
des avantages, dont ie viens de faire le dé-
nombrement, il eſt toûjours gay, & toûjours
content de ce qu'il a, & de ce qui luy arrive,
en quelque lieu, & en quelque ſituation qu'il
ſe trouve, il eſt conſtant qu'il eſt heureux,
& que de ſon état au notre il n'y a pas tant
de diférence que l'on penſe: ſi ce n'eſt en ce
que cela eſt rare parmi vous, & peut être ſi
rare qu'il ny en a point d'exemple, au lieu
qu'il eſt ordinaire chez nous, & qu'il ne peut
ſouſrir aucun changement. Si jamais je trouve les moyens de retourner chez moy, dit
Raoul, je profiteray de cette leçon, autant
que ma conſtitution me le permettra, ce ſera
autant de pris par anticipation ſur l'avenir,
ſans pourtant que j'en diſe rien à perſonne,
parce que le vulgaire eſt dans d'autres ſentimens, quoi qu'il ne le témoigne pas par la
pratique, & ſi j'étois aſſez imprudent pour
aller divulguer comme une vérité, ce que
vous venez de m'aſſurer, il ſe trouveroit infailliblement de faux dévots, qui ne manqueroient pas de me noircir & de me ſuſciter
des afaires. Mais que veut dire cette afluen-
ce de gens que je voy là bas, continua-t-il.
Je n'en ſay rien, répondit le guide, à moins
que ce ne ſoient de nouvelles recrües; je n'y
avois jamais fait de réflexion auparavant,
mais preſentement que vous m'y faites pen-
ſer,

ser, & que nous nous sommes entretenus de
cette matiére, il semble éfectivement qu'ils
soient étourdis & décontenancez. Je croy
fort bien, dit Raoul, qu'il faut du temps
aux nouveaux venus pour se reconnoître, je
say par expérience, de quel étourdissement
on est frapé lors que l'on arrive icy. Excu-
sez, Sire, si je vous interroms si souvent,
dis-je au Roi, l'Histoire ne dit elle pas s'il y
avoit eu alors quelque mortalité à Cambul.
Sans doute, répondit Bénédon ; trois ou
quatre cents de nos habitans étoient allez à
la pêche de la baleine, une bourasque les sur-
prit, qui en fit périr plus de la moitié, le
reste eut bien de la peine à gagner terre, &
encore le malheur voulut qu'ils abordérent
en un endroit rempli de monstres marins &
amphibies, qui profitant de leur desastre, en
eurent d'autant meilleur marché qu'ils étoient
destituez d'armes pour se défendre, parce
que les chaloupes où elles étoient avoient
coulé à fond. Preuve évidente, continuai-
je, de la vérité de ce qu'avoit dit le Conducteur de Raoul, touchant les corps nouveaux
que revêtent les mortels au sortir de cette vie.
Je ne voudrois pas pour beaucoup que vous
eussiez obmis cette circonstance, parce qu'en
France, j'ay eu souvent des disputes sur ce
sujet là, avec des entêtez, qui prenant tous
les passages du livre de nos Loix au pié de la
lettre, s'imaginent que le même corps qui
est tombé par la mort, est celuy la même qui
doit nécessairement se relever un jour pour
se joindre de nouveau à son ame, sans qu'il

sou-

foufre aucun changement, ny diminution ou
augmentation en aucune de fes parties. Comment! vous croyez donc auffi parmi vous,
reprit le Roi, qu'il y aura une autre vie après
celle-cy? Sans point de doute, Sire, répondis-je, nous avons de cela une certitude plus
que morale. Il y a eu plufieurs faints hommes, qui par une infpiration divine & toute
particuliére, nous ont révélé, cette vérité,
qui n'eft plus conteftée de perfonne, que de
quelques libertins, & efprits forts, dont on
fe rit, que les gens de probité fuyent comme
la pefte, & aufquels fouvent les puiffances
impofent de rudes châtimens, lors qu'ils per-
fiftent dans leur incrédulité, fur tout fi le
clergé, qui n'a garde de foufrir que l'on donne aucun fcandale aux fidéles, s'en mêle:
car autrement il arrive bien qu'on fe contente de les faire paffer pour des hipocondriaques.
C'eft la coutume dit le Roy, de nommer
foux, ceux qui voyent le contraire de ce que
voyent les autres, foit qu'ils fe trompent ou
qu'ils ne fe trompent pas. Tout cela eft
loüable, je fuis ravi que vous ayez auffi cette
opinion, je vous en félicite, & je le fais
avec d'autant plus de fincérité, qu'elle ne
fauroit manquer d'être infaillible, puis qu'elle eft apuyée de l'autorité de plus de mille
vénérables & anciennes matrônes de la célé-
bre Ville de Cambul. Il femble que vous
railliez, Sire, repris-je; fi vous voulez me
donner un moment d'audience, je me fais fort
de . . . . Non, non, interrompit Bénédon,
le difcours que vous me pourriez faire fur ce
fujet,

fujet, ne fauroit manquer de nous fatiguer
l'un & l'autre; j'ay pris parti, & je ne fuis
pas homme à m'en dédire. Difons plutôt
que cette foule de nouveaux venus s'aprocha de Raoul, & apercevant un ruifleau
d'eau vive, infiniment plus claire que n'eft
celle qui diftile de nos rochers, fuivre la
pente de fes lits, & faire mille agréables caf-
cades, caufées par l'inégalité de fon fond
raboteux, parfemé de cailloux argentins, de
figure & de groffeur diférente, ils fe jettérent à corps perdu dedans, & après s'être
bien lavez, fe mirent à gambader, à fauter,
& à faire des poftures & des grimaces puéri-
les, qui marquoient naïvement la fimplicité
de leurs innocens plaifirs. Le guide vouloit
que Raoul les imitât, mais fans être caution
qu'il en fortiroit mortel comme il étoit, &
en état de retourner à Cambul, fi jamais il
en trouvoit l'ocafion. Le deffein qu'il difoit
avoir d'exorter fes bons amis, lors qu'il feroit de retour chez luy, à fe rendre dignes
d'un fi grand bonheur, par une vie religieu-
fe & exemplaire, paroiffoit autorifer le defir
qu'il avoit de les rejoindre; & de ne rien entreprendre qui fût capable de le retenir dans
un lieu, des beautez duquel il auroit bien
voulu s'entretenir ailleurs. Mais au fond
ce n'étoit point cela : il avoit une femme &
des enfans, qu'il aimoit, il n'étoit pas ennemi des plaifirs réels, & la table faifoit une
partie confidérable de fes délices. Tous ces
avantages manquoient là, c'eft ce qui ne l'a-
commodoit pas. Quand ces nouveaux hôtes

fe

fe furent baignez , Raoul s'aprocha d'eux ,
& leur fit plufieurs queftions inutilement ,
la feule chofe qu'ils s'imaginoient de favoir,
d'une maniére affez confufe pourtant, c'eft
qu'ils avoient été hommes , & habitans d'une
Ville nommée Cambul; ils ignoroient tout
le refte, & paroiffoient fi ocupez à confidérer
les nouveaux objets qui fe prefentoient à eux,
qu'ils ne daignoient prefque pas luy répondre. Se fentant legers & difpos, ils fe mirent à voltiger; au premier coup deffay, ils
trouvérent qu'ils étoient Maîtres, de forte
qu'ayant pris la route du Globe de feu, ils
s'y rendirent en un inftant, à deffein d'en
examiner la fplendeur & la gloire. Nôtre
pélerin auroit été bien aife de les fuivre, mais
fon corps pefant & charnel n'étoit nullement
difpofé à cela. Ce qu'il y avoit d'admirable,
c'eft qu'il n'avoit ny faim, ny foif, ny fommeil, ny froid, ny chaud; rien ne l'incom-
modoit que le defir de trouver le chemin de
notre monde, & encore ce defir étoit il fouvent tempéré par la nouveauté des objets diférens qui fe prefentoient continuellement à
fes yeux. Celuy qui l'ocupa long - temps,
étoit une piramide dodécagonale renverfée,
de plus de cinquante braffes de hauteur, faite d'or maffif, & enrichie de rubis & de fa-
firs, dont le fommet afilé s'apuyoit fur la
pointe d'une des épines d'un rofier planté au
milieu de doufe jets d'eau, que formoient
autant de Dauphins d'argent, couverts fur
l'échine de nacre de perle, qui étoient chá-
cun dans un baffin d'agate, de trente pieds

de diamètre, & qui avoient la figure d'un dé-
cagone. Soufrez, Sire, repris - je, que je
vous faſſe une demande : d'où Raoul avoit
il apris à connoître les précieux métaux &
minéraux, dont il parle d'une maniére ſi
plauſible, luy qui n'étoit point ſorti d'un
Pays où il ne s'en voit jamais ? C'eſt un abus,
répondit le Roy, de s'imaginer qu'on ignore
une choſe, parce qu'elle n'eſt pas tombée
actuellement ſous nos ſens. Nous n'avons
pas l'ocaſion de voyager, cependant nous ne
laiſſons pas de ſavoir qu'il y a d'autres Pays
que le nôtre ; nous ſommes inſtruits du nom
dé pluſieurs, ou directement, par les relations de quelques malheureux étrangers, qui
comme vous, ſont venus aborder ſur nos
côtes, ou indirectement, par tradition, qui
eſt un moyen moins recent, mais auſſi infaillible que l'autre, puis qu'il eſt morale-
ment parlant impoſſible que ce qui a été vu
par nos ancêtres, & raporté tant de fois à
leurs enfans, qui l'ont en ſuite rédigé par
écrit, ne ſoit abſolûment inconteſtable. Ces
gens là ont ſçu ce que c'étoit que de l'or, de
l'argent, des perles, des diamans, & ce qu'il
y a de plus précieux au monde ; ils ne s'en
ſont pas tus, ainſi il n'eſt pas ſurprenant que
bien des gens parmi nous en aient conſervé la
mémoire, comme il s'en trouve auſſi, qui
vivant dans une continuelle indolence, ignorent tout, juſqu'au nom des choſes qui leur
devroient être les plus familiéres. Mais
quand cela ne ſeroit pas, il n'y a qu'à conſi-
dcrer le lieu où eſt Raoul, toûjours en compagnie

pagnie d'un philofophe confommé , d'un
très fage & très habile interprète, pour être
convaincu qu'il eft impoffible qu'il ignore la
moindre chofe : c'eft là, comme vous l'allez voir dans la fuite, où tout fe voit à nud,
& où les fecrets les plus cachez font mis
dans la derniére évidence. Raoul devoit
tout favoir depuis qu'il avoit mis le pié dans
l'Ecole de la fageffe divine ; cependant à votre imitation oubliant où il étoit, & fa raifon étant encore en quelque façon ofufquée
par des penfées charnelles & terreftres, il ne
comprenoit pas comment il étoit poffible
qu'une fi pefante maffe pût être foutenue
d'une bafe avec laquelle elle avoit fi peu de
proportion : & ce qui redoubloit fa furprife,
c'eft que l'eau qui fortoit de lagueulle de ces
animaux aquatiques, entroit par une ouverture imperceptible, pratiquée au centre fu-
perficiel de chaque face de cette miftérieufe
piramide, fans qu'il en tombât une goute à
terre, & que l'on pût s'imaginer où elle reftoit. En éfet, Sire, repris-je, on a beau
être ravi en admiration toutes les fois que
l'on confidére que le Globe terreftre refte à
peu près également éloigné de la fuperficie
concave du firmament, fans que l'on découvre rien qui le foutienne, il s'en faut pourtant bien que cela n'aproche du prodige dont
vous venez de me faire l'honneur de m'entretenir, & qu'il foit capable d'embaraffer fi
fort notre raifon , fur tout lors que nous
avons la moindre teinture des mathématiques , & que nous connoiffons le fiftème du

H 2   Mon-

Monde. Le cours rapide du firmament, l'a-
parition des Comètes, quelque fois avec une
queue de Dragon , souvent avec la barbe
d'un vieillard, & dans de certaines ocasions
avec la chévelure d'un jeune homme; Les
roulemens éfroyables du tonnerre, l'origine
des vents, la formation des météores n'ont
rien qui en aproche. Enfin si du plus haut
des cieux nous décendons sur la terre, nous
verrons tout de même que Babilone avec ses
jardins superbes, pratiquez dans les airs, &
sa formidable tour, dont le sommet pénétroit dans les nuës, le colosse monstrueux
de Rodes, entre les jambes duquel passoient
aisément de grands vaisseaux à pleines voiles, les grandes & solides piramides d'Egipte,
que le temps ny les instrumens de l'acier le
plus dur que l'art ait inventé, n'ont pu dif-
soudre ny altérer, que rien en un mot, de
ce que l'Univers a de plus rare & de plus curieux ne sauroit être comparé à cette merveille. Son Guide, qui le quitoit souvent,
poursuivit le Roi, l'étant revenu joindre, il
ne put s'empêcher de luy proposer sa dificulté. Je me doutois bien de cela, luy dit
il , c'est aussi la raison pour laquelle je suis
revenu si tôt à vous. On voit bien par là
que vous n'êtes pas initié parmi nous : tant
que vous serez chargé de ce corps pesant &
coruptible, votre esprit restera dans une espè-
ce de létargie, qui vous empêchera toûjours
de voir clair, là où nous n'apercevons aucune obscurité : vous pouvez connoître ce qui
paroît extérieurement à vos yeux , mais ce
qui renferme le moindre mistére , vous sur-
passe,

paffe, il. faut vous l'expliquer, ou vous n'y
entendrez rien. Toute l'eau, continua-t-il,
qui vient de ces Dauphins, & entre par les côtez de la piramide, décent par fa pointe, &
après avoir paffé par l'épine, qui la foutient,
elle coule au travers du tronc du rofier, du
pot à fleurs, dans lequel il eft planté, & fort
à gros bouillons du piédeftal, par des conduits
foûterrains, qui la portent aux Dauphins,
afin qu'ils la jettent de nouveau en haut, & que
cela faffe ainfi une circulation continuelle. Voila ma foy, Sire, m'écriai-je tout d'un coup,
le mouvement perpetuel, que les favans cher-
chent depuis fi long-temps : il feroit à fouhaiter que Raoul fe fût fait expliquer ce fé-
cret. Patience, dit le Roi, vous ne me donnez pas le temps d'achever. J'ay tort, repris-je, je ne diray plus un feul mot. De
forte, continua Raoul, dit le Roy, que cette eau eft toûjours en mouvement, & qu'elle
monte & décend fans poids, fans impulfion,
fans contrainte: affurément cela me furpaffe.
Je n'en doute nullement, repliqua le faint,
vous le dites, mais je vous trouve admirable de l'ofer penfer, ou pour mieux dire,
vous êtes bien innocent de tenir un tel langage, après le temps qu'il y a que vous êtes
parmi nous. Réfléchiffez un peu fur le paffé, rentrez en vous même, avez vous rien
vu de naturel depuis que vous êtes icy ? tout
n'y eft il pas extraordinaire, furprenant, miraculeux, admirable, & au deffus de la portée des fens ? Sachez que celuy qui y préfide
a une puiffance infinie, & que le moindre de

 fes

ſes ouvrages ſurpaſſe l'étendue de notre ſavoir. Venez, ſuivez moy, continua-t-il,
& je vous feray voir quelque choſe d'auſſi
ſurprenant. Quoi que Raoul ne fût pas loger & alerte comme luy, il ne laiſſoit pas
d'être infatigable, il ne faiſoit que courir à
droite & à gauche : on le voyoit toûjours
ſûr pié, toûjours en action, & luy même
ne s'en apercevoit pas. Icy, il luy falut faire
une longüe traite, enfin ils parvinrent à un
étang, qui avoit ſes bords tapiſſez d'un verd
gaſon, dont l'herbe fine comme de la ſoye,
luy donnoit beaucoup d'agrément. Il étoit
rempli de glayeux, & de diverſes autres plan-
tes marécageuſes, entre leſquelles il y avoit
deux roſeaux, diamétralement opoſez, à une
toiſe du rivage, qui ſoutenoient un Géant
d'une hauteur exceſſive, lequel tenoit un de
ſes pieds ſur le bout de l'un, & l'autre ſur la
pointe de l'autre. De bas en haut juſqu'à la
ceinture, il'étoit de jaſpe, le reſte du corps
juſqu'au deſſus des épaules, étoit d'ambre
gris, & une émeraude ſeule en faiſoit la tête.
Cette énorme ſtatüe tenoit entre ſes bras un
Pélican, proportionné à ſa grandeur, qui de
ſon bec égu s'ouvroit la poitrine, afin de
nourrir de ſon propre ſang ſes petits, qui
étoient au nombre de huit, & dont chacun
étoit apuyé ſur l'un des doigts du Géant, qui
les tenoit à une égale diſtance l'un de l'autre ;
& ce qui étoit le plus admirable, c'eſt que le
ſang de cet oiſeau ſortoit de ſon ſein avec
tant d'impétuoſité, & en ſi grande abondance, qu'après avoir monté & pénétré bien

avant

ayant dans les airs, il alloit à quelques miles
de là, tomber en rofée, ou en des goutes
imperceptibles de pluye, où le Soleil, ou
Globe de feu, formoit par la réfraction que
fes rayons foufroient en les traverfant, un
triple Arc en Ciel dont les couleurs vives,
avec toutes leurs nuances ne fe pouvoient en-
vifager fans en être entiérement ébloui. Elles étoient fi vives, ces couleurs, qu'elles
redoubloient fenfiblement la clarté de ce palais enchanté: mais ce qui y contribuoit le
plus étoit un diamant taillé à facettes, en forme d'une demi-fphére, dont la bafe, qui
avoit neuf pieds de circonférence, étoit
apuyée fur un cône de marbre noir, qui répondoit toûjours perpendiculairement au côté
intérieur du Simulacre, & qu'il fuivoit conféquemment par tout où il alloit. On ne
fauroit croire l'éclat que cette pierre précieu-
fe jettoit, il faudroit l'avoir vû pour s'en
pouvoir former une jufte idée. Raoul n'é-
toit pas fatisfait de voir ce bel Arc-en-Ciel
de loin, il pria fon guide de l'acompagner
jufqu'à l'endroit où il paroiffoit. Comme
ils aprochoient de là. Quel bruit eft ce que
j'entens, dit il, on diroit que c'eft le roule-
ment d'un grand amas d'eaux extrémement
agitées; y a-t-il icy quelque éclufe? Vous
allez voir ce que c'eft, répondit le bien heureux. En même temps il découvre une Cu-
ve de criftal, d'un fi prodigieux contour,
qu'elle recevoit toute la rofée de fang, que
le Bélican pouffoit jufques là. Ce vaiffeau
contenoit une matiére mole, & blanchâtre,

H 4

à peu

à peu près comme eſt celle dont on ſoufle
les verres dans les verreries, qui bouilloit &
faiſoit tout ce bruit. Deſſous il y avoit un
alambic de porfire, qui luy ſervoit d'apui,
& qui étoit environné d'un grand nombre de
rétorces, placées à diférens étages, dont la
partie inférieure répondoit à des tuyaux per-
pendiculaires, qui entroient bien avant dans
la terre. Que ſignifie tout cela, demanda
Raoul? C'eſt un des Laboratoires du monde, luy répondit ſon conducteur; auſſi tôt
que les fruits, les feuilles, les fleurs, ne ſont
plus ſur leur tige, que nous les avons employez à quelque uſage, ou qu'il ſe trouve
d'autres choſes, de quelque nature qu'elles
ſoient, que nous ne croyons utiles à rien,
on les jette dans ce cuvier, où elles ſe mêlent avec le ſang qui y tombe continuellement d'enhaut, l'agitent, le dilatent, & cauſent cette ébulition, & cette rumeur qui re-
tentit ſi avant dans les airs. De ce compoſé
réſultent tous les métaux, & les mineraux,
que les hommes connoiſſent. Les parties
ſulfureuſes, après s'être ſeparées des autres,
trouvent à une certaine hauteur, une ouverture qui leur permet d'en ſortir par une cor-
nüe, celles qui doivent compoſer le mercure, ſortent par un autre; & ainſi du reſte.
Auſſi tôt que ces corpuſcules ſont parvenus
juſque dans leur récipien général, qui eſt la
terre, ils décendent avec rapidité, les unes
plus, les autres meins, ſuivant qu'elles ſont
péſantes, car elles différent ſi conſidérablement toutes, que par exemple, entre l'or &

le

le fer, il s'en faut un quart que le premier
ne foit auffi leger que le dernier, ils décendent, dis-je, par des lignes fpirales décrites
autour de fon axe: en quoi ils ne trouvent
aucun empêchement, parce que le Globe
terreftre eft creux & rempli fimplement d'une
matiére fubtile & extrémement agitée, qui
outre fon mouvement particulier, en a un
circulaire, d'Occident en Orient, qui eft le
même qu'a tout le corps que nous habitons,
& qu'ils font obligez de fuivre, de forte qu'ils
ne font pas fouvent à moitié chemin, du
Pôle au centre, qu'ils décrivent déja à peu
près un grand cercle de la fphére: d'où il
arrive que venant à toucher les parties inté-
rieures de la terre, ils fe fourrent dans fes
pôres, & montent par là en droite ligne,
jufúes à ce qu'ayant entiérement perdu leur
mouvement, ils demeurent acrochez aux endroits où les hommes en creufant les trouvent raffemblez, ou en maffe, ou en veines,
ou fimplement en grains mêlez parmi le fable, fuivant la difpofition du Lieu, ou de
l'air, où ils fe rencontrent, & d'où ils les
tirent, pour les employer, comme ils font,
à mille ufages diférens. A votre dire, reprit Raoul, il femble qu'il ne dévroit y avoir
donc des mines qu'entre les deux Tropiques,
cependant on ne fauroit nier qu'il ny en ait
mêmes quelques unes parmi nous, qui en
fommes autant éloignez qu'il fe peut. S'il
n'y avoit que notre Laboratoire, luy dît le
bien-heureux, il n'y auroit guére d'autres
mines qu'aux environs de l'Equateur, mais

 d'au-

d'autant qu'il y en a en quantité d'autres endroits , cituez ou autour des cercles Polai-
res, ou de quelques autres paralléles, il faut
auffi qu'il s'en trouve en tous les lieux habitez de la terre. Dont la raifon eft que les
parties qui fortant de leurs alambies , tom-
bent perpendiculairement , ou à peu près ,
fur l'axe du monde , plufieurs n'ont qu'à
peine pénétré les croûtes ou diférents étages
de la terre, qu'elles aquiérent incontinent un
mouvement circulaire , qui fait qu'elles y
rentrent bien tôt après , par quelque autre
endroit , pour y aller former ces précieux
magafins de plomb , d'étein, de cuivre , de
fel, de Salpêtre , & autres femblables, dont
Ruffat a auffi fa petite portion. De tout cela
il vous eft aifé de conclure que c'eft proprement nous, qui avons la véritable pierre phi-
lofophale, à la recherche de laquelle tant de
Chimiftes fe font épuifez inutilement. Etant
paffez de là à gauche. Je penfois , dit Raoul, que l'on ne dormoit jamais icy , &
néanmoins voicy des milliers de gens étendus
fur des lits de violettes, de jafmins & de ró-
fes , qui ne fe remuent non plus que s'ils
étoient morts : Méditent ils , rêvent ils ,
que leur faut il ? Ce font des perfonnes qui
dorment en éfet, reprit le guide , mais vous
devez favoir qu'ils ne font pas encore contez au nombre des bien heureux : ils dorment, parce qu'ils n'ont pas bien vécu dans
l'autre monde , c'eft le châtiment qu'on
leur impofe , lors qu'ils mettent le pié dans
celuy-cy. Combien de temps cela dure-t-il

luy

luy demanda Raoul ? Vous me faites ſouvent répéter une même choſe , continua
l'Elu, je vous ay déja dit que nous ne meſurons
point icy le temps : il y a de l'aparence que
leur ſommeil dure à proportion des fautes
qu'ils ont commiſes. Il y en a là pluſieurs
qui y étoient déja quand je ſuis arrivé icy ,
d'autres y ſont venus depuis, il eſt impoſſible que je puiſſe rien dire de poſitif la deſſus.
L'Etre ſouverainement parfait eſt celuy la
ſeul qui nous ocupe, nous ne penſons point à
autre choſe , cela ſeroit indigne de nous.
Comme ils ſe diſpoſoient à paſſer outre ,
un de ces dormans, s'étant éveillé tout d'un
coup , ſe leva, & parut fort étonné de ſe
voir environné de créatures qu'il ne ſe ſou-
venoit point d'avoir jamais vûes , & qui auſſi
bien que luy , étoient ſi diférentes de celles
parmi leſquelles il avoit fréquenté autrefois.
He bien , luy dît Raoul , avez vous bien
dormi mon ami ; Paſſablement , mon camarade , luy répondit il , mais ſi c'eſt vous ,
qui m'avez éveillé, je ne vous en ſay point
de gré , vous m'auriez fait plaiſir de me
laiſſer achever mon ſomme. Comment ,
vous n'êtes pas plus aiſe, reprit Raoul , de
joüir éternellement des plaiſirs inexprimables
auſquels vous allez participer dans ce lieu
enchanté, que d'être enſéveli dans un ſommeil mortel , qui vous prive de toutes les
douceurs de la vie; aſſurément je vous trouve admirable ? Je ne ſay ce que c'eſt que les
douceurs dont vous me parlez , continua le
reſſuſcité , mais j'ay une connaiſſante parfai-

te du bien que m'a procuré le repos dont
j'ay joüi depuis le moment que j'ay été introduit icy.   Tant que j'ay conversé parmi
les mortels, je n'ay eu que du souci & de la
peine. Eubron mon Maître, je ne say s'il
vit encore ou non, me faisoit tout le bien
qu'il étoit capable d'imaginer ; mais j'étois
obligé en récompense, de m'acommoder à
son caprice; il se servoit de moy comme
d'une verge, j'étois l'instrument que sa rage employoit pour persécuter incessamment
ses pauvres sujets, jusqu'à tuer mon propre
peré, parce qu'il s'oposoit à ses intérêts, &
qu'il n'aprouvoit pas ma conduite.   J'ay été
à mon tour massacré à son ocasion, & trans-
porté dans le lieu où je me trouve maintenant, & où je fus pris à mon arrivée d'un
assoupissement, qui m'a rendu insensible à
toutes choses jusques à present : je n'ay point
sçu ce que j'étois devenu, & l'aurois ig-
noré éternellement, si on n'avoit pas interrompu mon repos.   Ce raisonnement est
pardonnable à un homme comme vous, dit
Raoul, qui ignorez les délices d'une félicité
éternelle, vous changerez bien tôt de langage. Cela se pourroit, répondit l'autre, cependant je te dis encore un coup, je voudrois qu'on m'eût laissé comme j'étois. Il
me sufisoit quand je suis décédé, que je vi-
vois dans la bonne chére, rempli de grandes imaginations, & persuadé que dans peu
je serois un des premiers de Cambul. Ces
pensées flateuses m'ont accompagné jusqu'au
tombeau. Depuis ce moment là j'ai passé

dans

dans le Royaume de l'oubli où j'ay goûté un
repos doux & tranquille, & auquel je me
trompe, si aucun autre état peut être comparé. J'ay expérimenté qu'il n'y a point de
mets délicats, point de liqueurs délicieuses,
point de jeux, point d'instrumens, point
d'entretiens, ny rien de ce qui peut venir dans
la pensée, dont on ne se dégoûte à la fin :
Le repos seul est toûjours doux, toûjours
agréable, plus on en prend, plus on en veut
prendre, on ne s'en lasse jamais. Pourvû
lors que l'on met la tête sur le coussin, que
l'on ait l'esp… Retirons nous, dit la dés-
sus Raoul, les discours de ce babillard là
me choquent, c'est un ingrat, qui ne méri-
rite pas la milliéme partie des graces que la
Providence luy fait. Raoul avoit raison, Sire, dis-je, au Roy, des gens aussi criminels
que celuy là avouoit qu'il étoit, meritent
une punition plus sévére que celle d'un repos éternel : car quoi qu'Origène, qui, de
l'aveu de tous les savans, a passé pour un
très beau genie, & un des premiers hommes
de l'antiquité, ait crû que c'étoit proprement en cela que devoit consister la punition des reprouvez, notre religion les condamne à des tourmens épouventables, qui
ne finiront qu'avec l'éternité. Raoul n'a-
voit qu'à peine lâché la parole, reprit Béné-
dony, que le ressuscité tomba, comme s'il
avoit été frapé d'un coup de foudre, &
rentra dans l'état qu'il regretoit, jusqu'à
nouvel ordre, puis qu'il se montroit indigne
d'un plus heureux. En continuant leur che-

min , Raoul fut curieux d'examiner de près
un objet , qui lui étoit tombé casuellement
sous la vüe. C'étoit une table quarrée, à la
Mosaïque , composée de toutes sortes de
bois odorans , dont les pieds étoient quatre
grifes d'aigle , & sur laquelle il y avoit une
couronne impériale de coral, garnie de tur-
coises, & enrichie de fleurs , dont la perife-
rie repofoit fur les quatre angles. Savez
vous ce que c'eft que cela , luy dit fon guide à c'eft l'écueil des Mathématiciens, la
quadrature du cercle, La fuperficie de cette
table , & le contenu du cercle de la couronne qui s'apuye deffus , font d'une égale grandeur. Les côtez de celle là font longs
de cinq fcéptres ; Le diamétre de celle-cy
a vingthuit chevrons , & fa circonférence ,
cent quatre perles , de forte que leur pro-
duit ou contenu , eft par conféquent de cent
quarante quatre paumes quatrées, mefure de
l'autel. Tout cela & rien , interrompis-je,
eft la même chofe. Raoul ne fe foucioit
fans doute guére do la proportion qu'a la
circonférence d'un cercle avec fon diamétre , autrement il fe feroit fait expliquer la
grandeur des mefures dont on luy parloit,
ou il s'en feroit chargé luy même , cela auroit mis fin à la penible recherche que l'on
fait d'une queftion qui a bien embaraffé
des gens , & qui coûtera encore bien des
veilles à d'autres, fi tant eft qu'elle ne foit
pas encore réfolüe, comme le bruit couroit
à mon départ de Holande , que Monfieur
Mallement prétendoit l'avoir fait , & pro-
met-

mettroit d'en faire part au public, avec une démonstration juste; mais je vous feray pendre le fil de votre discours. A vous parler ingénûment, je commence à me lâsser, dit le Roy, ainsi je ne suis pas d'avis de vous entretenir au long & au large, d'un olivier de la forme d'un pin, qui a une olive à sa cime, grosse comme un œuf d'autruche, d'où il coule continuellement de l'huile vierge, par quatre conduits diférens, comme d'autant de petites fontaines, dans un grand bassin de porfire ouvragé, & doré sur les bords, qui environne cet arbre mistique, & dont ces saintes ames s'oignent toutes les fois qu'elles aprochent du globe de feu, dans le dessein de rendre leurs hommages à celuy dont il est l'image & le véritable simbole. Je ne vous parleray point non plus du char de flamme, à douze roües, tiré par douze fois douze chérubins ardens, pour le divertissement des bienheureux. Je tairay encore un bain d'eau rose musquée & ambrée, où ils se vont laver aussi souvent que l'envie leur en prend. Un nombre innombrable de gondôles de bois de cédre, dorées, émaillées, & admirablement bien gravées, pour s'en divertir sur les eaux. Et mille autres machines d'une magnificence & d'une propreté dont la vüe seule fait plaisir. Il sufira d'ajouter à ce discours que les objets diférens que Raoul avoit à considérer dans ce beau séjour, l'ocupoient tellement, que le temps qu'il y employoit se passoit insensiblement, sans que luy même s'en aperçût. Et il ne faut pas s'imagi-

s'imaginer que la vûe luy en fût enfin devenüe si familiére, qu'il en auroit pris du dégoût, cela étoit impossible, car selon luy,
ce théatre merveilleux changeoit de face à
tout moment, ce n'étoient que nouvelles dé-
corations, nouveaux objets, nouvelles mer-
veilles. Quand après avoir fait un tour il
revenoit sur ses pas, tout y étoit tellement
changé, qu'il auroit presque juré qu'il n'y
avoit jamais passé. De maniére qu'au lieu
qu'il souhaitoit au commencement avec ardeur d'en sortir pour retourner chez luy, il
apréhendoit que son corps mortel n'empê-
chât enfin qu'il y pût rester davantage, & ne
devînt un obstacle à sa félicité éternelle. Ce
qu'il avoit craint luy arriva, sa presence n'é-
tant plus là agréable, on fut surpris de voir
qu le Globe ardent s'obscurcit petit à petit,
Les pierreries, les précieux bijoux, tout ce
qu'il y avoit de dur & de poli, capable de
renvoyer ses rayons, n'en recevant plus, res-
toient sans aucun éclat. Et comme par une
entiére éclipse de Soleil, on perd la clarté
du jour en plein midi, on eût dit qu'on étoit
menacé de voir dans peu succéder des ténèbres épaisses aux vifs rayons de la plus péne-
trante lumiére qui fut jamais. Ce saint peuple en fut en quelque façon alarmé, personne ne savoit la cause de cet accident funeste,
qui, quoi qu'ils sentissent bien en eux mêmes qu'ils devoient vivre toûjours, sembloit
les menacer d'une promte fin, mais après
bien des reflexions faites sur tout ce qu'ils
étoient capables de concevoir sur ce sujet,
                                        on

on convint qu'un changement si préjudicia-
ble à la société, & dont on n'avoit point eû
d'exemple, ne pouvoit venir que de ce pé-
cheur, qui conversoit parmi eux depuis si
long temps. Et ce qui les confirma dans
cette pensée, c'est que depuis le moment
qu'ils eurent pris la résolution de le chasser
la lumiére reprit visiblement de nouvelles
forces. Il n'en falut pas davantage pour les
porter à exécuter leur entreprise. Son guide, qui luy avoit fait tant de civilitez, fut le
premier à luy donner ordre de le suivre, &
de se retirer au plutôt. Ses excuses furent
inutiles, il falut qu'il obéît, tout le monde
se mit après ses trousses, & au moment qu'il
songeoit à s'exquiver, & à éviter leur pour-
suite, il fut tout étonné de se trouver de la
nége jusqu'au genou, au milieu d'un creux
valon sans s'être aperceu, ny de l'endroit
ny du moment de sa sortie. Son retour fit
icy beaucoup de bruit : il contoit son avanture à tous ceux qui se vouloient donner le
loisir de l'entendre. Les uns s'en moquoient,
les autres y ajoûtoient foy, & elle fit tant
d'impression sur plusieurs, qu'elle dérangea
une quantité prodigieuse de cerveaux foibles,
jusques là que dans la vue de jouir au plutôt des plaisirs & des félicitez que Raoul
leur faisoit espérer au sortir de cette vie, il
y en avoit tous les jours, qui se donnoient
eux mêmes la mort, par la corde, par
le glaive, ou par quelqu'autre moyen semblable. Mérac étoit au desespoir de voir
arriver tant de malheurs, qui désoloient

bien

bien des familles, & privoient mille honnêtes gens de leurs parens & de leurs meilleurs amis: pour en arrêter le cours il voulut faire passer Raoul pour un hipocondria-
que, qui avoit forgé à dessein ou à l'avanture, dans son cerveau mal conditionné, les
contes borgnes qu'il leur avoit faits: tout cela n'aida à rien. Chacun savoit combien de
temps cet homme avoit été perdu, que le
pays étoit inhabité, qu'il n'y avoit aucune
retraite assurée, ny pas un seul endroit à la
campagne, où une créature humaine pût vivre trois jours au cœur de l'hiver. On l'a-
voit vû revenir à la faveur du crépuscule,
dans une saison en laquelle personne ne sortoit, en fort mauvais ordre à tous égards,
avec une grande barbe hérissée, des habits
tout déchirez, & lui prêt à rendre l'esprit de
froid, & de malaise. Tant de témoignages,
dont on ne pouvoit pas révoquer la moindre
circonstance en doute, sans insulter à une
multitude innombrable de témoins oculaires
& dignes de foy, les rendoit plus opiniâtres,
& leur faisoit faire des jugemens qui étoient
tout à fait au desavantage des moins crédules, qu'ils apeloient libertins, scélerats,
athées. Le Roy voyant que ce premier
moyen ne luy avoit pas réussi, en imagina
un second: il obligea Raoul à sortir avec
luy, acompagné d'une partie des habitans de
la ville, & de luy aller montrer le lieu où il
leur disoit qu'il avoit été pendant son absen-
ce. Il les mena éfectivement à l'endroit où
il avoit été attaqué, par le monstre, il leur
montra

montra le précipice où il étoit tombé, &
s'offrit à leur indiquer le reste, si on pouvoit le creuser plus loin. Mérac, pour lever cet obstacle, mit des hommes à l'ouvrage, & fit pratiquer un escalier dans la pente
de ce goufre profond. En plusieurs endroits
il y avoit de la roche, en d'autres on ne savoit où se tenir, de sorte que cela demanda
du temps, & donna beaucoup de peine.
Quand la besogne fut achevée, on trouva
les choses disposées en bas comme il les-
avoit représentées, il n'y avoit que le trou
par lequel il prétendoit avoir passé, qui ne
paroissoit point, nonobstant qu'il montrât où
il devoit être. Et sur ce qu'il insistoit qu'un
tourbillon de vent, une grosse ondée de
pluye, ou la terre qui tomboit d'enhaut, auroient pu l'un & l'autre, contribuer à le bou-
cher, on se mit à creuser en plusieurs endroits, & il y en eut qui perçoient le pié de
cette hauteur, de la profondeur de vingt cinq
ou trente toises, comme cela se voit encore
à l'heure qu'il est, sans qu'ils puissent découvrir aucun vuide. Raoul eut beau dire que
cela ne suffisoit pas, qu'il étoit persuadé qu'il
avoit fait beaucoup plus de chemin sous terre que cet espace n'étoit long; qu'ils ne devoient pas être à la dixième partie de ce
qu'il en faloit faire avant que de parvenir
au séjour des bien heureux: les difficultez
qu'il y avoit à passer outre, les rebuta, & on
crut avoir un prétexte assez plausible de dé-
crier comme un imposteur celuy qui étoit
cause d'une recherche si inutile, & en même

me temps si ruineuse. Mais le Roy fut encore icy trompé dans ses conjectures : le
mal qu'il avoit crû éviter par là, augmentoit
de plus en plus, & il étoit à craindre que si
cela continuoit, la ville ne fût bientôt entiérement depeuplée. Il falut donc en venir
encore à un autre expedient. On envoya
sous main, des gens apostez à Daïla, qui
avoient ordre de remontrer au Gouverneur,
de la part du Roy, les dangereuses conséquences de certains sentimens qu'avoient une
partie des habitans de Cambul d'une béatitude éternelle après cette vie, & d'un lieu nouveau, où un fanatique de ses bourgeois,
nommé Raoul, soutenoit avoir été depuis
peu, & où il avoit vû des choses inexprimables : à quelles extrémitez cette opinion
erronée avoit porté des milliers d'personnes
simples & trop crédules : que ses peuples
couroient risque, à leur exemple, de hâter
aussi leur mort, pour aller joüir des mêmes
avantages, dont ceux cy se flatoient, au cas
que la nouvelle d'un sentiment si préjudicia-
ble à la société, passât jusqu'à eux, comme
cela ne pouvoit pas manquer : & autres raisons semblables pour obliger ce Seigneur à
ne pas refuser le secours que l'on atendoit de
luy dans cette fâcheuse conjoncture. Les
députez s'aquitérent parfaitement bien de leur
commission, ils furent reçûs mieux qu'ils
n'auroient osé le prétendre, & s'en revinrent avec plusieurs faux témoins, qui soute-
noient hautement à Raoul, en presence du
Roy & de sa Cour, nonobstant tout ce

qu'il

qu'il pouvoit alléguer à l'encontre , qu'ils
l'avoient vû parmi eux tout le temps qu'il
avoit été hors de chez luy ; plufieurs là-def-
fus prirent feu , & parloient de le mettre en
piéces , à caufe du deuil profond , & des pertes confidérables , qu'il avoit caufées dans la
plus grande partie des familles. Mais il parut fi fincére & fi honnête dans fes juftifica-
tions , il raportoit des preuves fi convaincantes de ce qu'il leur avoit dit , & plaida enfin fa caufe avec tant d'éloquence & de hardieffe , que le peuple continua à prendre fon
parti , & le Roy , qui étoit bon de fon naturel , ne pouvoit pas fe réfoudre à le priver
de la vie : outre que quand il l'auroit fait , il
voyoit bien que le remède au lieu d'être éficace , auroit peut être plus aigri les efprits ,
qu'il ne les eût adoucis. Dans ces entrefaites Mérac mourut ; fon Succeffeur , qui n'é-
toit pas tout à fait fi fcrupuleux que luy ,
voyant que ces facrifices perfonels continuoient , fit une loy , qui fubfifte encore à
l'heure qu'il eft , par laquelle les parens , jufqu'à la troifiéme génération , de ceux qui fe
tueroient eux mêmes , feroient obligez de
manger leur chair , cruë ou aprêtée , comme ils le trouveroient à propos , en prefence de quatre Chioux , & de deux des Oficiers de la maifon du Roy. Cette fentence ,
qui étoit en effet cruelle & inhumaine , fit incontinent fon éfet. Auffi tôt qu'on remar-
quoit quelqu'un , qui témoignoit le moindre
dégoût pour ce monde icy , & qui parloit
avantageufement de l'autre , les intéreffez
l'ob-

l'obfervoient de fi près qu'il ne trouvoit point
l'ocafion d'exécuter fon mauvais deffein : à
quoi l'on peut ajouter que la néceffité que
les péres voyoient d'être dévorez par leurs
propres enfans , ou les enfans par ceux-là
mêmes qui leur avoient donné la lumiére ,
leur donnoit tant d'horreur , que cette rage
ceffa tout d'un coup, & que la deftruction
de foy même eft peut être reftée jufqu'à
prefent fans exemple. De forte donc, Sire,
interrompis-je , qu'on n'a jamais fçeu au
vray , ce qu'il en étoit de ce que ce bon
homme leur avoit conté. Non, répondit le
Roy , finon qu'il a foutenu jufqu'au dernier
foupir de fa vie, que dans fa rélation , il ne
s'étoit pas écarté d'une filabe. Cependant
bien des gens étoient dans une inquiétude
mortelle : ils ne favoient à quoi fe déterminer , l'afaire étoit de conféquence. C'eft
quelque chofe lors qu'il s'agit de la vie ,
puis que fouvent on fe défait d'une partie de
ce que l'on a pour la prolonger de quelques
momens ; mais quand il eft queftion d'une
vie qui ne doit jamais avoir de fin , que ne
donneroit on pas pour y participer, & fi elle
fe pouvoit aquérir par des actions , de quoi
ne feroit on pas capable. Il y avoit quantité de philofophes parmi nous depuis fort
long-temps , qui foutenoient que l'homme
étoit compofé de deux parties diférentes ,
l'une matérielle , l'autre fpirituelle ; d'un
corps étendu en longueur , largeur, & profondeur ; & d'une ame , conftituée par la
penfée. La premiére de ces parties , felon
eux ,

eux, étoit mortelle, & fujette à la corruption; l'autre immortelle, & incorruptible:
de forte qu'au moment de leur féparation,
on ne favoit ce que l'efprit devenoit, s'il re-
tournoit à l'auteur de toutes chofes, dont on
prétendoit qu'il étoit émané; s'il entroit dans
le corps d'un autre animal, de quelque efpèce qu'il pût être; ou s'il alloit dans un
lieu particulier deftiné à fon repos: mais on
n'avoit point encore ouï parler de la jonction de cet efprit à un nouveau corps, qui
demeurât caché aux autres hommes. Ce fentiment étoit nouveau, & frapoit l'oreille de
peu d'idiots & de fimples, qu'ils n'en fuffent
ravis d'étonnement & n'y acquiefcaffent avec
joye. Ceux qui s'en moquoient, nioient ouvertement l'exiftence de l'ame, & foutenoient leur opinion par les plus forts argumens, qu'ils étoient capables d'imaginer: de
forte que, fuivant leurs principes, n'y ayant
rien à atendre après cette vie, ils étoient
obligez d'alléguer des raifons fufifantes pour
annuler un fait, dont Raoul, qui avoit toûjours paffé pour un homme de probité, juroit
qu'il avoit été le temoin; ce qui étoit dificile; & ainfi il ne faut pas s'étonner s'ils ref-
toient éternellement divifez. Les uns avoüoient que Raoul étoit honnête homme,
qu'ils en étoient convaincus, mais ils foutenoient en même temps qu'il avoit le cerveau
dérangé, & capable de fe former des illufions, que luy même prenoit pour des réa-
litez. Les autres prétendoient au contraire,
qu'il avoit le fens & le jugement bon, mais
qu'il

qu'il n'avoit absolûment rien vû ny entendu qu'en fonge. Et les derniers foutenoïent
avec opiniâtreté que c'étoit un homme vain
& ambitieux, qui ayant l'imagination forte,
avoit forgé ce Siſtème à deſſein de faire une
nouvelle fecte, & de s'immortaliſer, en de-
venant chef de parti. Il eſt impoſſible de dire poſitivement lequel de ces trois fentimens
eſt le véritable, ſi tant eſt qu'ils ne foient
pas également faux; de manière que la queſtion eſt demeurée indéciſe juſqu'à cette heure. Ils ont tous des défenſeurs, mais il eſt
conſtant que le parti, qui prend à cœur les
intérêts de Raoul, ſurpaſſe infiniment les
autres. Je ne ſuis pas aſſez habile, Sire,
dis-je à Bénédon, pour juger définitivement
d'un diférent, qui à ce que j'entends, a été
debatu depuis tant de ſiecles, mais ſi par
forme d'entretien, il m'étoit permis d'en dire
mon fentiment, j'avoüe franchement que je
pencherois du côté de ceux qui font paſſer
Raoul pour un fourbe; cela eſt vray-ſembla-
ble, & c'eſt le caractére de la plupart de
ceux qui ont inventé de nouveaux Siſtèmes
dans la Religion. Comment, reprît le Roy,
n'auroit il pas pû, après le malheur qui luy
étoit arrivé, & les fatigues qu'il avoit fou-
fertes, ſe trouver abatu du fommeil, entrer
dans une longue & profonde létargie, pendant laquelle ſon imagination luy auroit
repreſenté ſi vivement tout ce qu'il a ra-
conté, que luy même l'auroit cru véritable.
Je ne nie point, Sire, continuai-je, que
nous ne puiſſions être trompez par un ſonge,

ge, j'en ay fait plusieurs en ma vie , que je n'aurois eu garde de prendre pour illusoires , si après un sincére examen , je n'eusse enfin trouvé que je ne pouvois pas bien les lier avec ce qui m'étoit arrivé devant & après , dans un temps où il ne m'étoit pas possible de douter par les preuves convaincantes que j'en avois, que je ne veillasse. La dificulté seroit plus grande de le faire dormir pendant plus d'une demi-année : car bien que parmi les Crétiens, on parle de sept personnes qui dormirent autrefois plusieurs siécles de suite sans s'éveiller , comme d'un fait incontestable : que Pline dans son histoire du monde , nous soutienne qu'un homme a été enséveli l'espace de plus de cinquante ans, avant que de revenir de son assoupissement ; je n'ajoute non plus de foy à cela , qu'à ce qu'on a publié de la dormeuse de Toulouse. Mon pere étoit alors dans cette ville , il entendit dire qu'une dévote de trente à trente deux ans , dormoit depuis autour de huit mois , sans s'être éveillée , ny avoir pris aucuns alimens. Le bon homme y fut, & on le trompa comme les autres , quelque précaution qu'il eût prise pour s'en garantir. Grands & petits , savans & ignorans , tout le monde vouloit être témoin de ce prodige , afin d'en rendre témoignage à la postérité ; & pour savoir s'il y avoit de la supercherie , & si cette femme étoit éfectivement dans l'état , que ses sœurs , qui la gardoient continuellement , la disoient , & qu'elle paroissoit à leurs yeux ; les uns luy mettoient en

I ca-

cachette , des efprits les plus pénétrans dans
les narines , d'autres la chatouilloient , il y
en avoit qui la pinceoient fi horriblement ,
qu'ils en emportoient la piéce ; tout cela n'ai-
doit à rien , elle dormoit , ou du moins elle
en faifoit le femblant , & fouffroit patiémment
tout le mal qu'on luy faifoit , tant pour s'im-
mortalifer parmi les hommes , que pour a-
maffer dequoi veiller à fon aife le refte de fes
jours. Car vous devez favoir , Sire , que
peu de gens mettoient le pié chez elle , qu'ils
ne fiffent un petit prefent à fes parens , de
qui l'on avoit pitié , & qui n'avoient pas le
loifir de rien faire. Cette tromperie dura
jufques à ce que quelqu'un s'étant avifé de
prendre la nuit une échelle , & de regarder
par les fenêtres de la ruë , ce qui fe paffoit
dans la chambre , qui y répondoit , & dans
laquelle fe tenoit la prétendue dormeufe , il
fut tout étonné de voir qu'elle étoit debout ;
une autre fois qu'elle fe promenoit , ou qu'-
elle étoit affife à une petite table , où elle ne
faifoit aucun quartier à ce qui fe prefentoit
devant elle. Ce fut par là que la friponnerie fe découvrit , & qu'en fuite on la fit
avertir de fe fauver avec fes complices , de
peur qu'on ne la mît en un endroit où elle
pourroit dormir tranquilement fans être interrompue de perfonne. Mais nonobftant
cette découverte , fupofons que l'on puiffe
dormir tout ce temps là , fera-t-il poffible
de vivre fans manger & fans boire ? On me
dira , peut être , que les loirs , les tortues ,
les mouches , & une grande partie des in-
fectes

fectes le font, je ne le nie point ; ils le peuvent auffi mieux que l'homme, dont la conftitution répugne à de telles abftinences.
Mais enfin , paffant encore par deffus cela,
que l'on me donne des exemples capables de
me fatisfaire , qu'une créature humaine peut
fubfifter pendant tout un hiver, couchée fur
la terre , dans un pays où les ténébres régnent alors continuellement , & où le froid
eft fi perçant qu'on a de la peine à y réfifter
dans une maifon bien clofe , à moins que
l'on ne foit auprès d'un bon feu , qui ne
manque jamais d'alimens. Ce que vous al-
léguez là eft fort , me dit le Roy , je n'ay
rien à produire à l'encontre , mais je ne pré-
tendois pas aller fi loin, je n'en voulois qu'à
la poffibilité du fonge. En vous bornant au
fonge , Sire , repris-je , vous acufez tacite-
ment votre pélerin de malice ; car de deux
chofes l'une , ou il a été dehors pendant la
rude faifon , ou il a été renfermé dans un
endroit , où rien du néceffaire ne luy a manqué : s'il avoit été au milieu des champs, il
n'auroit pu y refter en vie, comme nous l'avons
prouvé , & s'il a été caché icy, & qu'il n'en
foit fimplement forti que pour avoir fujet
de crier , & de fe plaindre du froid qui l'a-
voit prefque tué , afin de pouvoir mieux en
fuite faire le recit de fes prétendues avantures, c'eft un fourbe , il n'y a pas moyen de
le difculper. Ha ! pour cela , continua Bénédon, je vous affure que je n'en ay aucune
envie , j'ay toûjours pris ce conte pour une
fixion , & ce que j'en ay dit n'étoit que pour

I 2

vous

vous montrer jufqu'où va la foibleffe & la crédulité des hommes. Il y auroit moyen, Sire, ajoûtai-je à tout cela, de fauver encore les aparences par un autre endroit, fi les dificultez que j'ay raportées, n'étoient pas infurmontables: ce ne font pas feulement les fonges, qui font connus parmi nous, & qui fe font fouvent trouvez véritables, nous pouvons auffi avoir des vifions & des révélations. Le livre de nos Loix, qui font toutes faintes & divines, eft rempli d'exemples qui mettent cette vérité hors de doute. Un Jacob, un Daniel, un Paul, un Jean, & d'autres en affez grand nombre, confirment ce que je dis, par le témoignage qu'ils en rendent, & par leur propre expérience. Je fay bien qu'il s'eft trouvé des impies, qui ont traité d'illufions, ce que l'on raconte de tant de faints. Les Cerdonites, les Marcionites, & d'autres fectes entiéres, ont eu l'impudence de mettre leurs vies & leurs écrits au rang des Sibiles & d'Efope. Les véritez les plus Sacrées font fujettes à cela. Si j'étois auffi afluré de la fainteté de Raoul, que nous le fommes de celle des perfonnages que je viens de nommer, nous ferions dans l'obligation de recevoir, comme des véritez indubitables, les chofes qu'il vous a dites, fans les examiner pour voir fi elles renferment des contradictions ou non, & de les mettre au nombre des Miftéres que Dieu a révélez à fes enfans, quelques extraordinaires qu'elles nous paroiffent, puis qu'il ne nous apartient point de mettre des bornes à la puiflance du Créateur:

teur : Il s'eft fait d'auffi grands prodiges,
que ceux qu'il raconte, que perfonne ne ré-
voque en doute dans toute la Crétienté.
Nous avons eu des Prophétes, & des Apô-
tres, qui ont été enlevez au Ciel en chair &
en os, qui ont rendu l'oüie aux fourds, la
parole aux müets, la vûe aux aveugles, guéri les malades, reffufcité les morts, fait trouver au peuple de Dieu un paffage au travers
de la mèr rouge, pleuvoir du pain & de la
chair des nües, & cent autres miracles femblables. Vous avez connu de telles gens
interrompit brufquement le Roy. Je ne les
ay pas connus, Sire, luy répondis-je, mais
ils ne laiffent pas d'avoir été pour cela, eux
mêmes nous ont laiffé par écrit leur vie,
leurs actions, des relations du paffé, l'histoire de l'avenir depuis le commencement
jufques à la fin du monde, & cela a été
aprouvé & confirmé par tant d'autres grands
& divins perfonnages, qu'il n'y a pas le mot
à dire. Si cela eft, dit Bénédon, je fuis
d'avis que nous canonifions auffi Raoul : il
a vécu fans reproche, comme je l'ay déjà
remarqué. Et qu'il ait été hors de chez luy
tout le temps qu'on ne l'a point vû icy, cela
paroît en ce que fa femme, ayant apris de
ceux qui étoient allez avec luy à la chaffe,
qu'il s'étoit écarté d'eux, & voyant enfuite
qu'il ne revenoit point, s'étoit remariée à un
autre. Voila une circonftance, repris-je,
qui fait beaucoup en fa faveur. Comment
Sire, continuai je, quand Raoul revint il
trouva fa femme entre les bras d'un autre

 hom-

homme? Ouy assurément, répondit le Roy, & cela même causa des afaires. Elle avoit aimé son premier mari, elle en avoit des enfans; elle ne haïssoit pas le second, dont elle se trouvoit enceinte : elle auroit bien voulu les garder l'un & l'autre, eux de leur côté ne prétendoient point se la céder. Comme on n'avoit jamais vu de cas pareil, le Roy ordonna qu'ils la posséderoient alternativement l'un après l'autre, chacun six semaines. Ils parurent contens de cette sentence, & vêcurent parfaitement bien : mais cela ne dura guére ; le dernier homme mourut au bout d'un an, & Raoul resta seul maître de sa bien aimée. Parmi nous interrompis-je, la Loy est formelle, cette femme auroit été rendue sans contestation à Raoul, s'il l'avoit prétendue, si non, il l'auroit laissée à son rival, & y auroit renoncé pour toûjours. Mais, Sire, poursuivis-je, que croit-on de la vision de Raoul dans les autres villes de Ruffal ? Tout ce que l'on en croit icy, répondit Bénédon ; les gens d'esprit s'en moquent, & le commun peuple en est si fort édifié, qu'il n'y a pas de cent personnes l'une qui ne se persuade fortement en mourant d'aller droit à Raoul-ffuk, ou au champ de Raoul, (car c'est ainsi qu'ils ont batisé ce séjour imaginaire des bien heureux trépassez) pour y joüir à jamais des délices & des avantages de l'autre monde. Ceux là même que Mérac avoit fait gagner pour déposer contre Raoul, furent les premiers à aller chez eux publier hautement ses mérites, la pro-

bi-

bité , & la vérité du miracle qui lui étoit arrivé. Les promesses d'une béatitude éternelle
flatent, & l'aveu qu'ils faisoient des mouvemens, que l'on s'étoit donné pour les su-
borner, & les porter à travailler au renversement d'une opinion si consolante , donnoit tant de poids à leurs argumens , que
la plupart du monde entra incontinent dans
leurs sentimens. Il en vint même à diverses fois un nombre infini à Cambul pour
avoir l'honneur & la satisfaction de voir de
leurs propres yeux le saint homme Raoul, &
de faire des presens considerables à sa femme & à ses enfans? Les plus timides ne
l'osoient regarder que de loin , de peur que
leur presence ne le souillât ; d'autres de vingt
pas, luy demandoient sa bénédiction ; & ceux qui
étoient assez hardis pour l'aprocher, luy bai-
soient les mains & les genoux avec toutes
les marques d'un respect & d'un zéle inexprimable : après quoi ils s'en retournoient
contens comme des Rois. Quoi qu'il y eût
une heure que le Roi baillât , notre conversa-
tion auroit duré plus long-temps , si elle n'a-
voit été interrompue par la presence d'un
Chiou, qui venoit communiquer à Bénedon
une friponnerie , que luy avoit faite un des
gardes du Palais. Il y avoit autour de trois
mois qu'il ne manquoit pas un jour de venir trouver cet Oficier politique , pour luy
dire de la part du Roy , qu'il eût à luy donner une mesure de Pithson, que le Médecin
luy avoit ordonné de prendre , jusques à ce
qu'il fût entierement guéri d'une douleur

I 4

d'es-

d'eſtomach , qui ne luy donnoit aucun repos.   Il avoit cru cet homme ſur ſa parole ,
mais voyant que cela duroit trop , il s'étoit
informé du nom du Médecin, qui luy avoit
indiqué ce remède, & avoit trouvé que tout
cela étoit faux : de ſorte que, tant pour la
boiſſon , qui étoit précieuſe , que parce qu'il
avoit emprunté le nom du Souverain , pour
exercer ſa malice , il s'imaginoit qu'un tel
procédé méritoit un petit châtiment. Le Roy
étant informé du fait , ne put pas s'empêcher d'en rire , il fit pourtant venir le Soldat , & luy ayant déclaré de quoi il étoit
queſtion, il luy demanda ce qui l'avoit porté
à ſe donner cette licence. Rien , Sire , répondit il , que la paſſion violente de boire
ſouvent d'une liqueur que je n'ay point , &
qui flate ſi agréablement le palais , que j'en-
treprendrois tout ce que l'on voudroit , &
renoncerois volontiers à tous les plaiſirs de
Raoul-ſſult , pour en avoir tous les jours une
portion ſemblable à celle que prend votre
Majeſté. Vous n'êtes donc incommodé de
rien , reprit le Roy ? Non Sire , répliqua le
Soldat , ſi je parlois autrement je mentirois.
Hé bien , continua Bénédon , je vous condamne à foüir la terre , dans la ſaiſon , autant de temps que vous en avez mis à contenter vos apétits ; & à reſtituer au Chiou ,
de la crédulité duquel vous avez abuſé , le
double de Piths qu'il en faut pour faire autant d'eau de vie que vous en avez conſumé,
& au cas que vous y manquiez , je vous feray prendre pendant ſix mois , tous les jours

deux

deux méſures d'eau de mer, mêlées avec du vinaigre : peut être cette pénitence vous fera-t-elle être plus ſage une autre fois. Là-deſſus tout le monde ſe retira, & j'allay reprendre mon hiſtoire. Le Roy qui vint après Mérac, avoit été marié l'eſpace de ſix ans, lors que ſa femme devint enceinte. Elle ſentoît des douleurs fort violentes pendant ſa groſſeſſe ; point de remèdes n'étoient capables de la ſoulager. Les plus habiles Médecins deſeſperoient eux mêmes qu'elle recouvrât jamais une ſanté parfaite. Son fruit vint pourtant à terme, mais d'une maniére que je n'ay pu lire ſans frémir. Après des cris & des hurlemens épouvantables, qui durérent juſques au quatriéme jour, elle accoucha de deux enfans mâles à la fois, qui s'étoient ſi bien tenus embraſſez, qu'on ne put pas les ſéparer qu'ils ne fuſſent nez. Autant de triſteſſe que l'on avoit euë avant cet acouchement miraculeux, autant de joye, le peuple en général, & la Cour en particulier, en reſſentirent ils dans la ſuite. Il y eut des réjouiſſances publiques, qui ſurpaſſérent toutes celles qui s'étoient pratiquées juſqu'alors. Les jumeaux ſe reſſemblent ordinairement, mais ceux-là convenoient tellement à tous égards, qu'il n'étoit pas poſſible d'y remarquer la moindre diférence. Et non ſeulement ils étoient ſemblables, par raport à la groſſeur & hauteur, aux traits du viſage, au teint, & à toutes les autres qualitez extérieures, mais ils étoient entiérement les mêmes pour ce qui

I 5

tou-

choit leur conſtitution, leurs apétits, & toutes leurs inclinations, bonnes ou mauvai-
ſes : tellement que ſi l'un mangeoit, l'autre vouloit manger auſſi, quoi qu'il ne ſçût
pas que ſon frére fût ocupé à ſe repaître. Ils
dormoient, ils pleuroient, ils faiſoient tout
ſans exception de compagnie, comme ſi
leurs deux corps n'en euſſent compoſé abſolûment qu'un ſeul. Mais ce qui ſurpaſſe
l'imagination, c'eſt que non ſeulement la
joye, la douleur & la triſteſſe, qui venoient du dedans, leur étoient communes;
celles qui leur étoient cauſées par des objets
étrangers & extérieurs, les leur étoient de
même; juſque là que l'un étant un jour tombé ſur ſon viſage, par où il s'étoit tellement froiſſé le nez, qu'il perdit une grande quantité de ſang, un contre coup mit
l'autre au même état, & la ſaignée, non plus
que la douleur, ne ceſſa pas d'un côté plutôt que de l'autre. On n'avoit jamais ouy
parler d'une telle ſimpatie, cela faiſoit le
ſujet de l'admiration & des entretiens de
tout ce qu'il y avoit d'habitans dans Cambul. La Reine n'eut point d'autres enfans,
& ils avoient vingt quatre ans acomplis lors
que leur pere mourut. Etant d'inclinations
égales, ils vouloient tous deux être Roy,
ou déſiſter en faveur d'un autre, puis que la
Loy ne pouvoit ſouffrir qu'un ſeul Souverain à la fois, & ils ne vouloient pas gouverner alternativement. Il n'y avoit point
d'autres ſucceſſeurs à la Couronne; ainſi l'on
étoit en peine, & on ne ſavoit de quel biais

s'y

s'y prendre pour ſatisfaire à toutes ces dificultez à la fois. Après bien des conférences tenües , & des avis pris de mille diférens endroits , il fut conclu que les deux
jeunes Princes, qui avoient parfaitement bien
apris leurs exercices , ſe décocheroient réciproquement ſur le corps une legére flé-
che , à vingt-cinq pas de diſtance , & que celuy qui toucheroit l'autre à l'endroit qui ſeroit marqué vis à vis du cœur, ſeroit Roy:
l'autre au contraire, ſeroit dans l'obligation
de ſe faire violence , & de céder la Couronne
à ſon frére. Cette condition leur paroiſſoit
dure , & il ne falut pas moins que toute la
ville pour les engager à y donner les mains.
Quoi qu'ils fuſſent fort adroits , ils ne purent pas éviter leur ſort , de part & d'autre,
ils ſe crevérent l'œil gauche , ce qui fut de
nouveau un grand ſujet d'afliction parmi le
peuple. Comme on étoit dans l'embaras au
ſujet de l'élection d'un Monarque, la Nourrice de ces deux jeunes Seigneurs ſongea
qu'elle étoit ſur le rivage de la mer , & que
s'amuſant à ramaſſer de petites coquilles ,
elle fut ſurpriſe de voir ſortir de l'eau un
Monſtre marin d'une grandeur énorme , qui
avoit ſix pieds & trois têtes , une groſſe , &
deux moindres , ſituées des deux côtez. La
tête du milieu étoit couverte d'une tiare, les
autres avoient chacune une Couronne : mais
ce qui l'étonna davantage , c'eſt que quand
la maitreſſe tête veilloit , les inférieures dormoient , & leur Couronne , qui n'étoit atachée qu'à une eſpéce de membrane, ſe re-

làchoit , & leur pendoit sur le front. Et tout
de même , au moment que les yeux des
petites têtes s'ouvroient, leurs Couronnes se
dressoient , & la tête du milieu s'assoupis-
sant , laissoit incontinent pendre sa tiare.
Cette nourrice fit le même songe trois diverses fois, à la quatriéme, la tête du milieu
s'étant assoupie , les autres se jettérent dessus , la dévorérent , & la bête disparut dans
le temps que la playe étoit encore toute san-
glante. Cette femme fit part de son songe
à plusieurs de ses amies ; la Reine en eut le
vent & comme elle avoit l'esprit pénétrant,
elle y aperceut quelque chose, qui luy sembloit ne devoir pas être à son desavantage.
Elle fit venir la Nourrice, qui luy confirma
tout ce qu'on luy avoit dit , & luy aprit
même diverses circonstances qu'elle n'avoit
point entendues. La dessus l'assemblée des
juges fut convoquée , tout ce qu'il y avoit
outre cela de gens éclairez & savans parurent aussi ; on leur cônta ce songe misterieux,
& on les pria chacun en particulier, d'en dire leur sentiment , & d'en donner l'explication à leur fantaisie. Comme les choses ont
plusieurs faces, qu'elles peuvent être par con-
séquent envisagées de diférents côtez, & que
les hommes n'ont pas toûjours les mêmes
vues & les mêmes pensées, il se trouva de
ces Messieurs qui prétendoient que la bête
sortant de l'Ocean représentoit Russal , son
corps en particulier, Cambul, la grande tête, Méralde, & les deux petites , les villes
de Daila & de Persac, que Méralde à cause

de

de son étendue, de sa situation, & de sa beauté, deviendroit fiere & orgueilleuse qu'elle mépriseroit les deux autres, voudroit les maîtriser, & les contraindre de se mettre sous sa dépendance ; mais que Darla & Persac se sentant libres, & en état de résister à ses violences employeroient leurs forces contre elle, & enfin la domteroient. D'autres entendoient par la tête grosse, grasse & en bon point, une année abondante, fertile, & couronnée de tous les biens nécessaires pour la vie des hommes : & par les deux petites, maigres & décharnées, deux années de famine extraordinaire, qui consumeroient tout ce que l'autre avoit raporté, de sorte qu'il n'y auroit absolûment rien de reste. Il s'en trouva qui étoient encore de tout un autre sentiment ; mais le Sacrificateur, qui jusqu'alors n'avoit pas ouvert la bouche, imposa silence, & en presence de la Reine & des Princes, qui s'étoient aussi rendus là, il éleva sa voix, & d'un ton d'autorité. Ecoutez, dit-il, habitans de Cambul, vous Princes, ne méprisez point mes paroles : le songe que cette femme, qui vous a nourris de sa propre subsistance, a fait, vous regarde en particulier. La grande bête qu'elle a vue, c'est la multitude innombrable de bourgeois, qui demeurent dans cette fameuse ville, les trois têtes qu'elle portoit, sont trois personnes, celle du milieu, & de laquelle il semble que sortent les moindres, étant couverte d'une tiare, qui est comme une coifure de femme, represente la Reine, qui gouvernera

un

un an : celles des côtez, avec leursCouron-
nes, ce sont les fils jumeaux, qui doivent
ensemble ocuper le siége Royal une autre,
& être considérez comme s'ils ne faisoient
qu'une seule personne; aprés quoi reviendra
le tour de la mere, puis des fils, & ainsi alternativement, jusques à ce que la grosse tête tombe, car elle doit prendre fin la premiére : je n'oserois dire de quelle maniére cela
se fera, mais je voy bien que nous sommes
menacez de voir de terribles changemens parmi nous, veuille YOMAHA, par sa bonté
infinie, que la fin n'en soit pas tragique, &
que nous ne soyons pas appellez justement
enfans de sang. Cette explication eut d'a-
bord la préférence, on n'y trouvoit absolu-
ment rien à redire, ainsi tout le monde y
aplaudit, & reconnut Nardisse pour Reine
régente, & les Princes ses fils, Nardan, &
Nadran, comme les associez à la royauté.
Cette élection plut à la mere, elle en parut
extrémement satisfaite : les enfans au contraire, en murmuroient, ils donnérent incontinent des marques de leur mécontentement : Cependant le sort le vouloit, les habitans l'aprouvoient, il en falut passer par
là, & se résoudre à commencer par vivre
une année entiére en particuliers, sous les
ordres absolus d'une femme, ce qui étoit
une nouveauté, dont on n'avoit pas encore
ouy parler. Aussi tôt que Nardisse se vit le
sceptre à la main, elle nomma un jour de
fête, auquel elle prétendoit que chacun en
témoignât sa joye par des réjoüissances pu-
bli-

bliques , & ordonna que l'on renouvelleroit
à perpétuité cette cérémonie tous les ans,
afin que cela fût comme un monument éternel à la postérité. Elle commanda aussi au
Sacrificateur de dresser un formulaire de
prière, que l'on donna à toutes les familles,
avec charge aux supérieurs de le reciter toutes
les révolutions à certaine heure, en presence
de leurs enfans, & que l'on recommandât
fort expressément à Dieu la personne de la
Reine, & toute la maison Royale. En suite elle manda les femmes des Chioux, &
s'étant rendüe au Palais avec elles, elle se
plaça sur son Trône, & voici à peu près, le
langage qu'elle leur tint. Vénérables Ma-
trones, femmes distinguées de toutes les autres, par votre âge, par votre sagesse, par
votre conduite, & par vos singuliéres ver-
tus, vous savez à quel degré d'honneur il a
plu à la Providence de m'élever; c'est une
grace que je ne considére pas tant par raport
à moy même, qu'à l'égard de toutes les personnes de mon sexe, que je prétens qui se
ressentent de cette douce & extraordinaire
influence. Le Ciel est juste, il est las de voir
plus long-temps exercer sur nous la tiranie
de nos superbes maris, qui n'ont jamais dis-
continué jusqu'à ce jour, de se prévaloir de
leurs forces, pour nous tenir dans une obéis-
sance servile, & nous traiter comme leurs
domestiques & leurs enfans. Le Gouvernement, qu'ils se sont eux mêmes arrogé, a
été éternellement en leurs mains, ils ont
disposé des charges politiques & militaires,
&

& en général de tous les honneurs, en leur faveur, & tellement à l'exclusion du sexe, qu'il n'est pas entré en la moindre considération. Ce traitement est injurieux, ce joug est insuportable, je vous en afranchis aujourd'huy, en vous revêtant des mêmes titres, dignitez, honneurs, charges, & prérogatives, dont vos tirans de maris ont joüi jusques à présent. Je me trouveray tous les jours au Conseil, rendez vous y avec moy, dans le même ordre, en même nombre, & à la même heure, que cela a été observé par les hommes, afin que nous administrions la justice, & prenions connoissance des afaires de l'état depuis la plus grande jusqu'à la plus petite, & que nous nous mettions à l'abri des reproches que l'on nous pourroit faire, de ne pas gouverner avec autant de sagesse, d'équité & de bon ordre, qu'ont fait nos prédécesseurs. Nous sommes infiniment obligées à vôtre Majesté, Madame, répondit incontinent l'une des plus anciennes & des plus considérables de ces vénérables Matrônes, de l'honneur que vous faites à notre sexe en général, & à celles qui composent cette illustre assemblée en particulier, d'avoir des sentimens si avantageux de sa sufisance, & de le vouloir constituer Chef, & maître absolu à tous égards, de celuy qui l'a toûjours gouverné, & dont je ne sache pas qu'il se soit si mal trouvé qu'il ait aucun juste sujet de s'en plaindre. J'avoüe franchement, Madame, que ce renversement n'est nullement de mon aprobation, & je le trouve

tout

tout à fait à notre defavantage. C'est une
grande douceur d'avoir l'autorité en main,
d'être en poffeffion des charges, & de gouverner comme on le trouve à propos : mais
cette douceur eft tempérée par bien des contretemps, & de fâcheufes amertumes. Voyez
les foins, je vous prie, que doit avoir un
véritable pere de famille, pour ne parler que
d'une feule maifon, & du gouvernemen. domeftique, dans quelle peine, dans quel travail, dans quels embaras, ne fe voit il pas
continuellement, pour fournir à fa femme
& à fes enfans, ce qu'il croit leur être néceffaire. S'il veille, c'eft pour fe fatiguer,
pour agir, pour expofer fa vie à mille dan-
gers diférens : & il ne fommeille prefque jamais que les mouvemens convulfifs de fon
corps ne faffent fouvent apercevoir que fon
efprit n'eft guére fans inquiétude. Les foins
que doivent avoir ceux qui ont la main au
timon, pour la confervation & le falut des
peuples, qui ont été commis à leurs foins,
font infiniment plus confidérables ; ces deux
états ne fouffrent pour ainfi dire, aucune com-
paraifon. Croyez moy Madame, nôtre condition vaut bien celle de nos maris, & je fuis
perfuadée que nous perdrions au change.
Mais quand cela ne feroit pas, parlons fin-
cérement, fommes nous ordinairement capables d'exercer la fonction de juge & de
Souverain ? avons nous affez de lumiéres,
de connoiffances, de jugement, de réfolution, de force, pour en remplir toutes les
fonctions, & nous maintenir dans ces pof-
tes ?

tes ? Mais fupofé qu'en mefurant les autres
par vous mémes , qui avez l'ame grande &
capable de tout ce qu'on peut imaginer, vous
nous trouveriez en état de vaquer à tant
de fi péuibles & importantes afaires , qui
voulez vous qui prenne foin de notre ménage? Faudra-t-il que nos maris faffent la cuifine , nétoyent nos maifons , emmaillotent
nos enfans , prennent foin de les nourrir &
de les élever avec cette patience, cet atache-
ment, cette tendreffe, cette douceur, qu'ils
n'ont point , & qui nous eft comme naturelle ? Laiffez les chofes dans l'état où elles font, Madame, continuons à tirer vanité des actions d'éclat, que font capables de
faire ceux qui nous ont été joints par le
mariage. Ce ne font pas eux feuls , qui
joüiffent de l'honneur, des dignitez , & des
avantages , qui leur font afectez , préféra-
blement au fexe contraire, nous en avons
pour l'ordinaire notre bonne part. Il n'eft
point de mari Roy , dont l'Epoufe ne foit
Reine ; la femme eft par tout confidérée
auffi bien que fon Epoux. Vous concevez
mal les chofes, reprit la Reine, & vous nous
flatez d'un bien , qui eft feul en la poffeffion
de votre mari ; vous n'en avez que l'ombre
& les aparences. Voyez en général avec
quelle hauteur les pauvres femmes font trai-
tées par leurs maris ; ont elles part à aucune
afaire d'importance; les hommes ne font pas
feulement fcrupule, mais ils réputent à honte de leur communiquer le moindre fecret.
La table , les méts les plus exquis , les liqueurs

queurs les plus fortes & les plus délicates,
le jeu, la galanterie, & tout ce qui peut donner du plaisir, n'est il pas entièrement de
leur reffort? tous les excés leur font permis,
c'est une vérité qu'on ne fauroit qu'à tort me
contester, au lieu qu'à la moindre licence que
nous nous donnons, nous paffons incontinent,
pour des friandes ou pour des abandonnées, qui
n'avons plus d'honneur, ny de réputation.
Ne font ce pas eux qui outre l'empire qu'ils
ont fur le général, prennent connoiffance
de tout ce qui fe paffe dans la famille? avons
nous le cœur de faire aucune dépenfe, d'ha-
biller nos enfans, de traiter nos amis, de
fortir, de nous remüer, pour ainfi dire, fans
les avoir confultez, & leur en avoir donné
connoiffance. Notre vanité nous fait cacher
ces circonftances devant les autres, nous tâchons de faire comprendre à ceux avec lesquels nous nous entretenons du chef de notre maifon, que nous partageons avec luy
l'autorité, que tout eft commun entre nous.
Mais avoüez-le, toutes autant que vous
êtes, n'eft il pas vray que nous fommes de
véritables efclaves, & dans une dépendance
baffe & fervile? C'eft une matiére qui m'eft
connue, un fujet que j'ay étudié à fond, &
j'y ay joint l'expérience. C'eft pourquoy
n'en parlons plus; ce que je vous ay dit eft
réfolu, je veux fans contredit être obéïe:
vous ferez Chioux en la place de vos maris. Ils ne laifferont pas pour cela de faire le gros ouvrage, ils iront à la pêche,
& à la chaffe; ils travailleront à la terre
comme

comme auparavant , & s'ocuperont à tout
ce qui sera nécessaire pour le bien de votre
maison , il n'y aura de la diférence en rien ,
si non qu'au lieu d'obeïr vous commande-
rez , & que vos maris seront d'obligation
de vous rendre conte de leurs actions , comme vous leur avez tenu conte des votres.
Cependant vous devez savoir que mon unique but est de vous afranchir de la servitu-
de , & non pas de vous violenter : je ne suis
point d'humeur à forcer personne ; si vous
ne voulez pas être revêtües de la dignité
que je vous ofre , vous pouvez vous retirer hardiment , j'en trouveray dix pour üne ,
qui seront ravies d'exercer l'emploi de juge
en votre place ; je ne suis point en peine
pour cela. Mais je ne donne point de délais , il faut se déterminer dans le moment ,
& ne pas aller prendre conseil de gens , qui
dans des cas semblables ne vous ont pas fait
la même grace. Quand ces bonnes Dames
virent qu'il n'y avoit pas moyen de parer ce
coup , elles aimérent mieux suivre les ordres
de la Reine , que de paroître desobéïssantes
& scrupuleuses ; outre qu'il y alloit de leur
intérêt , non seulement à cause que par là ,
leur maison conservoit son lustre & ses priviléges , mais aussi parce qu'elles étoient
mieux en état de travailler à remettre les
choses sur leur ancien pié , lors que l'occasion s'en présenteroit favorable , & de tirer les
secours nécessaires pour remplir ces charges
avec honneur , des personnes qui les ayant
déja exercées , étoient plus capables que tous

les

les autres, de leur en fournir, en toutes
fortes de conjonctures. Les voyant déter-
minées elle leur fit faire ferment de luy être
fidéles, & de ne ſe laiſſer corompre par qui
que ce fût. Un changement ſi extraordinaire, & ſi peu atendu, aporta bien de la con-
ſternation parmi les habitans : les hommes
en murmuroient, & la plupart des femmes
n'en étoient nulement contentes. On dé-
puta d'habiles gens de pluſieurs quartiers pour
ſuplier la Reine, avec toute la ſoumiſſion
dont on étoit capable, d'avoir la bonté de
ſe rétracter, & de ne pas perſiſter dans un
ſentiment, qui troubloit entiérement le bon
ordre, ſapoit par les fondemens les premiéres Loix de l'état, & n'alloit pas moins qu'à
cauſer des ſéditions, qui ſeroient cauſe de
la ruine totale du Royaume. Toutes les
raiſons dont on ſe ſervit, bien loin d'être
de quelque utilité, aigrirent ſi fort ſon eſprit, qu'elle en vint juſqu'à cette extrémité
de proteſter qu'au cas que perſonne s'é-
mancipât plus de luy en parler elle les pu-
niroit exemplairement, & d'une maniére ſi
ſévére, que les autres en frémiroient. Ces
menaces les épouvantérent, ils réſolurent de
ſe tenir coi, & de patienter juſques à ce que
ſon année fût expirée, ou qu'elle vint à
mourir. Je ne ſay ſi l'homme a naturellement quelque marque de grandeur, de Majeſté, & d'autorité Souveraine, ou ſi la coutume a un ſi grand aſcendant ſur le ſexe,
qu'elle le porte à avoir pour luy de la déférence & du reſpect, mais il eſt ſeur, qu'au
raport

raport de l'hiftorien, les femmes fe montré-
rent fi fages & fi refpectueufes dans cette conjoncture, à l'égard de leurs maris, qu'on
eût dit qu'il y avoit des ordres exprés, qui
les obligeoient à fe foumettre plus que jamais à leur obéiffance. Les deux Princes
cependant prenoient peine à s'inftruire à fond
de tout ce qui fe paffoit dans la ville pendant
leur interrégne, & voyant que les familles
étoient tranquiles, & que chacun fe tenoit
dans les régles du devoir, ils ne crurent pas
quand leur tour fut venu, qu'il fût néceffaire de faire de nouveaux réglemens, & de rétablir les hommes dans leurs anciens droits
& priviléges, dans l'efpérance où ils étoient,
ou que la Reine fe raviferoit, ou que cela
reviendroit infenfiblement de foy même, fans
que l'on fe donnât des mouvemens qui
pourroient mortifier ou aigrir la femme du
monde la plus capable d'entreprendre l'impoffible pour fatisfaire fon ambition. Ce
qu'il y eut d'extraordinaire, c'eft que Nardan, ny Nadran, ne fe trouvérent point au
Confeil, avec les nouveaux Chioux pendant
toute l'année de leur regence, & qu'ils fe
fervirent toûjours de quelque prétexte fpé-
cieux pour s'en difpenfer: de forte que quand
il s'agiffoit d'une afaire d'importance, il faloit qu'elle fe vuidât dans leur apartement.
Le tour de Nardiffe étant venu pour la feconde fois, elle ne fe contenta pas de confirmer ce qu'elle avoit ordonné au commencement de fon régne, elle fit de nouvelles
Loix, par lefquelles elle impofoit des châtimens

mens rigoureux aux femmes , qui ne commanderoient pas en Maître chez elles , & aux maris qui ne leur obéïroient pas ponctuellement. Le Sacrificateur fut caſſé , & une prêtreſſe élue en ſa place : elle donna auſſi le commandement de ſes gardes à la femme du Colonel. Le Lieutenant de Roy fut de même obligé de transférer ſon emploi à ſon Epouſe. Et pour montrer ſon Autorité , elle jura hautement que ſi elle entendoit le moindre murmure , ou que quelqu'un s'aviſât de luy porter aucune plainte au ſujet de ces changemens , elle feroit ùn arrêt perpetuel & irrévocable par lequel elle déclareroit que les femmes ſeules ſeroient reconnues libres , & les hommes tenus à jamais pour eſclaves. Elle conclut outre cela que les filles feroient l'amour dans les formes aux garçons , & les demanderoient à leurs meres en mariage ; & commandoit bien expresſément aux hommes de faire les précieux , les rencheris & les dificiles. Les filles s'aquitérent merveilleuſement bien de leur devoir , & obſervérent à la rigueur les ordres de leur Princeſſe. Celles qui n'avoient ateint que l'âge de treiſe à quatorſe ans, ne paroiſſoient pas moins habiles en amour, que bien d'autres qui en avoient plus de quarante , elles contoient fleurette à tout venant , & ne parloient que de galanterie. Elles chantoient , elles faiſoient des vers amoureux ; les cadeaux , les aſſemblées , la dance, les inſtrumens, tout cela alloit ſon train ; il n'y avoit que réjouiſſances continuelles

dans

dans toute la ville. Les hommes de leur côté, n'avoient garde de si bien soutenir leur personnage ; il y en avoit quantité qui se rendoient à la premiére proposition d'amitié qu'on leur faisoit. Le bon étoit que le sexe, étant fin & politique, savoit tirer les choses en longueur, & n'en venoit à une déclaration qu'après s'être diverti bien du temps ; autrement il est évident que dans l'espace d'un an, il n'y auroit plus eu de gens à marier dans Cambul. Là dessus il s'en falut peu que les plus sages du peuple ne se mutinassent, & on ne les put tenir dans le devoir que par la promesse actuelle que les jeunes Rois leur firent de mettre ordre à cela aussi tôt que l'année auroit pris fin. En atendant il falut souffrir mille impertinences : souvent cette extravagante Reine invitoit des Dames à manger chez elle, pour avoir le plaisir de les faire servir à table par leurs propres maris, ausquels elle faisoit des indignitez insuportables, jusques là que s'ils n'étoient pas assez promts à leur obéir, ou qu'ils donnassent la moindre marque de mécontentement, quand ç'auroit été machinalement, & sans que l'intention y eût eu aucune part elle les faisoit mettre à genoux devant elles, & les forçoit à leur demander sérieusement pardon ; à faute de quoi les bâtons marchoient, & on couroit risque de la vie. Elle prenoit plaisir encore à aller elle même dans les maisons des particuliers, pour y faire observer à la rigueur les maximes qu'elle avoit inventées, & qu'elle ne

cessoit

ceſſoit de recommander ſoigneuſement.
Mais enfin tout le monde étant las d'un
gouvernement ſi opoſé au bon ſens , & à ce
que la nature elle même nous dicte , auſſi tôt
que les deux Rois furent rentrez en fonction , ils firent venir tous les oficiers politiques & militaires au palais , où ils les réta-
blirent dans leurs emploix & dignitez , avec
commandement exprès de ne s'en jamais
dépouiller qu'à la mort , ils les revêtirent
auſſi de leur ancienne autorité , tant par raport à leurs familles , qu'à l'égard des afaires publiques. Et de peur que ces réglemens ne fuſſent de nouveau anéantis , &
euſſent des ſuites fâcheuſes , trois oficiers des
gardes eurent ordre du Conſeil , avec le conſentement de Nardan & de ſon frére, d'aller
étrangler Nardiſſe. Jamais femme ne témoigna moins d'averſion pour la mort que
celle là. Vous avez raiſon , dit elle à ſes
bourreaux , lors qu'ils eurent mis la main
ſur elle , & luy eurent donné connoiſſance
de leur commiſſion , vous avez raiſon de
me priver de la vie ; je ſuis la plus grande
ennemie de votre ſexe qu'il y ait jamais eu
au monde , & il ne ſauroit y en venir une
ſemblable à moy. Les changemens que mes
fils viennent de faire dans la régence , me
cauſent plus de douleur que ne feroit mille
fois le trépas. Ils font bien de ne pas atendre que je ſois en état de m'en venger , ils
peuvent être perſuadez qu'ils ne feroient plus
remontez ſur le trône , & il n'auroit pas tenu à moy que vous n'euſſiez pris fin avec

K

eux.

eux. Vous êtes les tirans du beau fexe,
vous l'avez été dès le commencement, vous
le ferez, jufqu'à la fin. Mon deffein étoit
de mettre des bornes à votre empire, & de
luy faire fuccéder le notre pour toûjours.
J'ay été mal fecondée dans ce grand deffein,
celles qui y étoient autant intéreffées que
moy, ont été les premiéres à me trahir, &
à foutenir le parti de mes ennemis : je les
abandonne maintenant à leur fureur, qu'ils
les méprifent, qu'ils les batent, qu'ils les
affomment, elles ne meritent pas mieux ; fi
elles font contentes de vivre efclaves, je fuis
ravie de mourir libre. L'Hiftoire de cette
Héroïne, qui auroit été véritablement digne
d'être Reine des Amazones, eft extrémement longue, je ne la raconte qu'en abré-
gé, de peur de lâffer ceux qui en feront la
lecture, parce que je fay très bien que les
hommes n'ont pas tous un même goût :
pour moy, je puis dire qu'elle m'a donné
tant de plaifir, que je croi l'avoir lüe vingt
fois, avec la même envie de la repaffer
vingt autres, à caufe que rien de femblable
ne m'étoit paffé par les mains ; que le cas
eft extraordinaire ; & que je voulois m'en
reffouvenir, pour être en état d'en faire le recit. Cependant le temps de notre détention
paffa, & nous fumes bien aife d'entendre
rouvrir les portes de nos prifons : on ne fait
pourtant pas de grandes courfes, tant que le
Soleil ne fait que ramper fur l'horifon : l'air
ne commence à s'échaûfer que lors qu'il re-
nonce au voifinage de la terre, & ne fe fait
bien

bien fentir que quand il a dix ou doufe degrez d'élévation. C'eft alors qu'on commence à prendre du plaifir à la campagne,
& le plaifir augmente à méfure que ce bel
aftre aproche du figne de lécrevice : quoi
que la faifon foit encore plus belle à fon
retour , parce que la chaleur , qui eft plus
fenfible , dure plus long-temps , & que le
Ciel & la terre ont eu le loifir de s'échaufer
dans cet Hémifphére Septentrional, où n'y
ayant, ny nuits, ny vents frais, qui y régnent, il n'eft auffi rien qui l'altére, & qui
foit capable de la faire diminuer ; L'hiver
froid & ténébreux que l'on a paffé , relève
fi fort l'éclat du printemps, qu'on l'en trouve beaucoup plus agréable. J'ay dit ailleurs
qu'on profite de ce beau temps pour faire les
provifions de ce que l'on a befoin pour la
rude faifon. Ceux qui vont à la pêche de
la baleine, y reftent aux environs d'un mois,
à caufe qu'ils vivent là de poiffon , & qu'ils
y préparent l'huile, que l'on en raporte dans
des vaiffeaux de bois faits exprès pour cela.
Pendant leur abfence je priay le Roy de me
permettre d'aller voir l'endroit où l'on difoit que Raoul étoit tombé , & de me donner quelqu'un qui m'y acompagnât, de peur
de mauvaife rencontre. J'iray avec vous ,
me dit il , peut être n'y ai-je pas encore été
moy même, ou du moins, comme je prens
tout cela pour de véritables contes de vieilles, n'y ai-je point fait de réflexion. Quand
nous fûmes fur le lieu je trouvay en éfet les
chofes comme on me les avoit reprefentées.

K 2

Ayant

Ayant enfuite laiffé le précipice à droite,
nous vinmes à un petit ruiffeau, que l'on
pouvoit aifément enjamber, nous le côtoyâ-
mes, & fûmes furpris, après avoir fait une
lieüe de chemin, de trouver un vivïer tout
rond, qui pouvoit avoir trois ou quatre cents
pas de diamètre, & duquel fortoient trois autres ruiffeaux femblables au précedent, à
une même diftance l'un de l'autre, de même largeur, & coulant vers des côtez opo-
fez, de maniére que fi on les avoit prolon-
gez d'un eôté, ils fe feroient coupez à angles droits, & de l'autre ils auroient divifé la
fphére en quatre parties égales. Cette ob-
fervation me fit juger qu'il faloit que cet é-
tang fût juftement fitué au Pole boréal de la
terre : non feulement parce que l'eau en dé-
cendoit tout à l'entour : mais à caufe auffi
principalement qu'il y avoit un bouillonne-
ment continuel, qui ne pouvoit pas bien être
caufé que par l'agitation de la matiére fubtile, qui doit néceffairement entrer & fortir
par les deux extremitez du monde, vû que
cela étoit tout autre que ce que l'on aperçoit
là où il y a une fource d'eau vive. Bénédon
fut de mon fentiment, auffi tôt que je luy
eus expliqué ma penfée. Je trouvay en fuite que mes conjectures n'étoient pas mal
fondées, car étant revenu au même endroit
une autrefois, avec un quart de nonante, qui
à la vérité n'étoit peut être pas des plus juftes, je pris la hauteur du Soleil, auffi pré-
cifement que je le pus ; je fis la même chofe doufe heures après, c'eft à dire lors que
                                    cet

cet aſtre fut juſtement à l'opoſite , ce qui eſt
fort aiſé à obſerver , & je puis proteſter qu'-
entre ces deux élevations il n'y avoit aucune
diférence ; preuve évidente & inconteſtable
que nous devions être là le plus loin de la
ligne équinoxiale qu'il fût poſſible Enfin
nos pêcheurs revinrent autant bien munis
qu'on le pouvoit raiſonnablement eſpérer ;
il n'y avoit auſſi rien d'extraordinaire , mais
ce qui nous fut un ſujet d'étonnement, c'eſt
qu'ils amenérent une petite chaloupe, qu'ils
avoient trouvée dans les glaces , avec trois
hommes morts , & qu'ils auroient volontiers
aportez , s'ils n'en avoient été empêchez par
leur inſuportable puanteur qui les ofuſquoit.
Il falut qu'ils ſe contentaſſent de leurs habits , & de quelques nipes qu'ils avoient dans
leurs poches , parmi leſquelles il y avoit une
montre , & quelques piéces de monnoye
d'Angleterre; ce qui me fit conjecturer que
ce devoient être des gens de ce pays là ,
dont le vaiſſeau avoit péri , ou qui s'é-
toient tellement écartez de leur équipage ,
qu'ils n'avoient pû le rejoindre , & qu'étant
enfin morts de faim & de malaiſe , le vent
les avoit pouſſez juſqu'auprès de Ruſſal, où
nos gens les avoient trouvez. Le Roy fut
ravi de voir de l'argent monnoyé , & une
machine ſemblable à celles dont je l'avois
entretenu pluſieurs fois. Il falut que je luy
fiſſe voir comment la chaîne étoit atachée
d'un bout au reſſort , qui étoit renfermé
dans le tambour , & de l'autre à une roüe ,
comment cette roüe s'emboitoit dans une

autre, à laquelle elle communiquoit le mouvement qu'elle avoit emprunté du reffort,
qui étant bandé, tend continuellement à fon
repos, à quoi il eft porté par la matiére fubtile qui fait éfort pour paffer de fes parties
convexes, où les pores font fort ouverts,
vers les concaves, où à caufe de la cour-
bure de l'acier, ils font fi étroits, qu'elle
n'y trouve point le paffage libre : & enfin,
comment de roüe en roüe, on parvient à la
derniére, qui a communication avec l'éguil-
le, laquelle tourne & indique les heures marquées fur le quadran de la boite. Après
avoir bien examiné la caufe phyfique & arti-
ficielle de la montre, & l'avoir remontée &
tenduë, j'eus le plaifir de voir avec quelle
admiration le Roy confidéroit les diférens
mouvemens de fes parties : il bénit cent fois
celuy qui avoit été l'inventeur d'un fi joli &
fi utile inftrument, & luy fouhaita pour récompenfe, un rang confidérable dans les
champs de Raoul. Immédiatement après
il envoya querir les ouvriers en fer, qui
avoient la réputation d'être les plus expérimentez de la ville, & les chargea d'employer
toute leur adreffe pour imiter ce bel ouvrage : mais ils n'y voyoient abfolument goute.
Je confeillay à deux qui me paroiffoient affez habiles, d'effayer premiérement à faire
quelque chofe de femblable en grand, je les
fecourus moy même de toute mon induf-
trie ; enfin ils en vinrent à bout, & je puis
dire qu'avant mon départ, ils faifoient des
horloges fonnantes, qui alloient paffable-
ment

ment bien , & qui leur étoient d'une utilité
confidérable. Nous nous entretinmes enfuite
des diférentes fortes de monnoyés , de leur
ufage, & de la néceffité qu'il y a qu'un pays
bien policé en foit fourni , pour la commodité des habitans. Le Roy comprenoit bien
tout cela, mais étant dépourvû des métaux,
dont on fe fert pour faire de toutes les fortes d'efpèces qui font de mife parmi nous, il
s'imaginoit qu'à Cambul , la chofe n'étoit
pas faifable. C'eft un abus , Sire , luy dis-
je, il y a des endroits en Guinée, où les coquilles de mer font toute la monnoye des habitans. Nous avons vû le grand Gâftave,
Roy de Suéde , fe fervir , au lieu d'argent
& de cuivre, de piéces de cuir, pendant les
guerres fanglantes & onéreufes qu'il a eües
avec l'Empereur , fur lefquelles il avoit fait
mettre de certains caractéres , qui les faifoient va'oir autant qu'il vouloit , & qui
étoient receües fans aucune dificulté dans
toute fon armée. Vous avez icy du fer ,
continuai - je , il ne tient qu'à vous d'en
faire fabriquer de petites piéces plates & rondes, de la grandeur de l'ongle du pouce, qui
feront la plus petite monnoye, & qui vau-
dront , fi vous voulez , un liard la piéce.
Celles qui feront quatre fois plus pefantes
pourront valoir un fou : on en peut faire de
cinq, de dix, de vingt fous chacune , qui
ne feront pas confidérées par leur poids, ou
par leur grandeur , mais par l'éfigie , que
vous y aurez fait empreindre. Par exemple,
fur les liards , vous pourriez faire marquer

K 4   d'un

d'un côté Cambul, de l'autre Liard : fur les
fous , il ne tiendroit qu'à vous d'y mettre
d'un côté la Lune , de l'autre un Sou :
fur les piéces de cinq fous , je mettrois le
Soleil d'un côté, & fa valeur de l'autre : les
demi florins devroient porter l'éfigie de la
Reine, avec fon nom à l'entour d'un côté, de l'autre dix fous : & les francs, votre portrait & votre nom d'un côté, & vingt
fous de l'autre. Et afin que le peuple fe vit
d'abord en état de vendre & d'acheter, je
leur ferois aporter la ferraille , dont ils fe
fervent dans leurs maifons, & leur en donnerois la valeur en efpèces. Je payerois mes
gardes , mes oficiers politiques, & mes domeftiques en argent, au lieu de leur donner
des vivres & des habits : & reciproquement,
je taxerois les habitans à tant de telles , ou
de telles pieces par mois, ou par an, au lieu
de la dixme qu'ils vous donnent de toutes
chofes. De cette maniére chacun auroit la
liberté de faire ce qu'il voudroit, ou ce qu'il
pourroit , moyennant qu'il vécut paifible-
ment & qu'il vous payât vos droits, vous
n'auriez abfolument rien à dire. Je m'étonne, me répondit il , de ce qu'aucun de mes
prédéceffeurs n'ait jamais penfé à cela : je
conçois bien qu'il ne fe peut rien imaginer
de plus commode, & que fi les autres villes
en font autant, nous pourrons bien plus ai-
fémeut négocier enfemble que nous n'avons
fait par le paffé. Tout le monde n'eft pas
capable d'inventer des chofes nouvelles, Sire , luy dis-je , c'eft une grace particuliére
                                    que

que le Ciel n'acorde qu'à bien peu de gens.
Cette invention de l'argent monnoyé, étoit
fans doute encore inconnue lors que vos
ayeux font venus habiter Ruffal : ceux qui
avoient des métaux les troquoient en barre,
ou par morceaux de forme irréguliére contre les denrées dont ils avoient befoin, comme cela fe pratique encore parmi les fauvages, & une partie des habitans du nouveau
monde : & peut être que les étrangers que
vous avez vus en ces quartiers avant moy,
n'ont pas fongé à donner les inftructions que
je vous donne, aux Rois qui gouvernoient
icy de leur temps. Cette matiére fit plufieurs jours de fuite le fujet de nos entretiens,
& il fut conclu qu'on commenceroit à travailler à ce grand ouvrage, auffi tôt que l'été
feroit paffé, puis qu'auffi bien la plupart du
monde croupiffoit alors dans l'oifiveté, &
qu'ainfi chacun auroit le loifir de mettre la
main à fa propre befogne, ce qui ne pourroit pas être defagréable, d'autant plus que
ce feroit pour le bien public, & que ce que
l'on feroit feroir auprès du feu, qui en hiver, eft
de toutes les compagnies celle qui fait le plus
de plaifir. Mais fupofé qu'ils foient déja
après, laiffons les tarabufter, & reprenons
le fil de notre hiftoire Ruffalienne. Après
la mort de Nardiffe, fes deux fils prirent
foin de faire revivre les loix, ils leur rendirent leur ancienne vigueur, & remirent tout
fur le même pié où il avoit été de temps immémorial, au grand contentement du peuple, qui ne témoigna pas la moindre trif-

K 5

teffe

teſſe à la fin tragique de la Reine. Ce qu'il
y avoit de fâcheux c'eſt que les deux Princes
régens n'avoient aucun penchant pour le
mariage, il n'y eut pas moyen de les faire
réſoudre à prendre femme, parce qu'il n'y
avoit jamais qu'un objet à la fois qui plaiſoit
à l'un & à l'autre, il auroit falu qu'il leur eût
apartenu à tous deux. De ſorte qu'étant venus à mourir d'apoplexie dans un même moment, ils ne laiſſèrent point de légitimes
ſucceſſeurs. Leurs oncles étoient défunts,
ils n'avoient ny neveux, ny couſins, ny parens même, qui ne fuſſent ſi éloignez qu'on
ne les contoit plus de la famille Royale. On
étoit fort embaraſſé pour faire un autre
Roy : pluſieurs l'auroient bien voulu être,
mais ceux qui avoient le droit de l'élection,
ne les trouvoient pas de leur goût. Une
femme fine & ambitieuſe, qui commençoit
à pencher vers la vieilleſſe, ayant apris ce
diférent, appella ſix fils, qu'elle avoit, de
l'âge de vingt juſqu'à trente ans. Mes enfans, leur dit elle, j'ay ſouvent ouy conter
à votre pere que lors que ſa bonne mere le
portoit, elle fit un ſonge miſtérieux, qui
avoit toûjours extrémement flaté ſes eſpérances, & cela d'autant plus qu'elle étoit
du ſang Royal. Elle eſt pourtant décédée
ſans rien voir arriver de grand dans ſa maiſon. Il luy ſembloit, diſoit elle, qu'elle
étoit ſur la cime d'une vieille roche, d'une
hauteur exceſſive, mais que le temps, & les
ondes de la mer, qui la baignoit, avoient
tellement creuſée & diſſoute, qu'elle mena-
çoit

çoit ruine , & que de là , elle découvroit
tout l'océan. Après avoir long-temps con-
fidéré cette grande étendue d'eaux, elle avifa tout d'un coup , au centre de fa circonférence , une petite coquille flotante , qui
n'y avoit point été auparavant , & laquelle ,
nonobftant l'agitation continuelle des flots ,
qui l'environnoient , étoit dans un tranquile
repos , & ne bougeoit abfolument point de
fa place. Cette coquille , ajoutoit elle , refta
vingt jours en cet état , au vingt & unié-
me elle en vit fortir un vermiffeau de la
même couleur dont elle étoit , qui étoit presque imperceptible. Ce petit animal reftoit
toûjours en un même état , il ne fe remuoit
point , il ne croiffoit point , on eût dit qu'il
étoit fans vie : enfin elle fut furprife de voir
que tout d'un coup il s'enfla , & devint d'une
groffeur prodigieufe. Il luy vint auffi des
aîles , qui couvroient une étendue infinie des
eaux. En fuite il prit la forme d'un aigle ,
qui tenoit en fon bec un Scéptre , & entre
fes grifes un glaive à deux trenchants , dont
il fembloit menacer le Ciel & la terre. Si
jamais ce fonge , mes chers enfans , continua la bonne femme , doit avoir fon acom-
pliffement , c'eft dans la conjoncture prefen-
te. Le trône eft vaquant , faute d'héritiers ,
on ne fait qui élire pour l'ocuper : votre pere
eft honnête homme , il eft aimé de tout le
monde ; je veux qu'il ne foit que ftatuaire ,
mais un ftatuaire pourtant , qui excelle dans
fa profeffion , il eft bourgeois de Cambul ,
comme les mieux hupez , & n'eft fuivant les

loix, non plus exclus de la Royauté que les Chioux, & les plus diſtinguez du peuple. C'eſt une afaire qui vous regarde de près; le Royame eſt héréditaire, s'il venoit à être Elu, vous devriez luy ſuccéder. Suivez mon conſeil, ne vous endormez pas, ſi vous agiſſez à ma fantaiſie, je ſuis trompée ſi vous ne réuſſiſſez. Pour venir à bout de mon deſſein, je ſuis d'avis que deux d'entre vous partent ſecrétement, & décendent dans le précipice de Raoul : que les quatre autres faſſent une partie de chaſſe, avec quinſe ou vingt de leurs amis, & les ménent inſenſiblement vers cet endroit là, lors que ceux qui ſeront cachez les entendront, l'un d'eux criera de toute ſa force, & à pluſieurs repriſes. Je ſuis YOMAHA, c'eſt ma volonté que Hélumac ſoit Roy de Cambul. Ces jeunes hommes ſe voyant en état de travailler à remplir les vues de leur mere, qui leur étoient tout à fait avantageuſes, exécutérent ſes ordres, & le firent avec tant de ſuccès, que pas un de ceux qui avoient entendu ces mots n'eût juré que Dieu luy même avoit parlé d'une voix de tonnerre. Toute la ville fut d'abord remplie des nouvelles de ce prodige. Hélumac, qui ne ſavoit rien des menées de ſa femme & de ſes enfans, leur en vint faire part dans le moment, avec des marques d'un étonnement extraordinaire, ſans pourtant prétendre vouloir profiter d'une conjonĉure, qui ſembloit d'ailleurs ſi favorable pour luy & pour les ſiens : au contraire, lors qu'ils voulurent luy remontrer

que

que la chofe n'étoit pas impoffible, qu'il fe
faloit prévaloir de l'ocafion , & qu'il ne devoit pas négliger la poffeffion d'un bien, que
le Ciel déclaroit hautement avoir deftiné à
luy & à fa famille, il fe moqua d'eux ouvertement , & faillit à fe mettre en colére. Il
agiffoit de la même maniére avec tous ceux
qui luy en parloient , ce qui reculoit prodi-
gieufement les afaires , d'autant plus que les
plus grands n'inclinoient point de ce côté là.
La femme voyant cela , montra à fes fils un
corbeau qu'elle avoit tenu renfermé quelque
temps , fans que qui que ce fût en eût rien
fceu , & auquel elle avoit apris à dire , Hélumac eft Roy , & leur ordonna de le porter fecrétement à l'autre extrémité de la
ville , & l'ayant mis à terre en quelque endroit éarté , où il n'y eût perfonne , qu'ils
s'exquivaffent, & le laiffaffent feul. Cet oifeau ne fut pas à terre qu'il parut tout éfarouché : tantôt il couroit , un moment a-
près il voltigeoit , il fautoit d'un côté , il
s'élançoit de l'autre , ne fachant où aller ,
ny que devenir. Là deffus quelqu'un furvint
cafuellement , qui s'étant aperceu de fes faillies , ne put s'empêcher de rire , & il le fit
même avec tant d'éclat , que ce bruit atira
d'autres fpectateurs. Tout le monde étoit
furpris des actions de ce jeune corbeau , qui
ayant toûjours été renfermé dans un lieu obfcur , n'avoit jamais vu perfonne. Mais ce
fut bien pis lors que fe voyant environné d'u-
ne groffe troupe de monde, il fe mit à repé-
ter tout haut fon ancienne leçon , Hélumac

eſt Roy. Pas une âme ne penſoit qu'il y
eût là de la tromperie, on faiſoit ſeulement
divers jugemens ſur la qualité de l'animal,
qui avoit ſalué Hélumac comme Roy. Les
mal intentionnez vouloient que ce fût un
ſorcier, parce qu'il étoit noir, & avoit la
forme d'un oiſeau de mauvaiſe augure.
D'autres le prenoient pour le diable même,
qui étant envieux de leur bien, vouloit leur
donner pour maître & Souverain, un homme, qui n'avoit ny naiſſance, ny caractére,
qui le diſtinguât de la foule du peuple. La
plus grande partie étoient pourtant d'avis que
puis que Yomaha avoit tenu le même langage au fond de la Caverne de Raoul, cet
oiſeau, de quelque maniére qu'il fût bâti, ne
pouvoit être qu'un divin meſſager, que luy
même envoyoit pour confirmer ce qu'il a-
voit dit, & convaincre les incrédules de des-
obéiſſance, en ce qu'ils ne vouloient pas
aquieſſer à ce qu'il avoit réſolu dans ſon
Conſeil éternel, qu'ils fiſſent en faveur de
celuy de tous les habitans de Cambul, qu'il
croioit digne de porter une Couronne. Le
nombre de ceux qui étoient de ce ſentiment,
augmenta conſidérablement en peu de temps,
de ſorte que ſi les Chioux, qui en eurent
auſſi tôt le vent, ne fuſſent venus pour les
diſſiper, ils auroient été capables d'aller ſur
le champ prendre Hélumac & de le porter
ſur le Trône. Le Lieutenant de Roy, le
Colonel des gardes, quelques Capitaines,
& pluſieurs des maîtres des quartiers, re-
muoient cependant Ciel & Terre pour parvenir

venir à cette dignité. La femme de Hélumac, qui s'apelloit Saja, ſe deſeſpéroit de
ſon côté de ce que les moyens qu'elle avoit
employez juſqu'alors, avoient été inutiles,
elle donnoit jour & nuit la gêne à ſon eſprit pour inventer d'autres expédiepts: enfin
après s'être bien tourmentée, elle s'aviſa de
ce dernier qui eut l'heureux ſuccès qu'elle en
atendoit. On étoit alors au commencement
de l'hiver, il y avoit trois ſemaines que l'astre du jour ne ſe montroit plus : vous avez
apris une compoſition de votre pere, dit elle
à ſes enfans, qui brûle ſur du bois & ſur du
parchemin, auſſi bien que ſur la pierre, pendant une heure ou deux, avant que de s'é-
teindre, faites un dragon volant, atachez à
ſa queüe des caractéres enduits de cette matiére, qui compoſent ces mots: *Hélumac
Grin, auſa Cambul truda.* C'eſt à dire, Hélumac Roy, où je brûle Cambul : Puis ſor-
tez ſecrétement deux ou trois, & vous
tranſportez à celuy des bouts de la ville d'où
le vent vient, pourvûs d'aſſez de corde de
boyau pour faire voler votre écuiſſe ſi haut
& ſi loin, qu'il réponde bien avant ſur
des parties conſidérables de Cambul, & là
laiſſez le ſuſpendu en l'air, afin que les autres faiſant ſemblant d'avoir des afaires en
haut, montent incognito, & ayent occaſion
de voir ce nouveau prodige, dont ils feront
incontinent part à d'autres, après quoi ils
ſe retireront à la faveur de la multitude qui
ne manquera pas d'y acourir de toutes
parts, de peur que nous ne ſoyons ſuſpects à

per-

perſonne. Quoi que les mouvemens qu'ils
s'étoient donnez euſſent été ſans aucun éfet,
ils avoient pourtant donné le branle aux choſes , & diſpoſé le peuple à agir en leur faveur : il étoit aiſé de voir que pour peu fi-
nement que l'intrigue fût continuée , il y
avoit beaucoup d'aparence qu'ils verroient
leur entrepriſe couronnée d'une heureuſe is-
ſüe. Dans cette penſée ils ne balancérent
pas ſur le projet de leur mere, ils l'exécutérent de point en point , comme les precé-
dents, tant pour luy donner des marques de
leur obéiſſance, que pour n'avoir rien à ſe
reprocher. Le haſard voulut que le Ciel
étoit couvert , & recevoit fort peu de clarté
du crépuſcule. Auſſi tôt que le bruit ſe fut
répandu de la vüe d'un nouveau ſpectacle ,
en faveur de Hélumac , d'un ſigne parlant ,
d'une comète dont la queüe leur venoit annoncer ſous de rudes menaces , la volonté
de YOMAHA , pas une ame ne reſta dans les
maiſons, tout le monde ſortit, & les grands
auſſi bien que les petits , frapez du dernier
étonnement , dirent d'une commune voix
qu'il ne faloit pas diférer davantage à élire
pour leur ſouverain celuy que Dieu avoit
deſtiné à cette haute dignité depuis ſi long
temps. Le Conſeil s'aſſembla , où Hélumac fut créé Roy de Ruſſal , avec l'aplau-
diſſement de tout le monde. Comme ce
Prince étoit charitable , bon , & d'une piété
extraordinaire, il y avoit peu d'habitans dans
la ville qui ne fuſſent ravis de l'avoir pour
leur Monarque. Saya étoit d'un naturel

tout

tout diférent du fien : s'il l'avoit voulu croire, il auroit moins fuivi fon penchant , que
les exemples d'Eubron le tiran , ou auroit
renverfé les loix , comme Nardiffe : mais
incapable de fortir des régles de l'équité , il
fe faifoit toûjours un plaifir fingulier d'exercer par tout la juftice , de maniére qu'on
voyoit fouvent éclater fa clémence dans des
cas qui fembloient exiger de la févérité.
Avec tout cela fon régne ne fut pas long ,
il ne gouverna que l'efpace de huit années , au grand regret de fes fujets , qui
auroient fouhaité ardemment qu'il n'eût jamais pris fin. L'Aîné de fes fils , nommé
Zandor , luy fuccéda ; auffi tôt on nomme
des Ambaffadeurs , & fuivant la coutume ,
on donna avis de ce changement aux autres
villes. Les Gouverneurs de ces endroits là
ne manquérent pas d'envoyer des députez
du corps de leur Magiftrature pour témoigner à la cour la part qu'ils prenoient au décès de l'un, & le plaifir que leur faifoit l'é-
lévation de l'autre. Parmi ceux qui étoient
venus de méralde , le malheur voulut qu'il
y avoit un perfonnage d'une hauteur extraordinaire , un homme vif , de beaucoup d'efprit à la vérité , mais qui étoit très mal fait
de fa perfonne , & d'une conftitution capable de luy faire tout entreprendre. Après
avoir eu Audience du Roy , qui le receut
fort civilement , & luy donna des marques
toutes particuliéres du plaifir qu'il avoit pris
à l'entendre haranguer , il voulut parcourir
toute la ville, & voir ce qu'il y avoit de plus
cu-

curieux, parce qu'il n'y avoit jamais été. Le
menu peuple, qui eſt brutal par tout, & aux
actions duquel un honnête homme ne dévroit pas prendre garde, ne ceſſoit de luy
faire des inſultes; nonobſtant ce que ceux
qui l'acompagnoient diſſent pour l'en empêcher. L'un l'appelloit nez de poumon, l'autre maigre dos; il y en avoit qui le pous-
ſoient, ou qui luy jettoient des ſaletez au
viſage: enfin étant las de ſouffrir toutes ces
impertinences, & voyant un charpentier qui
luy crioit à gorge déployée, jambes de hé-
ron, que n'es tu venu ſans échaſſes, dont
il faiſoit ſemblant de le vouloir faire culbu-
ter, il fut ſi peu capable de ſe poſſéder d'a-
vantage, qu'ayant tiré ſon épée, il la luy
paſſa au travers du corps. Ce fâcheux accident émût toute la populace, chacun le
vouloit aſſommer, & l'on eut toutes les peines du monde à le tirer de leurs mains. Zandor en aprit la nouvelle avec tout le chagrin
imaginable, il auroit bien voulu faciliter la
retraite de cet Ambaſſadeur, mais il ne ſavoit de quel biais s'y prendre, il apréhendoit
qu'il ne fût découvert ou ſurpris, en ſe retirant, & qu'on ne ſe vengeât ſur luy de la
mort du charpentier. Pendant qu'il réfle-
chiſſoit ſur cette fâcheuſe avanture, on luy
vint dire que les parens du défunt s'aſſem-
bloient dans la grand-rüe, & qu'ils avoient
fait ſerment de périr tous, ou de tirer vengeance du tort que cet étranger venoit de
leur faire en la perſonne de celuy qu'il avoit
aſſaſſiné. Le Roy y envoya incontinent un
Capi-

Capitaine de ſes Gardes avec ſoixante hommes armez juſqu'aux dents, pour leur com-
mander de ſe retirer chez eux, avec promeſſe de la part du Souverain, qu'on s'alloit ſaiſir de l'Ambaſſadeur, & que juſtice
leur ſeroit faite. Cet engagement les contenta, mais ils priérent l'oficier de dire au
Roy qu'ils eſpéroient de ſa bonté qu'il leur
feroit la grace de ne leur pas manquer de
parole. En même temps on mena l'Envoyé au Palais, ou Zandor luy parla ſéche-
ment, & luy fit fort bien comprendre qu'il
avoit tort de s'être laiſſé emporter à ſa paſſion : qu'il devoit plutôt s'être plaint des injures qu'il prétendoit qu'on luy avoit faites, qu'il en auroit eu toute la ſatisfaction
imaginable, au lieu qu'il ne ſavoit comment s'y prendre pour le garantir de la fureur de ceux qui s'intéreſſoient pour celuy
de ſes ſujets, dont il avoit répandu le ſang.
Le bon homme eut beau ſe juſtifier, & re-
jetter la cauſe de ce malheur, à l'occaſion
duquel il étoit au deſeſpoir, ſur la lie d'un
peuple inſolent, & inſuportable, qui avoit
pouſſé ſa patience à bout : Tout cela ne
ſervit de rien, & les Chioux, qui craignoient
les conſéquences, conſeillérent au Roy de
ne point permettre à cet Ambaſſadeur de ſe
retirer qu'il ne laiſſât pour ôtages quatre des
principaux de ſa ſuite, que l'on garderoit à
Cambul juſques à ce que l'on eût vû quel
train prendroient les choſes, ou quelle ſatisfaction le Gouverneur de Méralde donneroit
aux parens du ſang. Quelque avantageuſe

&

& honnête que parût cette condition , on
eut de la peine à la faire agréer aux bourgeois , ils en vouloient à l'envoyé , & ils
apréhendoient qu'étant une fois en liberté ,
on ne fît dificulté , comme en éfet cela auroit été criant, de faire payer l'innocent pour
le coupable. Il se trouva dans la suite qu'ils
ne s'étoient pas trompez dans leurs conjectures. Le Gouverneur de Méralde ayant
été instruit , au retour de ses envoyez , de
l'indigne traitement qu'on leur avoit fait ,
envoya aussitôt reclamer ceux que l'on re-
tenoit à Cambul , avec menaces que si on
ne les relâchoit pas dans le moment , il use-
roit de représailles , & verroit par là s'il
pourroit aprendre aux gens à brutaliser des
étrangers , qui vont exprès chez eux pour
leur faire civilité. Zandor , auquel ceux ,
qui avoient eu cette commission , s'adressé-
rent , parut surpris d'une proposition aussi
fiére que celle là , & ne voulant pas y répondre de son propre mouvement , il fit as-
sembler les maîtres des quartiers , & leur
communiqua ce qui se passoit. La dessus
on fit venir les députez au sénat , & après
leur avoir de nouveau témoigné le déplaisir
que l'on avoit des indignitez que leur Ambassadeur avoit essuyées dans leur ville , on
leur fit comprendre que luy de son côté
ayant eu l'audace d'anticiper sur les droits du
Souverain , auquel il apartient seul de punir
ceux ausquels il arrive de tomber en faute
dans l'enceinte de sa jurisdiction , on avoit
raison de trouver étrange que leur Protecteur

teur fût affez téméraire pour refufer de punir le coupable de la maniére la plus convenable pour la fatisfaction des intéreffez : à
quoi l'on ajoûta que pour luy faire voir que
l'on fe foucioit auffi peu de luy que de fes
menaces, ils n'avoient qu'à luy dire libre-
ment que s'il ne faifoit juftice au plutôt, on
alloit expofer les ôtages, que l'on avoit bien
traitez jufqu'alors, à la fureur du menu peuple, qui ne manqueroit pas de les dechirer,
& de les donner à manger aux chiens : ce
qui cauferoit fans doute une guerre funefte
entre eux, où il y auroit beaucoup de fang
répandu. Les envoyez ne reftérent pas fans
repartie, ils plaidérent éloquemment leur
caufe, mais n'ayant pu obtenir d'autre re-
ponfe que celle qu'on leur avoit faite, ils
s'en retournérent fort malcontens chez eux.
Le Gouverneur penfa enrager de voir que
fes menaces avoient été de fi peu d'éfet, il
ne fe donna pas feulement le temps de confulter les Magiftrats fur ce qu'il trouvoit à
propos de faire, il ordonna au Commandant
de fes Gardes de partir inceffamment pour
Cambul, & d'aller dire à Zandor que puis
qu'il ne vouloit plus vivre avec luy en bonne intelligence, il le fommoit de fe trouver
quinfe jours après au Cap des joncs, qui eft
à la moitié du chemin de ces deux villes, à
la tête de deux cents cinquante chaloupes,
que luy même y en ameneroit autant, & que
là ils vuideroient leur diférent à la pointe de
l'épée. Le Roy accepta ce défi à regret, il
auroit mieux aimé terminer cette querelle à

l'al'amiable. Le Peuple au contraire, étoit ravi d'en pouvoir venir aux mains avec un ennemi qui devenoit tous les jours plus fier, & qui leur mettoit par tout le pied ſur la gorge ; de maniére que ſi on avoit voulu en croire la meilleure partie, toute la ville ſeroit ſortie pour aller aſſiſter à ce combat. La parole étant donnée on travailla d'abord à l'équipage de la flote, on ſe mit en mer, & les deux armées navales firent tant de diligence, qu'elles ſe trouvérent à point nommé au rendez vous. Auſſi tôt que ces diminutifs de Vaiſſeaux furent à la vüe l'un de l'autre, les tambours, les cors, & les trompettes marines, firent retentir tout l'air de leur ſon : les deux partis ſe rangérent en ordre de bataille, & s'étant aprochez juſqu'à la demi-portée de l'arc, ils commencérent à agir avec tant de promptitude & de courage, qu'on eût dit qu'il pleuvoît des fléches du Ciel. Le combat avoit à peine duré une heure, qu'il s'éleva un brouillard épais, qui les obligea de part & d'autre d'avancer, & ils s'aprochérent tellement, à cauſe que l'obſcurité augmentoit de moment à moment, qu'ils ſe trouvérent inſenſiblement les uns ſur les autres. Ce fut alors que ſe ſervant non ſeulement de leurs coutelats, mais auſſi de rames, de bâtons, & de tout ce qui leur tomboit ſous les mains, ils ſe chamaillérent avec tant de fureur, & d'opiniâtreté, que ſi un grand vent, qui s'éleva tôt après, ne les eût pas contraints de travailler à la manœuvre pour gagner terre, & éviter d'être en-

engloutis par les vagues de la mer , il n'en
feroit pas revenu un feul. Cent quatrevingts
neuf bateaux y périrent, la plupart des combatans furent tuez ou bleſſez , & ils avoient
fait des priſonniers de part & d'autre ; de forte qu'on ne pouvoit pas dine poſitivement
que l'un eût eu de l'avantage ſur l'autre , &
qu'aucun ſe pût atribuer la victoire. Zandor fut mortellement bleſſé dans la mélée,
& on ne ſavoit ce que trois, de ſes freres
étoient devenus : le légitime ſucceſſeur à la
Couronne , & qui ſe nommoit Amander a-
voit receu un coup de levier à la tête , le jeune s'en étoit tiré ſeul heureuſement à ce que
l'on diſoit , ſans la moindre égratignure.
Avant que de paſſer outre , je croy qu'il eſt
à propos de faire remarquer icy qu'un des
habitans de Méralde , pêcheur de ſa profeſſion , avoit entr' autres enfans , une fille
âgée de vingt huit ans , qui n'avoit que des
inclinations mâles ; elle aimoit la compagnie des hommes , & ne vouloit abſolûment
ſe mêler que de ce qu'ils faiſoient. On
l'appelloit le Matelot, parce que ſon pere
l'avoit priſe avec luy dès l'âge de quatre ans,
en habit de garçon , & avoit continué de
s'en ſervir comme d'un valet , pour le plus
gros ouvrage de la marine. Cette fille res-
ſembloit à Amander comme à elle même,
ils étoient à peu près de même âge , de
même groſſeur & hauteur , ils avoient les
traits du viſage groſſiers , chacun un nez
aquilin , & ce qui étoit admirable , c'eſt
qu'Amander n'avoit point de barbe. Comme

me elle avoit le cœur Martial , elle n'avoit pas cru devoir laisser échaper l'occasion favorable, & qui ne s'étoit pas encore presentée de ses jours , de voir deux armées aux mains : elle s'étoit mise de la partie sans qu'on y eût fait de réflexion , parce qu'on étoit bien acoutumé de la voir dans les actions pénibles & dangereuses. Se trouvant après la bataille du côté des Cambuliens, elle fut ravie de voir que chacun s'empressoit à luy témoigner la part qu'il prenoit à sa blessure , & que tout le monde la nommoit Amander. Dans l'état où elle étoit, elle avoit le plus beau prétexte du monde de ne dire mot : elle se laissoit penser, bander, servir, & mener là où l'on vouloit, sans en témoigner la moindre surprise, & comme si on n'avoit fait que son devoir. Enfin le Matelot étoit devenu fils & frere de Roy, on luy en déféroit les honneurs , & on le porta dans la maison des Princes , où l'on eut un soin particulier que rien ne luy manquât. Ses parens ne la voyant point revenir à Méralde avec les autres , & ne pouvant aprendre de personne ce qu'elle étoit devenue, la crurent morte , de sorte que l'oubli fut le premier endroit que l'on destina au Matelot pour sa sepulture. Le Gouverneur de cette superbe Ville n'avoit point encore ses Otages , il n'étoit pas plus en droit de les redemander qu'auparavant , & il n'avoit eu aucun avantage sur ses ennemis , qui luy donnât lieu de les contraindre à les luy rendre. Il crut pendant que ses gens étoient encore

core animez, qu'il devoit faire un nouveau
défi à Zandor de venir par terre à fa rencontre, avec une Armée de doufe mille hommes, à condition que le vaincu feroit forcé
de s'en tenir à ce que luy prefcriroit fon
vainqueur, au fujet du diférent qui avoit
caufé leur rupture, afin qu'on ne le fît pas
à deux fois. Il ne falut que peu de jours
à fe préparer pour une nouvelle marche.
La faifon étoit agréable, les chemins beaux,
unis, & divifez comme nous avons dit ailleurs, qu'ils font entre les autres villes, fi
ce n'eft qu'il y a icy de demy mile en demy
mile, une colonne de pierre de côté & d'autre, haute de doufe pieds, qui eft numéro-
tée, jufqu'aux premiers logemens, où le
nombre recommence, & finit aux feconds,
& ainfi de fuite tant que l'on eft fur les terres de Cambul, qui s'étendent de part &
d'autre à une égale diftance. De Méralde
jufque là, qui eft par conféquent la moitié
du chemin, les divifions font terminées par
des piramides triangulaires, d'égale hauteur,
& marquées auffi de même. Le Lieutenant
de Roy, qui conduifoit l'armée des Cambuliens, avoit de l'âge & de l'expérience, autant qu'on en peut avoir dans un pays, où
l'on n'a prefque jamais de guerre qu'avec les
bêtes des champs; il remarqua, en apro-
chant des Méraldiens, qu'ils avoient le Soleil & un affez grand vent en face, l'avantage étoit trop confidérable pour le négliger,
il courut à eux avec toute la fierté, dont un
brave Général eft capable, & ayant donné

L   ordre

ordre, à fes gens de faire élever autant de
poufliére qu'ils pourroient , il les ataqua
fi à propos l'épée à la main , & lors qu'une
nuée de fable leur déroboit la vue de tous les
objets qui les environnoient, qu'ils les mirent
d'abord en déroute. Ils en ccuchérent deux
mille fix cents cinquante cinq fur le carreau;
le Gouverneur y perdit la vie , & fon fils
aîné fe trouva du nombre des prifonniers :
de forte qu'ils s'en revinrent chez eux triom-
phans, mais nullement enflez de leur victoire. Au contraire, Zandor , pour donner
à tout Ruffal des marques autentiques de
fa générofité , fe fit amener le fils du feu
Protecteur de Méralde , & celuy qui devoit
luy fucéder à cette haute dignité, il luy témoigna le déplaifir qu'il avoit de la mort tragique de fon pere ; il luy fit voir comment
il avoit été luy même la caufe de ce malheur , & de la défaite de tant d'autres braves
gens, fans aucun fujet , puis que le diférent
qu'ils avoient , pouvoit être terminé par
une fimple foumiffion, une excufe, ou une
legére peine , que l'on auroit impofée au
coupable: & après luy avoir déclaré qu'il
s'en tenoit à la fentence que le Gouverneur
luy même avoit prononcée en faveur du victorieux. Je prétens , luy dit il , que vous
mangiez avec moy , que vous acceptiez en
préfent un de mes meilleurs vêtemens , &
que vous vous en retourniez chez vous avec
tous ceux qui font icy de votre gouvernement, tant les Otages que ceux que j'ay pris
dans ces deux batailles : allez , Dieu vous
con-

conduife. Si vous devenez Gouverneur de
Méralde, continua-t-il, je vous recomman-
de l'amour pour vos fujets , & la paix avec
vos voifins. Ce compliment creva le cœur
d'honnêteté à tous ces étrangers; ils donnérent avant leur départ mille marques fenfibles & refpectueufes de leur fincére reconnoiffance , & proteftérent que fi l'Ambaffadeur . qui s'étoit pourtant batu comme un
Lion, n'avoit pas péri dans la derniére action , ils le luy auroient remis au premier
jour entre les mains , pour le punir comme
il l'auroit jugé à propos luy même. Les habitans de Méralde furent auffi fort contens
de ce procédé : ils firent une nouvelle dé-
putation des plus habiles d'entr' eux , pour
venir remercier Zandor , & traiter avec luy
une Alliance perpetuelle , qui ne pourroit
être rompue fous quelque prétexte que ce
fût. Cette paix fut une ocafion de nouvelles réjouiffançes , toute la ville de Cambul
en témoigna fa joye, Zandor feul ne put
pas paroître en public pour donner auffi des
marques de la fienne ; fes bleffures alloient
tous les jours en empirant , il n'y eut pas
moyen de les guérir ; de maniére que fon
régne fut de fort petite durée. D'autre côté le Matelot fe fortifioit de jour en jour;
chacun s'éforçoit de luy procurer du plaifir,
& de fe rendre néceffaire auprès de fa perfonne , dans l'efpérance qu'il feroit bien tôt
en état de les recompenfer , & de leur faire
du bien. Comme il avoit de l'efprit, il n'a-
voit pas manqué de prendre de bien près gar-

de à tout ce qui fe difoit & de luy , & de
la famille Royale ; il avoit fçu même tirer
adroitement de la bouche de mille flateurs ,
dont il étoit éternellement obfédé , les ins-
truĉtions qui luy étoient néceffaires pour
bien jouer fon perfonnage dans une conjoncture de cette importance : de maniére qu'immédiatement après le décès de fon prétendu frere , il fut élu fans aucune dificulté , &
parvint ainfi à la royauté. Quoi qu'au fond
un Roy de cet ordre ne foit que bien peu
de chofe, au prix des Monarques, que l'on
a dans toutes les autres parties de l'Europe,
& de l'Afie, cela ne laiffe pas d'être là fort
confidérable. Il eft Chef d'un .milion au
moins de perfonnes, des biens & de la vie
defquelles il difpofe comme il luy plaît: car
chacun s'y fait un cas de confcience de s'o-
pofer à fa volonté, en quoi que ce foit , &
d'en faire même le femblant. Cela étant, il
ne feroit pas furprenant d'entendre que le
faux Amander, n'ayant ny monde, ny édu-
cation, ny naiffance, oubliât ce qu'il devoit
à fon caraĉtére , & s'abandonnât au luxe ,
à la vanité, & à la débauche. Rien moins
que cela, on eût dit à fes aĉtions, qu'il n'a-
voit jamais fréquenté qu'avec des gens du
premier ordre: il étoit civil, généreux, honnête, autant qu'il fe peut: & avec tout cela
il confervoit une certaine gravité , qui im-
primoit du refpeĉt à tous ceux qui l'aprochoient. Comme il jettoit l'œil fur tout,
& qu'il obfervoit jufqu'aux moindres mouvemens de fes fujets , il crut un jour avoir
                                              remar-

remarqué que ſon frere prétendu, Méruſol,
avoit une amourette avec la femme d'un
Lieutenant de ſes troupes, en ce qu'elle ne
manquoit guére de le venir voir toutes les
fois que ſon mari avoit la garde, ou qu'il
étoit hors de chez luy pour quelque temps.
Pour s'en éclaircir il fit faire un habit tout
ſemblable au ſien, & baiſſa ſa chauſſure de
deux doigts, parce qu'il étoit de cela plus
haut qu'elle, & ayant fait mettre des gens
apoſtez en ſentinelle, au temps qu'il ſe
doutoit que la belle devoit venir rendre
une viſite à ſon galant, il fut ravi lors
qu'on luy vint annoncer qu'éfectivement cette Dame s'étoit gliſſée ſeule dans la chambre de Méruſol. Il envoya un domeſtique
la prier de venir inceſſamment parler au Roi,
qui avoit quelque choſe d'important à luy
dire pour ſes propres intérêts, avec promeſſe
qu'il ne la tiendroit qu'un moment. Dans
la croyance où elle étoit que perſonne ne
l'avoit vue entrer là où elle étoit, elle reſta
quelque temps interdite à l'ouie de ce mes-
ſage: mais s'étant un peu remiſe. Allez dire
au Roy, dit elle à cet oficier de la chambre,
que je ſeray à luy auſſi tôt que vous. En
même temps elle ſe léve, & part, mais comme elle ſe preſentoit à la porte du cabinet de
ſa Majeſté, le même homme qui venoit de
la quiter, la fit entrer dans un autre apartement, qu'il luy indiqua, diſant que dans cet
intervale il étoit ſurvenu une affaire au Roy,
qui ne ſoufroit point de délai, & qu'il avoit
ordre de luy dire de ſa part qu'elle eût la

L 3   bon-

bonté d'atendre là jufques à ce qu'il eût fait,
& qu'alors il parleroit à elle. Le Roy cependant étoit allé travefti trouver Mérufol, qui
d'abord qu'il le vit entrer, luy fauta au cou;
il le baife il le preffe, avec une ardeur inconcevable. Je m'impatientois de vous revoir, Madame, luy dit il, le feu que votre
préfence avoit alumé, & que votre charité
étoit fur le point, d'éteindre, lors que vous
avez reçu cet ordre fatal de fortir, me con-
fume : allons, ma Déeffe, ne perdons point
de temps, de peur que quelque autre inconvé-
nient femblable n'interrompe de nouveau le
plus beau deffein que Cupidon ait formé de
fes jours pour le bien de deux Amans qui
s'aiment plus que la vie. Il le prend par
la main, il le tire vers l'endroit où fa paffion dominante le conduit. Le Roy ne difoit mot, il étoit fi confus & fi interdit de fe
fentir traiter de cette maniére, dans un lieu
obfcur, où l'on avoit peine à bien diftinguer
les objets les plus voyans, qu'il ne pouvoit
pas proférer une parole, Comme il n'étoit
pas infenfible, fa nature fembloit fe réveiller, & prendre quelque plaifir à ce badinage;
de forte que cela étant joint à une vaine curiofité qu'il avoit de favoir jufqu'où ces gens
pouffoient leur intrigue, il fit fi peu de réflexion fur ce qui fe paffoit, & il avoit fi
fort oublié les devoirs aufquels l'engageoient
la qualité de fille, mais d'une fille qui avoit
joûé jufqu'alors avec tant de fuccès le perfonnage de Souverain, qu'il avoit franchi les
bornes de l'empire de l'amour, avant que de
s'être

s'être aperceu qu'il eût encore mis le pié ſur
ſes terres.   Ce fut dans ce moment que ſa
conſcience commença à ſe réveiller, & qu'a-
préhendant les ſuites de cette dangereuſe en
trevue.   Parlons bas, Méruſol, dit il à cet
amant paſſionné , je crains qu'il n'y ait icy
des gens qui nous eſpionnent.   A vous parler ingénument, répondit Méruſol, j'ay eu
la même penſée , quand le Roy vous a envoyé querir : il eſt aiſé d'en juger par les
circonſtances : que vous vouloit il? Ce qu'il
me vouloit, reprit Amander, il me vouloit
dire que le Capitaine de la troiſiéme Compagnie de ſes gardes venant d'expirer , il
avoit déja jetté les yeux ſur mon mari, comme ſur un homme dont il a la bonté de
faire beaucoup de cas , & qu'ayant entendu
d'un de ſes domeſtiques que j'étois entrée
icy , il vouloit me faire part des bons ſentimens qu'il a pour un oficier qui a toûjours
ſervi avec ſoin, & une fidélité inconcevable.
Vous pouvez vous imaginer ſi j'ay été char-
mée de ce compliment: non ſeulement cela étoit agréable & avantageux, mais il me
fourniſſoit par là les moyens de ſatisfaire au
deſir qu'il m'a témoigné en ſuite de ſavoir
ce que j'allois faire chez ſon frere ; & en
même temps des armes ſufiſantes pour la
défence de mon honneur , qui riſquoit conſidérablement dans un cas ſemblable ; car
auſſi tôt qu'il a eu achevé ſon diſcours , je
n'ay pas manqué de le remercier très humblement de ſa bonne volonté, je luy ay
recommandé les intérêts de ma famille , &

L 4

luy

luy ay déclaré que je ne vous étois venu
trouver que dans la vue de vous prier d'intercéder pour votre ancien ami auprès de la
Majefté. Affurément, dit Mérufol, cela
va le mieux du monde, puis que la même
afaire vous pourra fervir de prétexte à me venir trouver plus fouvent que vous n'avez pu
faire jufqu'à cette heure. Il y a juftement
aujourd'huy doufe jours que nous ne nous
étions vûs, ce temps m'a paru d'une longueur prodigieufe. Je ne comprens pas reprit le Roy, toûjours d'un ton fort bas, comment on pourroit tirer cette folicitation en
longueur. Si fais bien moy, répondit Mérufol, c'eft icy une coutume, qui a pris la
forme de Loy, que l'on ne fait tort à perfonne, que dans des cas tout à fait extraordinaires, comme lors que quelqu'un fe fig-
nale à la guerre, qu'il eft intrépide, infatigable, & toûjours heureux à la chaffe des
bêtes féroces, qu'il expofe vifiblement fa vie
pour tirer le Roy d'un danger, où fans luy
il devoit vrai-femblablement périr, ou qu'il
rend un fervice confidérable à la patrie. Cela
étant il eft vifible que ce feroit une injuftice
criante de ne pas donner la compagnie qui
vaque, à celuy qui en eft le Lieutenant. Il
eft brave, il n'y a rien à redire à fa perfonne, mais comme il eft valétudinaire, & prefentement même alité, de maniére qu'il y a
peu de gens qui s'imaginent qu'il en reléve,
il n'y a qu'à porter le Roy à fe déclarer pour
votre mari, & à l'empêcher de difpofer de
l'employ vacant jufques à ce que l'on voye
le

le train que prendra la maladie du patient,
afin de ne donner sujet à qui que ce soit de se
plaindre : laiffez moy faire, je gouverneray
bien tout cela. C'eft fort bien imaginé, repliqua Amander, nous en parlerons avec
plus de loifir une autre fois, je n'ofe pas
refter icy davantage, je m'en vay. Adieu
donc, ma belle Ame, dit Mérufol : mais à
propos, n'oubliez pas les gants, que vous
avez tantôt laiffez fur cette table. J'étois fi
troublée, continua Amander, que je ne
m'en fuis aperceue que lors que j'ay été dans
l'Antichambre du Roy, mais le mal n'étoit
pas grand, j'en avois une autre paire en po-
che, que j'ay prefentement aux mains, comme vous voyez : je me faifis pourtant des
autres, ils font meilleurs que ceux cy, &
je ne penfe pas que vous vous fouciez beaucoup que l'on voye des gants de femme là
où vous couchez, adieu. Auffi tôt que le
Roy fut de retour, il reprit fes habits, & fit
venir Sardanie, car c'eft ainfi que fe nommoit la femme de l'oficier que l'on jouoit.
Vous avez atendu, Madame, luy dit il,
j'en fuis fâché, il m'eft furvenu des afaires, qui ne m'ont pas permis de vous joindre
dre plutôt : Vous fachant dans le voifinage, & chez l'un de mes parens, j'ay cru
vous faire plaifir de vous aprendre que j'ay
jetté la vue fur votre mari, pour remplir
la place que le décès du Capitaine Melchor
vient de rendre vacante; je me fuis informé
de fon comportement, on m'en a rendu de
bons témoignages, & outre cela il m'a été

L 5

re-

recommandé de plufieurs perfonnes pour qui j'ay de ı confidération. Sardanie, ravie d'entendre que l'afaire dont il s'agiffoit, étoit de toute une autre naturè qu'elle ne penfoit, témoigna au Roy, par mille actions de graces, fa jufte reconnoiffance: elle ajoûta à ce compliment, pour fauver les aparences, que c'étoit dans le deffein de travailler à cette bonne œuvre, qu'elle avoit pris la liberté d'aller intercéder auprès de Mérufol, qu'elle favoit que le Roy aimoit comme fes yeux, & conclut par fe recommander de plus en plus à fa bonté. Comment, dit le Roy, vous allez folliciter chez mon frere une charge qui dépend abfolûment de moy, & que je donne fans que perfonne d'autre en prenne aucune connoiffance, je voudrois que vous m'euffiez tu cet endroit, nonobftant que je foye fort bien que vous avez cru par là me faire votre Cour : cela choque mon honneur, ma gloire y eft intéreffée, je ne veux point que l'on s'adreffe à d'autres qu'à moy, lors qu'il s'agit de mes faveurs, ce feroit juftement le moyen de ne rien obtenir que de faire le contraire. Cependant comme je me perfuade que vous n'avez rien fait que par un principe de refpect pour ma perfonne, & que vous avez péché innocemment, je vous le pardonne volontiers; mais je vous défens à l'avenir de vous adreffer à qui que ce foit qu'à moy, dans vos befoins, & fur tout gardez vous comme de tomber au feu, de voir Mérufol de votre vie, fous peine de mon indignation. L'ouverture

re du compliment du Roi étoit admirable,
la conclufion n'en plut point du tout à Sardanie, quoi qu'elle n'en fît aucun femblant;
elle s'engagea même avec un vifage riant,
d'obéir ponctuellement au commandement
qu'on venoit de luy donner, & ayant fait une
profonde révérence, elle s'en alla, ne fongeant
guére que cette févéredéfence fût un pur éfet de
jaloufie d'une femme, qui fans deffein étoit
devenue fa rivale, & qui ne vouloit point
partager avec elle un bien qu'elle ne fongeoit pas encore bonnement à poffeder. Le
lendemain Mérufol vint rendre une vifite au
Roi, il luy parla du Lieutenant, & le luy
recommanda fort férieufement. Vous n'ignorez pas, luy dit le Roy, que je fuis incapable de faire tort à perfonne : l'emploi qui
eft vacant apartient de droit à l'oficier, qui
commande dans la même compagnie : vous
favez cela auffi bien que moi, cependant je
veux bien pour l'amour de vous, n'en pas
encore difpofer, d'autant plus que l'homme
dont il s'agit, eft malade, afin de voir fi le
temps ne nous fournira pas quelque expédient pour vous contenter. Je vous aime
peut être plus que vous ne penfez, continua-t-il, & je vous affure que je me feray
toûjours un plaifir fingulier de vous donner
des marques de mon eftime. Je vous fuis
fort obligé mon frere, repliqua Mérufol,
vous pouvez de même faire fond fur ma fidélité, & être perfuadé que pour vous je ten-
terois l'imp..... Tréve de complimens,
interrompit Amander, il n'eft pas befoin

L 6

que

que vous vous expliquiez davantage, je vous
croy fincére, & je le fuis pareillement. Auffi
tôt que Mérufol fe fut retiré, le Roy fe re-
procha intérieurement à luy même de ne l'a-
voir pas retenu à manger avec luy, afin de
jouir par là plus long-temps de fa compagnie. Au lieu qu'il l'avoit jufqu'alors re-
gardé avec indiférence, il ne le confidéroit
plus qu'avec plaifir. Les paróles de ce jeune homme, fes actions, fes geftes, fon air,
tout cela avoit des charmes, qui excitoient
en luy, je ne fay quelle paffion, qu'il n'a-
voit point fentie auparavant : fon abfence lui
donnoit de l'inquiétude, & il héfita plus
d'une fois s'il devoit l'envoyer querir ou non.
Il eut pourtant affez de force pour fe fur-
monter foy même ; il fe mit à table réveur,
& fe coucha tout Mélancolique. Ses domeftiques crurent qu'il ne fe portoit pas bien,
& ils penfoient ne s'être nulement trompez
lors qu'à fon lever il leur parut beaucoup
plus pâle qu'il ne l'étoit d'ordinaire. En
éfet, il n'avoit point eu de repos, & le peu
de fommeil, dont il avoit joui, avoit été
traverfé de fonges fâcheux, defquels fa fanté avoit été en quelque maniére altérée.
Comme il avoit fait confidence à fon maître
d'hôtel du defir qu'il avoit, pour fe divertir, de découvrir les intrigues de Mérufol &
de Sardanie, à caufe que c'étoit luy qui l'a-
voit averti qu'ils fe voyoient affez fouvent,
il luy dit qu'étant chagrin, il vouloit qu'il
luy aidât à fe traveftir, comme il avoit fait
depuis peu, afin d'aller rendre une vifite à
Mé-

Mérufol , pour voir fi par là il pourroit paffer fa fantaifie. Cet homme qui l'aimoit
éfectivement , aplaudit à fa propofition , &
luy aida à fortir par une fauffe-porte, de peur
que perfonne ne le vît. Au moment qu'A-
mander fut entré chez Mérufol , il fe coula
tout doucement dans fa chambre , où il le
trouva feul , un gros volume des Loix du pays
à la main , ce qui faifoit la principale de fes
ocupations. Ce Prince parut furpris à la vue
d'un objet qu'il aimoit à la vérité comme fes
yeux , mais qu'il n'étoit pas acoutumé de
voir fi fouvent, parce qu'ils avoient des mefures à garder l'un & l'autre , & qu'il n'a-
voit point été averti comme à l'ordinaire :
cela lui fit croire que quelque afaire preffan-
te, & qui ne foufroit point de délais, l'ame-
noit. Qu'y a-t-il, Madame, luy dit il, que
vous venez ainfi à l'impourvue , vous eft il
arrivé quelque chofe d'extraordinaire , où
vous ayez befoin de mon fecours , ou n'a-
vez vous pu trouver perfonne pour me faire
favoir que je me préparaffe à vous recevoir
fans témoins? Il m'arrive à la vérité quelquefois d'être feul , mais cela eft affez rare,
& je ferois fâché que l'on vous vît venir
coup fur coup icy. Vous y futes deux fois
avant hier , aujourd'huy vous y voicy encore :
je vous parle à cœur ouvert , je ne vous vois
pas à beaucoup près , autant que je le defire-
rois , mais il vaut mieux felon moy , jouir
fobrement des plaifirs que nous fommes capables de nous procurer long-temps, que de
les prodiguer un moment , & nous en voir

 en

en suite privez pour toute la vie. Vous avez raison luy répondit Amander, à l'oreille, mais j'ay le cœur gros de ce qui m'est arrivé depuis que je ne vous ay vû, il faloit que je vinsse m'en décharger sur vous : c'est un secret que je n'oserois confier à aucun autre. Le Roy m'a fait venir tantôt au Palais, & sous prétexte de prendre avec moy toutes les mesures nécessaires à faire succéder le dessein de mon mari, il m'a ordonné de ne vous voir plus, sous peine de son indignation, parce qu'il veut avoir seul l'honneur de faire du bien à ma famille, & ne prétend pas que son frere y ait aucune part. Je n'ose pas desobéir à Sa Majesté, à cause des conséquences, il seroit capable de s'en venger sur nous & nos enfans. De l'autre côté vous m'êtes plus cher que tout ce que je posséde : cela étant vous voyez bien que la peine qu'il m'a imposée est insuportable ; c'est une pénitence qui me fera sucomber, si je suis obligée de l'observer sans reserve. Le Roy sans doute, a dit cela pour rire, reprit Mérusol, il m'aime trop pour se formaliser de ce qu'un particulier m'employe pour luy procurer son amitié & sa faveur. Point du tout, continua Amander, il parloit fort sérieusement, & j'aprehenderois qu'il ne m'en arrivât du mal, si je voulois tourner cela en raillerie. Je le sonderay la dessus, dit Mérusol, la première fois que nous nous verrons : cependant usez de précaution. Il m'est impossible de me ménager davantage, repondit Amander, mon tempérament, & l'inclination

nation que j'ay pour vous , ne me le permettent pas. Faites donc tout ce qu'il vous
plaira, repliqua le Prince, pourvû que vous
m'envoyiez quelqu'un qui m'avertiſſe de votre deſſein. C'eſt fort bien dit , continua
Amander , mais vous ne voyez pas que je
riſque par là autant qu'autrement : quand je
viens directemènt chez vous , & que je ne
vous trouve pas , ou qu'il y a compagnie ,
j'en ſuis quite pour dire que j'avois une afaire à vous communiquer en particulier , une
grace à vous demander pour mon mari, pour
quelque ſoldat qui eſt au prévôt , ou pour
quelque autre cauſe ſemblable, cela eſt aſſez
ordinaire aux femmes d'oficiers : au lieu qu'il
faut avoir des gens afidez pour ces ſortes de
meſſages , & que plus on ſe çache , plus il
arrive ſouvent qu'on ſe rend ſuſpect. Il
m'eſt venu un autre expédient dans l'eſprit ,
que j'eſpére que vous aprouverez , & qui eſt
que je ne viendray plus icy qu'en habit de cavalier, ou ſi vous voulez de chaſſeur , nous
ferons par là l'un & l'autre , à couvert de la
médiſance , & du danger qu'il y auroit autrement que le Roy s'en aperçût. Et au cas
qu'il m'arrivât , étant dans ce quartier , de
m'oublier juſque là, que d'entrer chez vous
en habit de femme , ou de vous en faire demander la permiſſion , je vous prie de ne me
point recevoir , & de me faire congédier
ſans que je vous parle : me promettez vous
cela ? De tout mon cœur , répondit Méruſol , & je vous aſſure même que je vous
tiendray parole , puis que je le trouve fort
rai-

raifonnable. Adieu donc , cela fufit dit a-
lors Amander en fe levant , & faifant mine
de fe retirer. Que voulez vous faire reprit
la deffus brufquement Mérufol , je ne penfe pas que vous vouliez ainfi me quiter ? Allons, allons, vous faires la fucrée, ne nous
connoiffons nous plus ? ou eft ce que j'ay
trop moralifé à vôtre arrivée. Ne penfez pas
friponne, que vous êtes, que je vous en aime moins pour cela ; au contraire , c'eft la
crainte où je fuis de vous perdre , qui m'a
fait tenir ce langage. En même temps il lui
prend la main, il la baife , il lui fait des careffes , & croyant que les éforts que faifoit
Amander , qui ne s'étoit pas encore tout à
fait depouillée de la pudeur , qui eft fi naturelle au beau fexe , ne fuffent que des grimaces & des feintes pour exciter fon amour,
il la traîne, pour ainfi dire , dans la lice, &
moitié de gré, moitié de force , il l'oblige à
fournir avec luy deux fois la carriére fans dé-
brider. Après cela Amander fortit, plus fatisfait de cette douce violence , qu'il ne le
faifoit éfectivement paroître. Le Maître
d'Hôtel fut charmé de voir revenir le Roy
de fi bonne humeur, il le luy témoigna par
des expreffions, qui augmentérent encore fa
joye, & luy confeilla de prendre fouvent le
même divertiffement. Affurément luy dit
le Roy, il faut avouer que Mérufol eft un
galant homme , j'ay parfaitement bien joüé
mon perfonnage avec luy, mais je voy fort
bien qu'il faut que ce foit une habile & ver-
tueufe femme qui réfifte aux affauts d'un
maître

maître champion comme eſt celuy là. Au
premier repas que l'on ſervit au Roy, il
ſit venir Méruſol, pour luy tenir compagnie, & luy donna tant de pithſon qu'il en
paroiſſoit gaillard, afin d'avoir ʋcaſion de
le jetter ſur le chapitre de ſa maitreſſe :
mais de quelque côté qu'il le tournât, il luy
fut impoſſible d'en rien tirer que de fort va-
gue ; il proteſta même qu'elle n'avoit mis
le pié chez luy que deux ou trois fois pour
des afaires qui regardoient ſa famile, & où
elle avoit beſoin de ſes amis. Cette femme
a donc des envieux, reprit le Roy, on m'a
aſſuré qu'elle vous voit aſſez ſouvent, &
qu'elle étoit même encore hier chez vous.
Hé bien Sire, pour faire taire le monde, repartit il, je ne la reverray plus, quelque choſe preſſante qu'elle eût à me dire. Je croy
que vous ferez bien, pourſuivit le Roy, une
femme ſe doit ménager, pour ne donner
du ſcandale à perſonne, & pour empêcher
ſon mari de la maltraiter, ou de la faire punir ſuivant la rigueur des Loix. Deux ou
trois jours après Amander fut voir Méruſol, qui la traita de la maniére du monde la
plus paſſionnée, il redoubla auprès d'elle
ſes empreſſemens & ſes ſoins : il la loüa
auſſi de ſa preſence d'eſprit, & de ſon génie
pour ſe mettre à couvert de la médiſance.
Nous étions perdus, luy dit il, ſi vous aviez
continué de venir icy en habit convenable
à votre ſexe, on vous épioit, il n'y a rien
de plus ſur ; le Roy luy même ne put pas
s'empêcher de me le dire la derniére fois que

j'ay

j'ay mangé avec luy, il favoit que vous a-
viez été chez moy un tel jour , & que la fois
auparavant vous aviez oublié vos gants fur
ma table. Eſt il poſſible , dit Amander ?
Voyez un peu , je vous prie , à quelle extrémité je m'allois donc expoſer tantôt ; je
revenois habillée à ma maniére, & je n'étois
qu'à vingt pas de vôtre porte , quand je me
ſuis reſſouvenue de la priére que je vous ay
faite, de ne me plus donner d'accès en cet
équipage ; tenez moy parole, encore un
coup , je vous en ſuplie. Les paſſions peuvent être ſi fortes qu'elles nous aveuglent ;
ſi on me voyoit plus icy on pourroit le raporter à mon mari; vous le connoiſſez, c'eſt
un homme violent , qui feroit capable de
me faire mal paſſer mon tems. Il n'y a point
de danger , reprit Méruſol, j'auray ſoin pour
nous deux que ce malheur ne vous arrive
pas. Amander qui commençoit à prendre
goût aux viſites qu'il rendoit à Méruſol, s'a-
plaudiſſoit ſecrétement d'avoir ainſi éloigné
pour toûjours de ſon cher amant une ſi dangereuſe rivale : il s'en retourna plus content
que jamais à ſa maiſon , bien réſolu de continuer ce doux commerce, & de profiter tant
qu'il pourroit d'une conjonĉture ſi favorable. En éfet, n'ayant plus de ménagemens
à tenir , ils ſe voyoient preſque tous les
jours, au grand contentement de l'un & de
l'autre. La femme de l'oficier, au contraire , enrageoit de ne pouvoir plus jouir de la
compagnie de ſon ancien adorateur, qu'elle
croyoit ſe devoir impatienter de la voir , &
deſi-

defirant ardemment de luy parler , elle fit
une tentative pour fe contenter. Elle paffa
& repaffa plufieurs fois devant fon Hôtel, &
ayant enfin remarqué que perfonne par là autour ne paroiffoit , elle fe jetta dedans à
corps perdu. Un domeftique, qui s'en aperceut, luy vint au devant, & luy demanda ce
qu'elle vouloit. Laiffez moy paffer, dit elle, il faut que je parle à Mérufol , je veux
moy même l'aller trouver là où il eft. Il n'eft
pas vifible , luy répondit le valet. Il l'eft
toûjours pour moy , continua-t-elle , & en
même temps elle faifoit fon chemin. Tout
beau, luy dit alors le garçon, nous ne fommes pas icy dans un lieu où il foit permis de
faire aucune violence , retirez vous, Madame je vous en prie, on ne fauroit voir Monfieur à cette heure , & quand cela ne feroit
pas, vous ne le verriez pourtant point, j'ay
ordre de ne vous plus permettre l'entrée de
fa chambre. Vous vous trompez, mon ami,
dit Sardanie , vous me prenez fans doute
pour une autre. Je ne me méprens point,
répondit il , vous êtes la femme d'un tel
oficier, il y a long-temps que je vous connois; retirez vous , encore une fois , & ne
m'obligez pas à vous y contraindre. Sardanie refta interdite à ce compliment, elle
ne favoit à quoi en atribuer la caufe. Qu'ai-
je fait à ce perfide, fe difoit elle, pour me
traiter comme la derniére des créatures? Le
Roy luy auroit il bien fait défence de me
voir, depuis qu'il a fceu que j'ay été chez
luy, fous prétexte qu'il ne veut pas que d'autres

tres fe mêlent de fes afaires , ou pour éviter le fcandale que les vifites d'une femme à un jeune homme pourroient donner au public? Non , il y a fans doute du miftére en cecy; le traître en aime une autre , quelque aftre nouveau a paru , qui luy a ébloui les yeux, & éfacé de fon efprit ce qu'il avoit vu de brillant en ma perfonne ; c'eft l'ordinaire des hommes d'être inconftans, ils aiment le changement. Quoi qu'il en foit je ne faurois refter dans le filence , il faut luy reprocher fa perfidie , ou luy donner ocafion de s'expliquer fur ce cruel traitement , que je ne penfe pas avoir mérité. Elle étoit encore ocupée à faire des réflexions fur ce qui luy venoit d'arriver, lors qu'elle fe trouva chez elle , & étant dans l'impatience de s'inftruire du fujet qui en avoit été la caufe , elle prit une plume , & écrivit ce qui fuit.

BILLET A MERUSOL.

„ Que vous ai-je fait , le plus inconftant
„ & le plus cruel de tous les hommes? Vous
„ m'avez pourfuivie, vous m'avez perfecu-
„ tée pendant l'efpace de deux ans ; les me-
„ naces de perdre mon mari , les promeffes
„ de faire du bien à mes parens , ont été de
„ la partie : il n'y a moyen imaginable que
„ vous n'ayez employé pour me vaincre, &
„ ce n'a été qu'après mille proteftations réi-
„ terées de m'aimer éternellement,que je me
„ fuis rendue à votre amour. J'ay trahi mon
„ devoir , j'ay été infidéle à un mari qui
                                    m'aime

„ m'aime comme ſes yeux , je me ſuis miſe
„ en danger d'être punie ſelon la rigueur
„ des Loix, pour vous plaire, & après m'ê-
„ tre donnée entiérement à vous , vous
„ m'abandonnez lâchement , vous me mé-
„ priſez , & vous me défendez l'entrée de
„ votre porte. Je vous en fais juge vous
„ même, voyez s'il ſe peut rien de plus in-
„ jurieux & de plus mortifiant. Hé bien vous
„ ne me verrez plus , ingrat , la réſolution
„ en eſt priſe, mais au moins ſi vous n'avez
„ pas entiérement renoncé à l'humanité ,
„ ajoûtez à ma ſentence les raiſons pour leſ-
„ quelles vous avez ſigné ma condamna-
„ tion, afin que, ſi je ſuis coupable, je me
„ châtie moy même, & que ſi je ſuis inno-
„ cente , je me juſtifie , & vous faſſe voir
„ que Méruſol eſt véritablement indigne de
„ ſon ancienne amie.

S A R D A N I E.

Ce billet fut confié à un petit garçon, qui
le rendit en main propre , ſans dire d'où il
venoit , parce qu'il ne le ſavoit pas lui même. Méruſol l'ouvrit avec empreſſement ,
mais de quel étonnement ne ſe ſentit il pas
ſaiſi lors qu'il commença à en faire la lecture.
Je veille pourtant, ſe diſoit il, je ne ſuis pas
trompé par un ſonge , & je n'ay fait aucun
excès qui me faſſe perdre l'uſage des ſens &
de la raiſon : ce diſcours eſt conçu dans
les formes, il eſt fort, il eſt preſſant ; mais
tout bien examiné, il ne ſauroit être ſérieux ;
c'eſt ſans doute un jeu d'eſprit, c'eſt une ga-
lan-

lanterie inventée à deſſein pour me divertir.
D'autre part pourtant, quand je conſidére la
choſe de près, je ne voy pas qu'il y ait aucun
fondement en tout cecy, puis qu'il y a ſi peu
de temps que nous nous ſommes vûs, & qu'il
ne s'eſt rien paſſé qui puiſſe donner lieu à aucune plainte, ſoit feinte, ſoit aparente. La
deſſus il apelle ſes gens, il demande à celuy,
qui ce jour là a fait la fonction de portier,
quelles ſortes de gens ont mis le pied dans ſon
Antichambre, & après un examen fort exact,
il aprend qu'une telle eſt venue hors d'haleine
& toute éfarouchée demander à luy parler, &
que, ſuivant l'ordre qu'il en avoit donné,
on luy avoit refuſé l'entrée. Cet incident
le fâcha, mais comme il ne s'étoit rien fait
en cela qui en aparence ne fût conforme à
leurs conventions, & à la priére qu'elle même luy avoit faite, il conclut que ſa mémoire l'avoit trahie, & qu'elle ſeule avoit
été cauſe de cet inconvenient. Il ne trouva pourtant pas à propos de l'en quereller,
au contraire, il crut luy en devoir faire des
excuſes, & luy devoir recommander ſimplement d'être plus circonſpecte une autre
fois, par un billet, dont voicy à peu près
la teneur.

BILLET.

A LA BELLE SARDANIE.

„Vous vous plaignez d'une difgrace, Ma-
„dame , dont - vous ne devez vous pren-
„dre qu'à vous même: vous favez les con-
„ditions dont nous fommes convenus pour
„nous voir. Vous m'avez vous même
„commandé de ne vous plus recevoir qu'en
„habit d'homme , à caufe des conféquen-
„ces , fi vous ne vous en fouvenez plus , ou
„qu'ayant changé de fentiment, vous croy-
„iez vous pouvoir relâcher de votre réfo-
„lution , je n'y faurois que faire. Mes do-
„meftiques ont été chargez de fuivre votre
„commandement à la rigueur. Je vous
„avoue pourtant que fi je m'étois rencon-
„tré à la porte, lors que vous êtes entrée
„chez moy , je vous aurois épargné le cha-
„grin que vous avez eu d'être obligée de
„vous en retourner fans vous fatisfaire. Ce
„contre-temps fera caufe que je ne vous
„obéiray plus : venez deformais fous quel
„habit , & de quelle maniére il vous plaira ,
„vous ferez toûjours la très bien venue , &
„je vous feray voir que je fuis autant que
„jamais , votre très fidéle amant.

MERUSOL.

Comme le porteur de ce billet , qu'il tenoit expofé à la vue de tout le monde, avoit

pris

pris le chemin du Palais , il eut le malheur
de rencontrer Amander déguifé.   Ce Prince
qui le connoiffoit comme domeftique de
fon fráre , luy fit figue de venir à luy , &
lui demanda où il alloit , & ce qu'il portoit à la main :   la deffus le jeune homme fe troubla.   Amander s'én aperceut , dites moy la vérité , lui dit il , je fuis ami de
votre maître, lui même ne m'en feroit pas
un fecret.   Le garçon s'étant expliqué, le
Roi lui protefta qu'il étoit lui même Sardanie, qui avoit pris l'habit de cavalier pour
badiner & faire une petite niche à quelqu'un, qu'ainfi il n'avoit qu'à luy donner la
lettre qu il portoit , & dire fimplement à Mérufol qu'il l'avoit rendue en main propre.
Le Roi , dont le deffein étoit d'aller voir
fon frere , étant incertain de ce que contenoit ce billet , rebrouffa chemin , & rentra
dans fon cabinet pour en faire la lecture ,
afin d'être par là averti de ce qui fe paffoit
entre les deux vieux amans , & de fe pouvoir précautionner , au cas qu'il fe braffât
quelque chofe à fon préjudice.   Auffi tôt
qu'il l'eut vû il le referma , & l'envoya à
Sardanie par un meffager inconnu , que l'on
avoit mieux inftruit que le précedent ; & qui
n'auroit eu garde de s'en défaire qu'à bonnes
enfeignes ; après quoi Amander reprit le chemin de la maifon de Mérufol.   Cet amant
paffionné fut ravi de revoir fa chére maitres-
fe , qu'il croyoit éfectivement avoir perdüe :
il congédia plufieurs autres perfonnes , qui
étoient auprès de lui , fous prétexte qu'il
avoit

avoit des affaires à traiter avec ce dernier
venu , qui ne pouvoient pas bien être dif-
ferées. Auffi-tôt qu'il fe vit feul avec Amander , il ne manqua pas de lui témoigner le
déplaifir qu'il avoit eu de fa difgrace. Ne
parlons plus de cela , dit le Roi , c'eft ma
faute, je l'avoue, une autre fois je penferai
mieux à ce que je fais , fi tant eft que l'a-
mour, qui aveugle les pauvres mortels ,
m'en laiffe la liberté. Ha! mon bel Ange,
s'écria Mérufol, que cette expreffion eft a-
gréable , je ne l'oublierai jamais , & fiffiez
vous la derniére des bevues , elle vous fera
toûjours réputée à fageffe, puis que vous en
attribuez la caufe à un Dieu, qui ne manque
guére à infpirer des fentimens dignes de lui
à ceux qui s'abandonnent à fes Loix , & dé-
pendent abfolûment de fon empire. Là-
deffus il fe fit de part & d'autre mille nouvelles proteftations de s'aimer réciproquement jufqu'au tombeau, qui furent couchées
en bonne & due forme , dans les tablettes
de la Mére des amours , & fcêlées du fceau
de la Chancellerie de Cupidon , au grand
contentement des parties , qui ne fe féparé-
rent qu'à regret , & dans l'efpérance de fe
revoir peu de temps après. Sardanie au contraire étoit dans un état à ne fe pouvoir
pofféder , & ne comprenant rien au Billet
qu'elle venoit de recevoir , elle compofa
le fuivant.

BILLET

A

MERUSOL.

Vous avez fort mauvaise grace de me trai-
ter d'une maniére si indigne, puis que si j'ai
mérité aucun châtiment, ce ne peut-être que
pour vous avoir trop aimé : mais il vous sied
encore infiniment plus mal de me faire pas-
ser ouvertement pour chimérique & hypocon-
driaque, attendu que je n'y ai donné aucun
sujet. Sur ce pié là, je ne mérite pas une
explication plus ample des différens person-
nages que vous prétendez que je joue pour
vous aller voir, & pour l'exécution desquels
vous voulez que j'aye donné mon consente-
ment : c'est un Galimatias où je ne voi goute, &
qui me fait douter si vous êtes vous même dans
votre bon sens ; cela seroit inutile, il suffit
que vous ne me voulez plus voir, & qu'il
n'est pas besoin que vous receviez davantage
de mes lettres. Si le déplaisir que je res-
sens d'un procédé si injurieux est violent, il
ne sera en récompense pas long, puis qu'il
est impossible que je survive à une disgrace,
qui m'interdit les moyens de me nommer plus
votre bonne Amie,

SARDANIE.

Pendant

Pendant que Sardanie étoit occupée à écrire à Mérufol, le Roi envoya querir fon mari, pour lui dire qu'il penfoit toûjours à lui, & qu'affurément il auroit foin de fa fortune, fi ce n'étoit pas dans cette occafion-ci, où il fembloit que le Lieutenant du défunt ne pouvoit pas encore fe réfoudre à mourir, ce feroit infailliblement dans une autre ; mais qu'il l'avertiffoit encore une fois de ne lui pas donner le chagrin de voir qu'il allât folliciter chez d'autres, comme il y avoit apparence que fa femme avoit fait, & continuoit encore de faire, puis qu'il étoit affez charitable, pour ne pas juger que ce fût quelque autre motif qui la portât chez fon frére & ailleurs : & comme le bon homme vouloit la difculper, ne me difputez pas cela, je vous en prie, continua le Roi, je fai ce que je vous dis de fcience certaine : tenez, cette paire de gans, qui lui appartient & que j'ai trouvez dans l'appartement d'un homme de confidération, où elle les avoit oubliez, en fait foi : les voila, vous n'avez qu'à les lui rendre, & vous faire informer de la chofe, elle ne vous la nîra pas. L'Officier demeura confus à ce difcours, & ne fçut abfolûment que répondre, fi non que pour lui il étoit innocent, & qu'il empêcheroit bien que fa femme commît la même faute une autre fois. Auffi-tôt qu'il fut de retour chez lui, il ne faut pas demander s'il fit la Mercuriale à Sardanie. Elle vouloit nier les faits dont on l'accufoit, mais il falut changer de

 lan-

langage du moment que fon mari lui montra fes gans. Il eft vrai , lui dit elle alors, que j'ai été chez Mérufol , pour le prier inftamment d'avoir la bonté de fe fouvenir de vos longs fervices, & de vous recommander au Roi : cela fe fit dans fon Antichambre, en préfence de plufieurs témoins , que je pourrois nommer: c'eft la feule fois que j'y ai été , & l'unique auquel j'ai été parler de vos affaires. Mais, Madame, eft ce là la mode d'aller les mains nues fe prefenter devant des perfonnes diftinguées , reprit le mari, ou de tirer fes gans dans un lieu, où il n'y a ni à boire ni à manger , & où il ne s'agit que d'implorer la protection du Frere de notre Monarque ? Qu'avez vous fait chez ce Prince? Avez vous joué , vous a-t-il fait mettre les mains à quelque chofe? Rien moins que cela , répondit elle , mais ayant fenti, avant que d'entrer chez lui , qu'une de mes jarretiéres fe défaifoit, j'ôtai mes gans pour la ratacher, & altérée comme j'étois , d'aller me prefenter devant un Seigneur, auquel je n'avois jamais parlé , j'oubliai à me les remettre aux mains, j'entrai, & il eft apparent que je les laiffai tomber de mon manchon, fans m'en appercevoir, où je les avois fans doute fourrez : je ne pouvois m'imaginer ce que j'en avois fait , & je les ai cherchez long-temps inutilement dans mes coffres, ne penfant pas les avoir perdus ; c'eft un petit accident qui ne m'arrivera plus, une autre fois que tout aille comme il voudra, je vous laifferai le foin de vos affaires , puis

qu'auffi

qu'auſſi bien, contre mon attente, ma ſollicitation n'a été d'aucun effet. L'Officier, qui
ignoroit les intrigues de ſa femme, & qui l'avoit toûjours crue d'un fort honnête comportement, prit cela pour argent contant, & il
n'en fut pas parlé davantage. Cependant il eſt
conſtant que cette circonſtance acheva de ruiner Méruſol dans l'eſprit de Sardanie : elle
crut qu'infailliblement il avoit fait confidence
au Roi de la maniére qu'il avoit vêcu avec elle, puis qu'il n'y avoit pas d'apparence qu'il
fût venu à ſes gans que par ſon moyen : de
ſorte que ſi ſon Billet n'avoit pas encore été
envoyé, elle en auroit vrai-ſemblablement
conçu un autre en des termes qui n'auroient
pas manqué d'être plus forts & plus choquants;
il étoit hors de ſes mains, & elle ſe contenta
de rompre entiérement avec ce Prince, & de
faire ſerment de ne mettre plus jamais le pié
dans ſa maiſon. Méruſol de ſon côté, ne fit
pas beaucoup de conte de la lettre de Sardanie:
comme ils étoient d'un état fort différent, il
s'imagina que ſon but principal étoit de le divertir. Il en parla pourtant à Amander, la
premiére fois qu'il le vint voir, après lui avoir fait part de la réception de ſon prétendu
Billet, mais celui-ci ſçut tourner la choſe ſi
adroitement, qu'ils ne s'y arrêtcrent pas longtemps. Ils prenoient tant de plaiſir à des occupations plus ſolides, que celles-là ne valoient pas la peine qu'on les examinât de ſi
près.

Fin de la premiére partie.

www.ingramcontent.com/pod-product-compliance
Lightning Source LLC
Chambersburg PA
CBHW051240050726
47594CB00001B/243